유니티 2D 모바일 게임 개발

실전 RPG 게임 제작을 완성하며 배우는

유니티 2D 모바일 게임 개발

김정열, 문기영 지음

i!i
에이콘

김정열 (jy.kim@morph.kr)

현재 모프인터랙티브의 대표이사로, 다수의 모바일 게임과 스마트 콘텐츠를 개발했다. 디지텍 고등학교와 경민대학교에서 유니티 관련 강의와 멘토를 했으며 KT, 중기청, 서울시 등에서 진행하는 각종 대회에서 모바일 앱 관련 심사와 멘토 역할을 했다. 현재는 유니티 엔진을 사용한 2D 게임을 제작 중이다.

문기영 (progc@naver.com)

EA 캐나다에서 인공지능 프로그래머로서 엑스박스Xbox360과 PS3용 〈피파 08〉부터 〈피파 12〉까지 개발에 참여했고, Practice Mode, CPU AI, Referee rule system을 만들었으며, 애니메이션 프로그래머로서 User celebration을 개발했다. EA 캐나다를 그만둔 후에는 한국으로 돌아와 해머 게임 스튜디오를 창업해 iOS용 게임 〈Attack of the Pig〉를 개발했고, PC, iOS, 안드로이드 3대 플랫폼을 모두 지원하는 자체 엔진 'DeadEngine'을 제작했다. 저서로는 『비주얼 베이직 6 게임 만들기』, 『게임 개발 테크닉』, 『게임 프로그래밍으로 배우는 C#』, 번역서로 에이콘출판사에서 출간한 『언리얼게임 엔진 UDK3』, 『언리얼 UDK 게임 개발』이 있으며 시간이 나면 NDC 및 고등학교에서 강연을 하기도 한다.

| 지은이의 말 |

제가 처음 유니티를 사용하기로 결심했을 때는 정보가 별로 없었습니다. 국내에는 외국어 번역서 한 권만 있던 시절이었습니다. 유니티 사이트와 포럼을 통해 정보를 얻고 유니티 개발자들에게 메일을 써가며 유니티에 대해 공부했습니다. 시행착오가 있었지만 몇 가지 게임을 성공적으로 런칭하고 서비스하면서 유니티를 더 신뢰하게 되었고, 지금은 모든 개발에 있어서 유니티는 저에게 없어서는 안 될 엔진이 되었습니다.

이후로 저는 직원들과 학생들을 교육하면서 어떻게 하면 쉽고 빠르게 유니티에 적응하게 할 수 있을까에 대해 고민하고, 그 고민에 대한 해결책을 계속해서 연구하고 정리해 나가고 있습니다. 이제 그 고민에 대한 일부의 결과들을 이 책으로 보여줄 수 있게 되었습니다. 책을 집필하는 기간은 노하우를 정리할 수 있는 소중한 시간이었으며, 이 노하우를 독자들과 공유할 수 있다고 생각하니 책을 쓰는 동안의 고된 시간들은 잊었습니다. 아무쪼록 독자들이 이 책에서 소중한 경험과 배움을 얻으실 수 있기를 바랍니다.

이 책을 쓸 수 있도록 제안해주시고 기획부터 마무리까지 도와주신 에이콘출판사의 김희정 부사장님과 관계자분들, 함께 집필하며 조언과 아이디어를 아끼지 않으신 문기영 이사님, 샘플 소스를 만들어 주고 집필 작업으로 분주한 대표를 참아준 모프인터랙티브 직원들에게 감사 인사를 드립니다.

마지막으로 주말에도 책 쓴다는 핑계로 바쁜 척 해도 이해해주고 불평 한마디 없이 격려해준 사랑하는 여자친구 미나와 가족에게 감사 인사를 드립니다.

김정열

보통 유니티를 처음 다루게 되면 3D 게임만 제작 가능하다고 생각할지 모르겠지만, 유니티를 이용해 2D 게임을 개발하는 경우도 상당히 많기 때문에 유니티 2D와 관련한 제대로 된 서적이 없다는 사실이 매우 안타까웠습니다. "유니티를 이용한 2D 게임 개발에 관련된 서적을 써보면 어떨까?"라고 생각하던 차에 마침 유니티로 2D 게임을 출시한 경험이 있는 김정열 대표님이 떠올랐고 이 책을 함께 집필하게 되었습니다.

게임 프로그래밍을 처음 접하는 분들을 위해 하나씩 따라해보면서 게임을 처음부터 끝까지 직접 만들 수 있는 내용으로 책을 구성했고, 마지막 '부록, 유니티 개발자가 꼭 알아야 할 게임 제작 이론과 중요 컴포넌트'에서는 조금 더 깊은 내용까지 알고 싶은 독자 분들을 위해 지면을 할애해 추가로 설명했습니다. 게임 개발의 실전과 이론을 함께 맛보고 싶은 독자 여러분께 좋은 길잡이가 되길 바랍니다.

멋진 책을 써주신 김정열 대표님, 책을 끝까지 마무리하는 데 힘써주신 김희정 부사장님 및 에이콘 임직원 여러분께 감사 인사를 드립니다. 마지막으로 사랑하는 아내, 채현이에게 사랑한다고 전하고 싶습니다.

문기영

1장 유니티 소개

2장 2D 게임 프로젝트 시작

3장 순환 배경 제작

4장 2D 아처 캐릭터 제작

5장 2D 몬스터 제작

8장 다양한 연출: 이펙트와 사운드

9장 배포

부록 유니티 개발자가 꼭 알아야 할 게임 제작 이론과 중요 컴포넌트

들어가며

이 책은 '따라하기' 위주로 구성되어 있어서 쉽고 빠르게 진행되며, 특별히 게임 이론이나 제작 경험 없이도 이해하는 데 큰 무리가 없도록 구성했습니다. 다만, 해당 기능에 대해 더 공부하고 싶거나 게임 기초 이론을 공부하고자 하는 독자를 위해 '부록, 유니티 개발자가 꼭 알아야 할 게임 제작 이론과 중요 컴포넌트'를 제공하여 기능 설명을 보강했습니다. 또한, 전체 프로젝트와 각 장별 리소스와 샘플 프로젝트를 분리해 제공하므로, 각 장을 건너뛰거나 원하는 부분만을 따로 쉽게 공부할 수 있습니다.

이 책을 쓰고 있는 시점에도 유니티는 빠르게 성장해 나가고 있습니다. 5.0 버전으로 업그레이드를 앞두고 있으며 아마 많은 부분이 업데이트될 것으로 예상됩니다. 유니티 에디터는 처음에 비해 많은 기능을 담고 있으며, 앞으로 기능은 더 많이 늘어날 것입니다. 유니티를 처음 다루는 입문자의 경우 이런 부분은 장벽이 될 수 있습니다. 에디터의 모든 항목을 공부하는 것은 시간 낭비이며 비효율적입니다. 하지만, 아마도 어느 부분을 먼저 공부하고 어떤 부분은 나중에 봐도 될지 입문자로서는 선택하기 쉽지 않을 것입니다. 이 책에서는 먼저 다뤄야할 핵심 부분을 예제를 통해 짚어 나갑니다. 어렵고 무거운 개념의 이론들은 먼저 유니티에 익숙해지고 에디터를 어떻게 다루는지 배우고 난 후에 선택해서 이론에 집중할 수 있도록 구성했습니다. 조급해 하지 말고 천천히 따라오다 보면 핵심 기능들은 모두 경험하게 될 것입니다. 그렇게 해서 유니티에 익숙해진 후에는 자신에게 어떤 부분이 더 상세하게 필요한지 자연스럽게 알 수 있을 것입니다.

이 책의 구성

1장. 유니티 소개에서는 유니티에 대한 기본 정보와 유니티 설치부터 실행까지를 소개하고 유니티 에디터의 인터페이스 구성을 살펴봅니다. 이미 유니티를 써본 적이 있는 사용자는 넘어가도 되는 부분입니다.

2장. 2D 게임 프로젝트 시작은 유니티에서 2D 게임 프로젝트를 시작하기 위한 방법과 2D 게임에서 중요한 스프라이트 개념에 대해 설명합니다.

3장. 순환 배경 제작은 2D 게임에서 자주 사용되는 순환 배경을 유니티 기능을 활용해서 만들어 봅니다. 스크립트를 사용하지 않고 유니티 애니메이션을 통해 구현하고 핵심 기능인 유니티 애니메이터에 대해 다룹니다.

4장. 2D 아처 캐릭터 제작은 게임 캐릭터 리소스를 어떤 방식으로 유니티에서 다루고 어떻게 캐릭터를 생성할 수 있는지에 대해 다룹니다. 유니티 2D의 핵심 기능인 스프라이트 에디터를 통해 아처의 애니메이션을 만들어 보고 스크립트를 작성하여 아처의 상태를 컨트롤해봅니다.

5장. 2D 몬스터 제작은 적 캐릭터를 생성하고 피격 시스템을 위한 충돌과 물리 시스템에 대해 다룹니다. 유니티에서 텍스처를 사용하여 직접 애니메이션 클립을 작성하는 방법을 설명합니다. 마지막으로 핵심 기능인 프리팹 시스템에 대해 다룹니다.

6장. 아처 vs 몬스터는 본격적으로 두 캐릭터의 전투를 다룹니다. 이 과정을 통해 유니티 핵심 함수들을 다룹니다. 거의 모든 프로젝트에 사용될 만큼 중요하고, 핵심적인 함수들로 구성되어 있습니다.

7장. UI 제작은 유니티에서 폰트를 다루는 방식과 게임에 자주 사용되는 UI를 다루는 방식, 버튼의 사용 등 유니티로 2D UI를 구성하는 방법을 다룹니다. 또한, 사용자 정보를 로컬에 저장하는 방법에 대해서도 다룹니다.

8장. 다양한 연출: 이펙트와 사운드는 게임을 더 풍부하고 다이나믹하게 만들어주는 이펙트와 사운드를 제작하는 방식에 대해 다룹니다. 유니티의 강력한 파티클 시스템인 슈리켄을 통해 이펙트를 직접 만들어 보고 유니티에서 사운드를 임포트하여 직접 사용하는 방식까지 다룹니다.

9장. 배포는 유니티 프로젝트를 여러 가지 플랫폼에 빌드할 수 있는 방식에 대해 다룹니다. 특히 가장 많이 사용하는 안드로이드 플랫폼 빌드에 대해서 비중 있게 다뤄봅니다.

부록. 유니티 개발자가 꼭 알아야 할 게임 제작 이론과 중요 컴포넌트는 게임 개발을 처음 접하는 독자들을 위해 게임을 제작하기 위한 기본 지식들과 유니티에서 중요하게 다루는 사항에 대해 더 자세히 알아봅니다.

- 좌표계Coordinate System의 이해
- 로컬 좌표계
- 월드 좌표계
- 유니티에서 부모 좌표계와 자식 좌표계의 표현
- 벡터Vector, Vector3

- 게임오브젝트GameObject와 컴포넌트
- 재질Material
- 셰이더Shader
- 애니메이터 뷰Animator View, 메카님 애니메이션
- 스프라이트 시트Sprite Sheet
- 스프라이트 팩커Sprite Packer
- 메카님에서 레이어 사용
- Start 함수, Update 함수
- 코루틴Coroutine

이 책의 대상 독자

유니티를 배우고 싶거나 게임 프로젝트를 경험해보고 싶어하는 모든 독자에게 적합한 입문서입니다. 또한, 모바일 2D 게임을 배우고자 하는 이에게도 충분한 내용을 담고 있습니다. 다음과 같은 독자들에게 이 책을 추천합니다.

- 모바일 게임 제작을 배우고자 하는 사람
- 게임에 대한 기초 이론이 없는 프로그래머
- 프로그래밍 지식이 없지만 유니티를 배우고 싶은 기획자나 디자이너
- 유니티의 특성과 프로젝트를 다루는 방법을 빠르게 경험해보고 싶은 사람

부록 DVD 소개

부록 DVD의 내용은 다음과 같이 구성되어 있습니다.

이름	이름	
📁 Complete		최종 완성된 유니티프로젝트(Unity Project)
📁 Resources	📁 Assets	이펙트용 유니티 패키지(.unitypackage)
	📁 Font	폰트(.TTF)
	📁 iTween	iTween 플러그인(Plugins/iTween.cs)
	📁 Sound	사운드소스(.wav)
	📁 Sprite	이미지소스
📁 Sample	📁 Chapter03	챕터별 시작 프로젝트(Unity Project)
	📁 Chapter04	
	📁 Chapter05	
	📁 Chapter06	
	📁 Chapter07	
	📁 Chapter08	
	📁 Chapter09	

Complete 폴더는 최종 완성된 예제의 유니티 프로젝트입니다. 유니티를 실행시키고 프로젝트 마법사(Project Wizard) 창에서 Complete 폴더를 찾아 선택하시면 완성된 프로젝트를 사용하실 수 있습니다.

Sample 폴더에는 장별로 시작할 수 있는 샘플 프로젝트들이 포함되어 있습니다. 장을 건너뛰어 공부하고 싶거나 앞 장의 내용을 다 따라 만들지 못하고 새로운 장을 시작할 때 Sample 폴더의 해당 장의 프로젝트를 열어 사용할 수 있습니다. 예제로 명시된 스크립트들은 Sample 폴더의 장별 폴더마다 있는 SampleScript 폴더에 텍스트 파일로 제공됩니다. 코드를 작성하기 어려우신 분들은 텍스트 파일의 코드를 복사하여 사용하면 됩니다. 단, 코드의 수정이나 추가 부분은 따로 텍스트 파일로 제공되지 않습니다. 코드가 따라하기 어려우신 분들은 완성된 프로젝트를 열고 책을 따라갈 수 있습니다(각 장의 완성된 프로젝트는 다음 장의 시작 프로젝트입니다).

각 장에서 사용되는 샘플 리소스들은 Resources에 있습니다.

책을 보면서 생기는 질문이나 의견은 저자들에게 이메일로 보내주시면 답변해 드리겠습니다.

1장

유니티 소개

1.1 유니티 엔진의 역사

유니티Unity는 2000년 초반 덴마크 학생 3명이 시작했습니다. 원래는 게임을 만들려고 했으나 대형 게임사들과의 경쟁에서 성공하기 힘들다고 판단하고, 맥Mac만을 타깃으로 게임 엔진을 개발을 시작해 2005년 첫 버전인 1.0을 출시합니다. 맥에서 동작하는 3D 게임 엔진이라는 틈새 전략으로 성공적으로 자리잡기 시작한 유니티는 확장성과 편의성, 빠른 처리 속도 모두를 고민하다 Mono를 탑재하고 윈도우를 비롯한 웹 브라우저, Wii 등의 멀티플랫폼을 지원하면서 대중적으로 서서히 알려지게 되었습니다.

▲ **그림 1.1** 다양한 플랫폼을 지원하는 유니티

2000년 후반 애플 앱스토어와 함께 모바일이 선풍적인 인기를 끌면서 아이폰 게임을 제작할 수 있는 3D 엔진으로서 인기가 가속화되었습니다. 2009년에는 게임 웹진 가마수트라Gamasutra에서 Top5 엔진에 선정되었으며, 2010년에는 월스트리트에서 발표한 혁신기업에 선정되는 등 업계에서 크게 주목을 받게 됩니다. 이후 계속된 업데이트를 통해 2010년에 3.0부터는 안드로이드, XBox360,

플레이스테이션3 등의 고급 콘솔 기기까지 플랫폼을 확장해 멀티플랫폼을 안정적으로 지원함과 동시에 퀄리티 높은 결과물을 쉽고 빠르게 생산해낼 수 있는 엔진으로 업그레이드되었습니다. 2012년에는 영국에서 열린 인더스트리 엑셀런스 어워드에서 최고의 게임 엔진 상을 수상합니다. 2013년 7월 정식 사용자 수 200만 명을 돌파한 유니티는 4.3버전부터 2D까지 지원합니다.

1.2 유니티의 장점

유니티는 독자적인 게임 개발 생태계를 구축했습니다. 강력한 렌더링 엔진이 직관적인 인터페이스 및 빠른 워크플로워와 통합하면서 강력한 통합 개발 환경을 제공합니다. 손쉬운 멀티플랫폼 제작과 수천 개의 애셋을 애셋스토어를 통해 활용 가능하며 개발과 관련된 지식을 지식 공유 커뮤니티를 통해 노하우를 얻을 수도 있습니다. 유니티의 장점을 좀 더 자세히 알아보겠습니다.

쉽고 빠른 에디터

유니티는 개발에 관련된 모든 내용을 에디터를 통해 관리할 수 있는 통합 개발 환경IDE, Integrated Development Environment을 제공합니다. 쉽고 직관적인 인터페이스와 에디터 뷰를 통해 결과물을 빠르게 생산할 수 있습니다. 실제 모바일 기기에서 구동되는 것과 거의 동일한 화면을 보면서 개발이 가능하며, 모바일 기기와 PC를 원격으로 연결해 테스트할 수도 있습니다.

멀티 플랫폼

유니티는 지원하지 않는 플랫폼을 찾기 힘들 정도로 많은 플랫폼을 지원합니다. 4.0 이후로 지원하는 플랫폼은 그림 1.2와 같습니다.

▲ **그림 1.2** 유니티가 지원하는 플랫폼

- **데스크톱** 윈도우, 리눅스, 맥
- **모바일** 아이폰 iOS, 안드로이드 Android, 윈도우8 Windows8, 윈도우 스토어 앱스, 블랙베리 BlackBerry10
- **웹 기반** 플래시, 크롬 네이티브
- **웹 브라우저 플러그인** 인터넷 익스플로러, 파이어폭스, 크롬, 사파리
- **콘솔 기기** Wii U, XBox360, Playstation3

또한, 닌텐도에서 Wii-U 공식 개발 도구로도 확정된 상황입니다. 유나이트 코리아 2014에서 발표된 내용에 따르면 삼성전자 멀티스크린 빌드 및 S콘솔 관련 빌드가 포함될 예정이라고 합니다.

강력한 성능

유니티 엔진은 100여 개가 넘는 셰이더를 내장하고 있으며, 지형엔진 Terrain, 라이트맵핑 Lightmapping, 오클루전 컬링 Occlusions Culling, 3D 사운드 엔진 FMOD, nVidia PhysX를 통한 물리 시스템 등의 미들웨어를 탑재해 고품질의 결과물을 만들어낼 수 있습니다.

합리적인 가격 정책

유니티 프로는 165만원대의 비교적 합리적인 가격으로 구매가 가능합니다. 비슷한 가격대로 플랫폼별 빌드를 위한 애드온 구매가 가능하며, 필요한 옵션만을 골라 구매가 가능합니다. 유니티 베이직 Basic은 홈페이지를 통해 무료로 다운로드 및 사용이 가능하며 일부 고급 기능이 포함되어 있습니다.

애셋스토어

유니티의 최대 강점 중 하나가 애셋스토어입니다. 진정한 1인 게임 개발자 시스템을 가능하게 해주는 부분이기도 합니다. 개발자들은 자신이 필요로 하는 다양한 리소스를 애셋스토어를 통해 구매 가능합니다. 3D모델, 애니메이션, 오디오, 프로젝트, 파티클, 스크립트, 셰이더, 텍스처, 매터리얼 등 거의 모든 분야의 리소스가 판매되고 있습니다. 애셋스토어를 통해 개발자들은 게임 제작 시 많은 시간과 노력을 절감할 수 있습니다.

방대한 자료와 커뮤니티

유니티는 현재 전 세계 200만 명의 정식 사용자를 확보하고 있습니다. 150만 명에 이르는 방대한 개발자 커뮤니티와 수많은 관련 자료들이 게임 개발의 문턱을 낮추고 있습니다. 또한, 유니티는 에버플레이Everplay, 게임애즈GameAds, 유니티 클라우드, 유니티 게임즈 등 다양한 서비스로 개발자들의 성공을 지원하고 있습니다.

1.3 유니티 첫 실행

유니티 설치와 샘플 프로젝트 실행을 통해 유니티를 간단히 체험해보겠습니다. 유니티는 무료 버전으로 사용이 가능하며 Pro 버전 30일 체험이 가능하며, 유니티 공식 홈페이지를 통해 다운로드 및 설치가 가능합니다.

1.3.1 유니티 설치

먼저 다음 경로를 통해 유니티 홈페이지로 접속합니다.

http://unity3d.com/

▲ **그림 1.3** 유니티 홈페이지 메인 화면

유니티 홈페이지로 접속해서 오른쪽 상단의 Download를 클릭합니다.

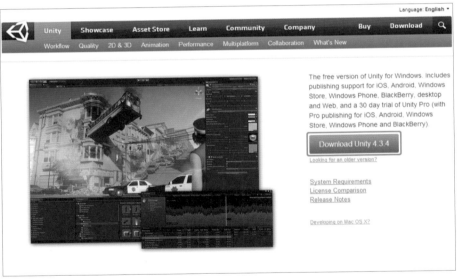

▲ **그림 1.4** 유니티 설치 파일 다운로드 페이지

오른쪽 Download 버튼을 클릭하면 유니티 최신 버전을 다운로드할 수 있습니다(그림 1.4에서는 Download Unity 4.3.4). 다운로드가 완료되면 설치 파일을 더블 클릭해 설치를 시작합니다.

그림 1.5의 설치 팝업을 시작으로 설치를 진행합니다.

▲ **그림 1.5** 유니티 설치 팝업

그림 1.6과 같은 설치 완료 팝업이 뜰 때까지 설치를 진행합니다.

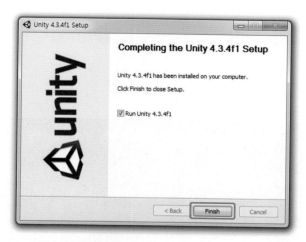

▲ **그림 1.6** 설치 완료 팝업

설치가 끝나면 그림 1.7과 같은 라이선스 선택 팝업이 나타납니다. 첫 번째 옵션은 유니티 프로 버전을 구매한 사용자를 위한 옵션입니다. 두 번째 옵션은 무료 버전Unity Basic 사용자를 위한 옵션입니다. 세 번째 옵션은 30일 프로 버전Unity Pro

체험판 옵션입니다. 두 번째 옵션(Activate the free version of Unity)을 체크한 후 OK 버튼을 누릅니다.

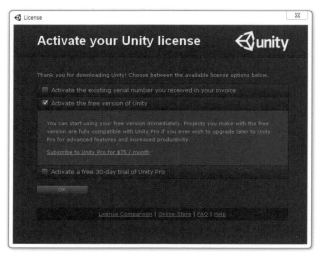

▲ **그림 1.7** 라이선스 선택 팝업

그림 1.8과 같은 계정 입력 화면이 나오면 Create Account 버튼을 눌러 계정을 생성합니다.

▲ **그림 1.8** 계정 입력 화면

그림 1.9에서 적당한 이름(Name)과 현재 사용 중인 이메일 주소(Email), 원하는 비밀번호(Password)를 작성하고 정책 동의(I agree to the Unity Terms of Use and Privacy Policy)에 체크한 후 OK 버튼을 누릅니다. 확인 메일이 발송되므로 반드시 사용 중인 이메일 주소를 입력합니다. 입력 완료된 계정은 추후에 유니티 애셋스토어에서 사용합니다.

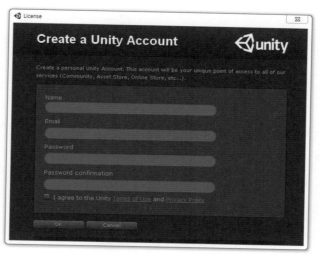

▲ **그림 1.9** 계정 생성 화면

그림 1.10과 같은 로그인 화면과 함께 작성한 이메일로 확인 메일이 발송됩니다.

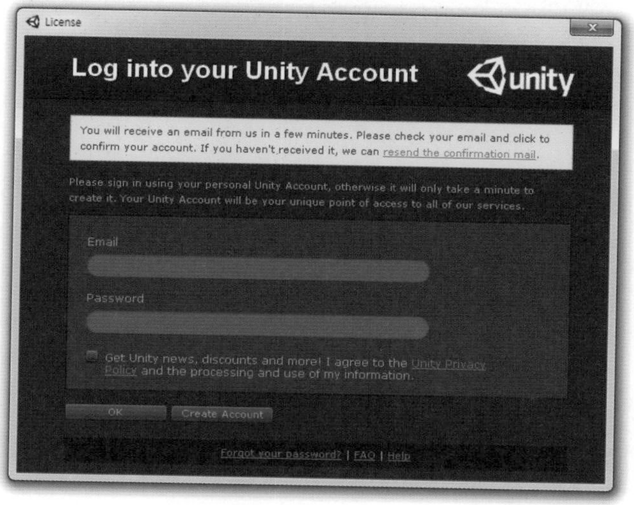

▲ **그림 1.10** 생성된 계정으로 로그인

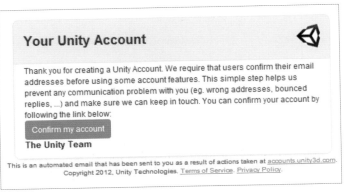

Your Unity Account

Thank you for creating a Unity Account. We require that users confirm their email addresses before using some account features. This simple step helps us prevent any communication problem with you (eg. wrong addresses, bounced replies, ...) and make sure we can keep in touch. You can confirm your account by following the link below:

Confirm my account

The Unity Team

This is an automated email that has been sent to you as a result of actions taken at accounts.unity3d.com.
Copyright 2012, Unity Technologies. Terms of Service. Privacy Policy.

▲ **그림 1.11** 확인 메일

메일에서 그림 1.11과 같은 메일이 확인되면 Confirm my account 버튼을 눌러줍니다. 이 버튼을 누른 후 그림 1.10의 화면으로 돌아가서 이메일 주소와 비밀번호를 작성하고 OK 버튼을 누릅니다. 이후 나오는 간단한 설문 조사 팝업을 작성하고 OK 버튼을 누르면 그림 1.12와 같은 등록 완료 팝업을 확인할 수 있습니다.

License

Thank you for your time

unity

Thank you for downloading Unity. With our basic version of Unity you will learn all about the flexible and superbly efficient Unity workflow. The free version of Unity provides some great features to build simple, yet high-quality content with solid performance.

Start using Unity

Enjoy Creating,
The Unity Team

FAQ | Help

▲ **그림 1.12** 등록 완료 팝업

모든 설치 과정을 마쳤습니다. Start using Unity 버튼을 눌러 유니티를 실행합니다.

1.3.2 유니티 간단 실습

유니티를 실행하면 그림 1.13과 같은 프로젝트 마법사 창이 뜹니다. Open Other...
버튼을 누릅니다.

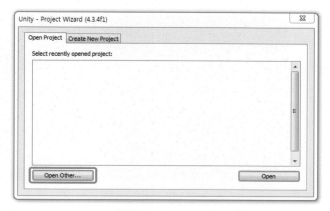

▲ **그림 1.13** Project Wizard 윈도우

그림 1.14에서 문서\UnityProjects 경로의 4-0_AngryBots 폴더를 선택한 후
폴더 선택 버튼을 눌러 프로젝트를 엽니다(샘플 프로젝트가 해당 경로에 존재하지 않는다
면 이 단계를 건너뛰어도 좋습니다).

▲ **그림 1.14** 샘플 프로젝트의 경로

유니티가 열리면 프로젝트 뷰Project View의 Assets 폴더에 위치한 **AngryBots** 아이
콘을 더블 클릭합니다.

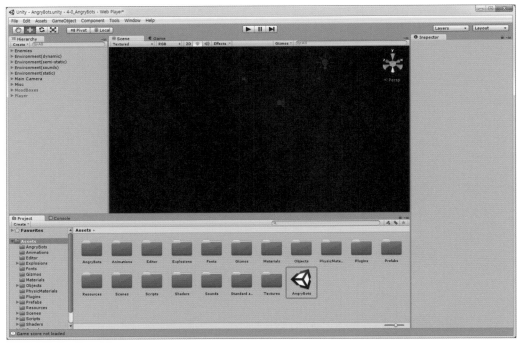

▲ **그림 1.15** 앵그리봇 씬의 위치

그림 1.16의 화면 상단 중앙의 플레이(▶) 버튼을 눌러 게임을 실행시킵니다. 키
보드의 A, S, D, W 키로 캐릭터를 컨트롤할 수 있으며 마우스로 조준하고 마우스
왼쪽 버튼을 클릭해 슈팅이 가능합니다. 자유롭게 플레이해보며 고품질의 유니
티 게임을 체험해봅니다. 이렇게 만들어진 게임은 '1.2 유니티의 장점'에서 설명
한 모든 플랫폼으로 빌드가 가능합니다.

▲ **그림 1.16** 앵그리봇의 실행 화면

1.3.3 무료 버전과 유료 버전의 차이점

이 책의 모든 예제는 앞서 그림 1.7에서 선택한 무료 버전Unity Basic으로 제작이
가능합니다. 유료 버전Unity Pro은 표 1.1과 같은 추가 기능이 있습니다.

▼ **표 1.1** 무료와 유료 버전의 차이

일반사항	유료 버전(Unity Pro)	무료 버전(Unity Basic)
물리	O	O
NavMeshes, 경로 검색 및 군집 시뮬레이션	O	X
LOD 지원	O	X
오디오(3D 위치 및 클래식 스테레오)	O	O
오디오 필터	O	X
비디오 플레이백과 스트리밍	O	X

(이어짐)

RakNet을 사용한 멀티플레이어 네트워크	O	O
애셋 번들에 의한 완전한 스트리밍	O	X
지난 회계 연도의 매출액이 US$100,000을 초과하는 기업이나 법인에게 라이선스를 제공하거나 사용할 수 있습니다.	O	X

애니메이션	유료 버전(Unity Pro)	무료 버전(Unity Basic)
메카님	O	O
메카님:IK리그(Rigs)	O	X
메카님:레이어 일치화&추가곡선	O	X

배치	유료 버전(Unity Pro)	무료 버전(Unity Basic)
리눅스	O	O
원 클릭 배포	O	O
웹 브라우저 통합	O	O
사용자 지정 스플래시 화면	O	X
빌드 크기 줄이기	O	X

그래픽	유료 버전(Unity Pro)	무료 버전(Unity Basic)
Direct3D 11 렌더러	O	O
저레벨 렌더링 접속	O	O
마크업에 의한 동적 글꼴	O	O
슈리켄 파티클 시스템	O	O
3D 텍스처 지원	O	X
실시간 그림자	O	X
HDR, 톤 매칭	O	X
라이트 감지기	O	X
최적화된 그래픽	O	O
셰이더(내장 및 사용자 정의)	O	O
라이트 매핑	O	O

(이어짐)

	유료 버전(Unity Pro)	무료 버전(Unity Basic)
동적 배칭	O	O
정적 배칭	O	X
지형 생성	O	O
렌더-텍스처 효과	O	X
전체 화면 후처리 효과	O	X
오클루전 컬링	O	X
지연 렌더링	O	X
코드	**유료 버전(Unity Pro)**	**무료 버전(Unity Basic)**
Navmesh: 동적 장애물 및 우선순위	O	X
웹플레이어 디버깅	O	O
C#, 자바스크립트 및 부(Boo)를 사용한 .NET 기반의 스크립트 작성	O	O
WWW 함수를 사용한 웹 데이터의 접속	O	O
사용자 브라우저에서 URL 열기	O	O
.NET 소켓 지원	O	O
네이티브 코드 플러그인 지원	O	X
사용자 지정 클래스를 위한 인스펙터 GUI	O	O
에디터	**유료 버전(Unity Pro)**	**무료 버전(Unity Basic)**
통합 편집기	O	O
즉석 자동 애셋 가져오기	O	O
통합 애니메이션 편집기	O	O
통합 나무 생성기	O	O
프로파일러 및 GPU 프로파일링	O	X
외부 버전 컨트롤 지원	O	O
애셋 파이프라인으로의 스크립트 접속	O	X
어두운 스킨	O	X

표 1.1과 같은 기능을 활용해 더 높은 퀄리티의 결과물을 만들고자 한다면 유니티 홈페이지의 상점이나 유니티 코리아를 통해 유니티 유료 버전 구입이 가능합니다.

https://store.unity3d.com/

https://store-kr.unity3d.com/

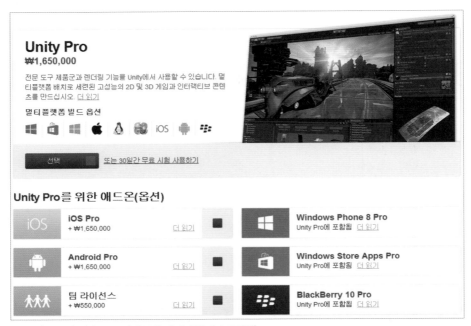

▲ **그림 1.17** 유니티 프로 버전 구입 페이지(유니티 코리아)

유니티 프로를 구입하면 그림 1.18과 같은 멀티플랫폼 빌드가 가능하며 앞에서 언급한 추가 기능 또한 사용 가능합니다.

▲ **그림 1.18** 유니티 프로 멀티플랫폼 빌드 옵션

유니티 프로를 위한 애드온(옵션)을 보면 확장 가능한 빌드 옵션을 선택할 수 있습니다.

옵션의 더 읽기를 클릭하면 유료 버전Unity Pro과 무료 버전Unity Basic의 지원 기능 차이를 비교해볼 수 있습니다. 추가 기능이 필요하다면 애드온까지 선택해 구매합니다.

1.4 유니티 인터페이스

유니티 에디터 인터페이스는 특화된 에디터 도구를 생성하거나 기존의 인터페이스를 사용자 편의대로 배치하고 재구성할 수 있습니다. 유니티 GUI를 컨트롤할 수 있는 GUI 스크립트가 제공되는데, 이를 통해 독자적인 워크플로우를 구성하고 확장하기 쉽습니다. 기본적으로 유니티는 그림 1.19와 같이 기본적으로 6개의 뷰로 구성되어 있습니다. 각 뷰의 역할을 파악하면 유니티를 한층 더 쉽게 이해할 수 있습니다.

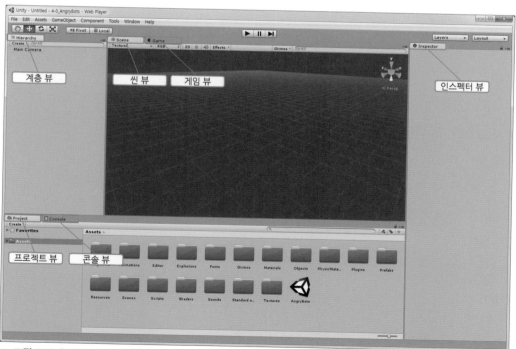

▲ **그림 1.19** 유니티 에디터의 구성

1.4.1 뷰

그림 1.19에서 본 것처럼 유니티는 표 1.2와 같이 6개의 뷰^{View}가 각 기능을 담당하고 있습니다.

▼ **표 1.2** 뷰의 역할

뷰(View)	설명
씬 뷰	사용자의 게임을 만들기 위한 3차원 공간을 제공하는 뷰입니다. 이 뷰 안에 카메라, 배경, 캐릭터, 오브젝트, 라이트 등을 여러분이 원하는 대로 배치하고 씬을 구성할 수 있습니다.
계층 뷰	여러분이 씬에 배치한 오브젝트들을 게임오브젝트(GameObject)라고 합니다. 씬 내의 모든 게임오브젝트와 그 계층 구조를 보여주고 관리합니다.
프로젝트 뷰	게임 제작을 위해 필요한 리소스들을 애셋(Asset)이라고 하며, 이 애셋들을 검색, 정렬, 관리가 가능한 뷰입니다.
인스펙터 뷰	씬과 프로젝트 뷰안의 게임오브젝트나 애셋을 선택하고 그 속성을 변경할 수 있습니다.
게임 뷰	여러분이 만들고 있는 게임이 실제로 어떻게 플레이되는지 테스트할 수 있는 뷰입니다.
콘솔 뷰	게임 제작 중에 에디터에서 발생하는 각종 문제점들에 대해 출력해주고 사용자가 원하는 시점에 필요한 디버그(Debug) 메시지의 출력을 확인할 수 있습니다.

1.4.2 씬 뷰 내비게이션

씬뷰^{Scene View}에 배치한 게임오브젝트^{GameObject}들을 자유롭게 배치하고 이동하고 편집하기 위해서씬 뷰를 빠르고 효율적으로 이동하고 컨트롤할 필요가 있습니다.

화살표 이동

화살표 키를 사용하면 씬에서 이동이 가능합니다.

포커싱

아무 게임오브젝트나 선택한 후 F 키를 누르면 해당 게임오브젝트를 중심으로 포커싱이 되고 기준축pivot이 됩니다.

마우스

휠이 달린 마우스를 사용한다면, 씬 뷰에서 보고 있는 장면의 방향을 전환하기 위해 다음과 같은 컨트롤을 사용할 수 있습니다.

- **씬 뷰의 중심으로 회전**(Orbit) Alt 키를 누르고 클릭 드래그해서 화면을 현재 기준축Pivot 주위로 회전합니다.
- **이동**(Move) 휠 버튼을 클릭 드래그해서 화면을 드래그합니다.
- **확대/축소**(Zoom) Alt 키를 누르고 오른쪽 버튼을 클릭 드래그해서 화면을 줌/아웃합니다(마우스의 스크롤 휠을 돌려도 줌/아웃이 가능합니다).

버튼이 2개인 마우스나 트랙패드trackpads의 경우, 왼쪽 버튼으로 Alt+Control(맥: Alt+Command)을 왼쪽 버튼과 함께 누르고 있으면 이동Move 작업을 시작합니다. 맥에서는 Control과 Alt 키를 누르면서 왼쪽 클릭을 하면 줌을 시작합니다.

자유비행모드

자유비행모드Flythrough는 씬 뷰를 일인칭 시점에서 날아다니듯이 이동할 수 있습니다.

- 마우스 오른쪽 버튼을 누르고 있습니다.
- 이제 마우스를 이용해 뷰를 움직일 수 있고 W, A, S, D 키를 이용해서 좌/우/앞/뒤로 움직이고 Q와 E 키를 이용해서 위 아래고 움직입니다.
- Shift 키를 누르고 있으면 이동이 빨라집니다.

1.4.3 뷰의 배치

모든 뷰는 드래그가 가능하여 원하는 자리로 이동이 가능합니다. 또한, 유니티 에디터 오른쪽 상단에 Layout 메뉴는 여러 가지 뷰^{View} 설정을 제공합니다.

▲ 그림 1.20 Layout 메뉴

1.4.4 스냅 기능

스냅 기능을 이용하면 게임오브젝트를 이동하거나 회전시킬 때 정해진 단위로 만 이동하거나 회전시킬 수 있습니다. 자석에 달라붙듯 위치가 딱딱 끊어져 이 동된다고 보시면 됩니다. 유니티를 실행한 후 메뉴의 GameObject ➤ Create Other ➤ Cube 메뉴를 사용해 큐브를 생성합니다. 큐브를 클릭 후 F 키를 누르면 화면이 줌^{Zoom} 되며 큐브가 씬 뷰^{Scene View}의 중앙에 놓이게 됩니다.

계층 뷰^{Hierachy View}의 큐브 게임오브젝트를 선택한 후 W 키(변환 툴)를 눌러 선택 한 후, Ctrl 키를 누르고 마우스를 드래그하면 1 단위씩 끊어져서 오브젝트가 이 동하는 것을 확인할 수 있습니다. E 키(회전 툴)를 눌러 선택한 후 Ctrl 키를 누르 고 화면의 원형 기즈모를 드래그하면 일정 각도로 뚝뚝 끊어지며 회전하는 걸 확인할 수 있습니다.

스냅 설정은 Edit ▸ Snap Settings에서 설정 값을 변경할 수 있습니다.

Move X	1		
Move Y	1		
Move Z	1		
Scale	0.1		
Rotation	15		
Snap All Axes	X	Y	Z

▲ **그림 1.21** 스냅 기능 설정 화면

X축, Y축, Z축, 크기(Scale), 회전(Rotation) 등을 정해진 단위로 재설정 가능합니다. Snap All Axes 버튼을 누르면 게임오브젝트의 위치가 가까운 스냅 포지션으로 변경됩니다(예: (1.7, 0.55, 0.4)일 경우 (2, 1, 0)으로 이동).

정점 스냅은 두 게임오브젝트를 각 정점끼리 붙여주는 기능입니다.

▲ **그림 1.22** 정점 스냅 기능

두 개의 큐브가 있습니다(큐브 생성은 GameObject ▸ Create Other ▸ Cube). 움직이길 원하는 큐브를 선택한 후 W 키(변환 툴)를 누르고 V 키를 누르고 있는 상태에서 마우스를 선택한 큐브 위에서 움직여 보면 스냅 기능이 활성화되는 것을 확인할 수 있습니다. 원하는 정점을 선택한 후 다른 쪽 큐브로 끌어당겨보면 두 정점이 달라붙는 것을 확인할 수 있습니다.

표면 스냅 기능은 하나의 게임오브젝트를 다른 게임오브젝트 위에 정확하게 배치하고자 할 때 유용합니다. Shift 키와 Ctrl 키를 동시에 누르고 오브젝트를 이동해 표면에 달라붙게 합니다.

1.4.5 단축키

유니티 단축키를 활용하면 작업의 효율성을 높이고 작업 속도를 향상시킬 수 있습니다. 당장 외울 필요는 없지만 이런 단축키가 존재한다는 것을 기억해 두고 작업하면서 하나씩 익혀 나가겠습니다.

Windows Unity HotKeys

HOLD	.	Key	Function
File			
CTRL		N	New
CTRL		O	Open
CTRL		S	Save
CTRL	SHIFT	S	Save Scene as
CTRL	SHIFT	B	Build
CTRL		B	Build and run
Edit			
CTRL		Z	Undo
CTRL		Y	Redo
CTRL		X	Cut
CTRL		C	Copy
CTRL		V	Paste
CTRL		D	Duplicate
SHIFT		Del	Delete
		F	Frame (centre) selection
CTRL		F	Find
CTRL		A	Select All
CTRL		P	Play
CTRL	SHIFT	P	Pause
CTRL	ALT	P	Step
Assets			
CTRL		R	Refresh
Game Object			
CTRL	SHIFT	N	New game object
CTRL	ALT	F	Move to view
CTRL	SHIFT	F	Align with view
Window			
CTRL		1	Scene
CTRL		2	Game
CTRL		3	Inspector
CTRL		4	Hierarchy
CTRL		5	Project
CTRL		6	Animation
CTRL		7	Profiler
CTRL		9	Asset store
CTRL		0	**Asset server**
CTRL	SHIFT	C	Console
CTRL		TAB	Next Window
CTRL	SHIFT	TAB	Previous Window
	ALT	F4	Quit

HOLD	.	Key	Function
Tools			
		Q	Pan
		W	Move
		E	Rotate
		R	Scale
		Z	Pivot Mode toggle
		X	Pivot Rotation Toggle
CTRL		LMB	Snap
		V	Vertex Snap
Selection			
CTRL	SHIFT	1	Load Selection 1
CTRL	SHIFT	2	Load Selection 2
CTRL	SHIFT	3	Load Selection 3
CTRL	SHIFT	4	Load Selection 4
CTRL	SHIFT	5	Load Selection 5
CTRL	SHIFT	6	Load Selection 6
CTRL	SHIFT	7	Load Selection 7
CTRL	SHIFT	8	Load Selection 8
CTRL	SHIFT	9	Load Selection 9
CTRL	ALT	1	Save Selection 1
CTRL	ALT	2	Save Selection 2
CTRL	ALT	3	Save Selection 3
CTRL	ALT	4	Save Selection 4
CTRL	ALT	5	Save Selection 5
CTRL	ALT	6	Save Selection 6
CTRL	ALT	7	Save Selection 7
CTRL	ALT	8	Save Selection 8
CTRL	ALT	9	Save Selection 9

▲ **그림 1.23** 유니티 단축키

2장

2D 게임
프로젝트 시작

유니티는 3D 게임 엔진으로 알려졌지만, 최근에 2D 게임을 위한 대대적인 업데이트가 있었습니다. 2D 에디터 모드를 선택해 유니티와 통합된 효율적인 2D 워크플로어를 사용할 수 있습니다.

2.1 프로젝트 생성

유니티를 실행합니다. 유니티를 실행하면 그림 2.1과 같은 프로젝트 마법사 창이 뜹니다. Create New Project 탭을 클릭합니다.

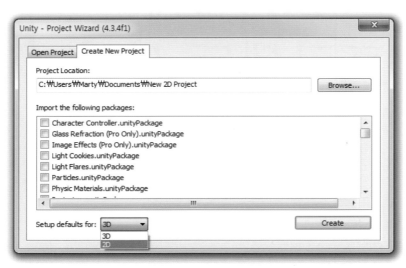

▲ **그림 2.1** 프로젝트 마법사

New 2D Project는 프로젝트명으로 원하는 대로 수정이 가능합니다. 하단에 Setup defaults for: 부분을 보면 기본적으로 3D 모드로 되어 있습니다. 2D로 바꾼 후 Create 버튼을 누릅니다.

팁

프로젝트 마법사 창이 뜨지 않고 바로 유니티가 시작될 경우

유니티 설정이 마법사 창이 뜨지 않도록 되어 있는 경우가 있습니다. 이럴 경우는 일단 유니티를 실행시킨 후 Edit › Preferences..에서 설정을 변경할 수 있습니다.

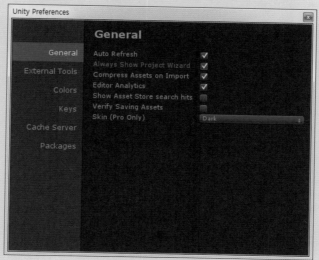

▲ **그림 2.2** 유니티 환경설정

Edit › Preferences..를 클릭하면 그림 2.2와 같은 창이 뜹니다. General에 Always Show Project Wizard의 체크가 풀어져 있다면 체크를 하고 유니티를 종료한 후 다시 실행시키면 프로젝트 마법사 창이 나오면서 시작되도록 설정이 변경된 것을 확인할 수 있습니다.

2.2 2D 모드

2D 모드로 프로젝트를 실행하지 못했더라도 Edit › ProjectSettings › Editor에서 다시 설정이 가능합니다.

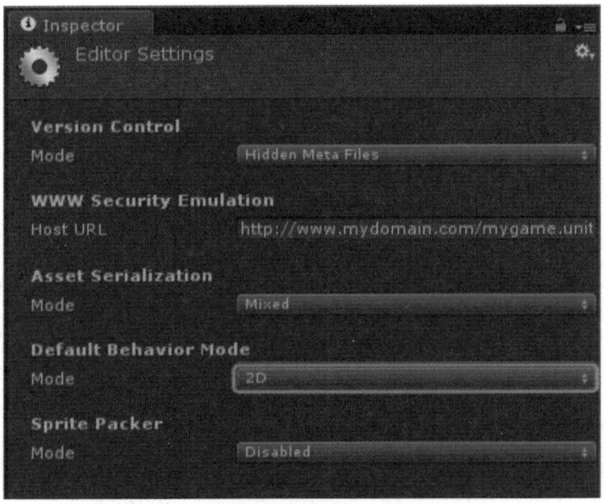

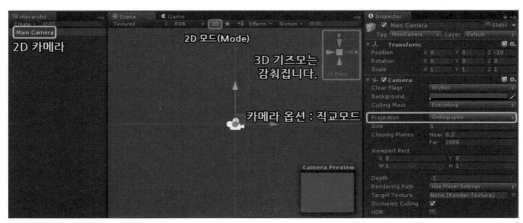

▲ **그림 2.3** Editor Behavior Mode

2D 모드에서는 기본적으로 텍스처를 스프라이트로 가져오게 되고(스프라이트에 대해서는 곧 다룹니다). 씬 뷰는 2D 모드가 기본으로 설정됩니다. 이 설정으로 2D 게임 제작에 필요한 완전한 직교 뷰Orthographic view가 제공됩니다. 또한, 화면의 오른쪽 상단에 일반적으로 위치한 3D 기즈모를 숨겨 더 넓은 작업 공간을 확보할 수 있습니다.

▲ **그림 2.4** 2D 모드

2.3 리소스 임포트

게임에서 사용될 모든 리소스는 프로젝트 뷰Project View의 Assets 폴더에 있어야만 합니다. 책 뒤편의 DVD에서 Resources 폴더의 Sprite라는 폴더를 드래그 & 드랍Drag&Drop하여 임포트합니다.

▲ **그림 2.5** 애셋 임포트(Asset Import)

폴더를 Assets 폴더에 던져 넣으면 프로그레스바가 나타나고 임포팅 과정이 이루어집니다. 임포트한 폴더 내부를 보면 게임에서 사용될 텍스처Texture 이미지들이 보입니다. 우리는 2D 모드로 프로젝트를 시작했기 때문에 이 이미지 리소스들은 자동적으로 Sprite(스프라이트) 타입으로 설정됩니다.

2.4 스프라이트

스프라이트Sprite는 Single Sprite와 Multiple Sprite로 나누어 집니다. 유니티에서 제공되는 스프라이트 기능은 게임 내에서 사용될 이미지 리소스들을 쉽게 편집하고 사용할 수 있도록 여러 기능이 제공됩니다.

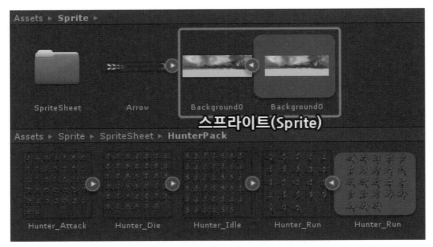

▲ **그림 2.6** 스프라이트

그림 2.6에서 임포트한 여러 가지 리소스들을 확인할 수 있습니다. 각 스프라이트마다 화살표 버튼이 있는데, 눌러보면 구성을 확인할 수 있습니다. 보통 하나의 텍스처로 구성되어 있습니다. 이 텍스처는 스프라이트 에디터^{Sprite Editor}를 통해 편집이 가능합니다. Sprite 폴더의 **Background0**를 클릭합니다(프로젝트 뷰의 하단이나 인스펙터 뷰에서 파일명을 확인할 수 있습니다). 인스펙터 뷰^{Inspector View}를 보면 표 2.1과 같은 속성들을 확인할 수 있습니다.

▼ **표 2.1** 임포트 설정

설정 항목	기능
Texture Type	유니티 내부에서 사용될 리소스들은 사용별로 타입을 바꿀 수 있습니다. 2D 모드일 경우 Type이 자동으로 Sprite로 지정됩니다.
Sprite Mode	Single과 Multiple로 나눌 수 있습니다. Single의 경우 하나의 이미지를 그대로 사용한다면 Multiple의 경우 영역을 지정하여 여러 이미지로 나누어 사용할 경우 선택합니다.
Packing Tag	게임에서는 최적화의 한 방법으로 그래픽 메모리를 줄이기 위해 몇 개의 스프라이트 텍스처들을 하나의 텍스처로 만들어 사용합니다. 이것을 보통 아틀라스(Atlas)라고 하며 유니티는 아틀라스를 만들기 위해 Sprite Packer 기능을 제공합니다. Packing Tag를 설정하면 같은 Tag끼리 아틀라스를 생성할 수 있습니다.

(이어짐)

설정 항목	기능
Pixels To Units	유니티는 pixel이나 mm 등의 단위가 없이 유닛(Unit)이라는 단위를 씁니다. 유니티 공간(world space) 내에서 이미지 픽셀을 유닛(Unit)에 매핑시키기 위한 스케일 인자 값입니다. Default 100인 경우 월드좌표계에서 1유닛에 해당되는 픽셀 크기의 너비와 높이가 100이 됩니다.
Pivot	스프라이트의 중심점을 변경할 수 있습니다.
Filter Mode	텍스처는 카메라의 위치에 따라 작거나 크게 표현됩니다. 그에 따라 이미지가 확대 축소되며 변형되는 과정을 필터링(Filtering)이라고 하며 3가지 방식을 사용할 수 있습니다. 포인트(Point)는 빠르지만 변형 시 손상이 발생하며, 삼중선형(Trilinear)은 가장 좋은 결과물을 얻을 수 있지만 부하가 큽니다. 보통 이중선형(Bilinear)을 사용합니다.

Filter Mode 밑으로 보이는 여러 가지 탭들은 플랫폼별로 **Max Size**와 **Format**을 설정할 수 있게 해줍니다. 보통 **Default**만 설정해주면 되지만 플랫폼별로 따로 설정이 가능하다는 것을 기억해 두면 좋습니다. Background0 스프라이트는 현재 설정이 **Max Size**가 **1024**, **Fomat**은 **Compressed**라고 되어 있고 그림 2.7과 같은 경고 문구가 보일 것입니다.

▲ **그림 2.7** Compressed 경고

유니티는 POT textures의 사용을 권장합니다. POT[Power Of Two]란 이미지의 가로 세로 크기가 2의 제곱식으로 설정되는 것을 말합니다. 컴퓨터에서 이미지를 로드할 때 POT texture가 아닐 경우 가까운 POT 크기로 변형해 사용하므로 메모리 낭비가 발생합니다. 그래서 보통 게임 내 스프라이트들은 아틀라스[Atlas]화하고, 이 아틀라스를 POT 규칙에 맞춰 32, 64, 128, 256, 512, 1024, 2048, 4096 등의 크기로 변형해 사용합니다.

POT 규칙에서 벗어나면 유니티 자체 압축 프로세스를 사용할 수 없게 됩니다. 그래서 그림 2.7과 같은 경고가 뜹니다. 현재 Background0는 이러한 POT 규칙에서 벗어난 크기이기 때문에 ETC1 format으로 압축할 수 없다는 경고입니다. MaxSize를 4096, Format을 Truecolor로 설정합니다. 설정 후 Apply 버튼을 눌러 설정을 적용합니다(해당 스프라이트는 가로×세로 4096×4096을 넘지 못합니다. 넘을 경우 자동으로 축소됩니다).

3장
순환 배경 제작

이전 장까지 작업된 프로젝트가 없을 경우에는 유니티를 실행한 후 프로젝트 마법사 창에서 다음 경로의 유니티 프로젝트를 열어 Scene 폴더의 2DProject를 실행하면 이번 장을 따라할 수 있습니다(경로: DVD\Sample\Chapter03).

게임에는 항상 배경과 캐릭터가 존재합니다. 3장에서는 게임에서 많이 사용되는 순환하는 배경을 만들겠습니다. 여러 가지 방식이 있지만 이번에는 스크립트를 사용하지 않고 유니티에서 제공하는 기능만을 사용해 제작하겠습니다.

3.1 배경에 시차 적용

먼저 배경에 시차parallax를 적용해보겠습니다. 순환 배경 시스템을 만들기 위해서 빈 게임오브젝트를 사용해 계층화된 배경 게임오브젝트 그룹을 만들겠습니다.

1. Ctrl+Shift+N 키를 눌러 빈 게임오브젝트를 계층 뷰Hierachy View에 생성합니다
(혹은 메뉴의 GameObject/Create Empty).

2. 생성된 게임오브젝트GameObject를 클릭한 후 인스펙터 뷰Inspector View에서 Backgrounds라고 이름을 변경합니다.

▲ **그림 3.2** 게임오브젝트 이름 변경

3. Assets/Sprite/Background0를 드래그해서 Backgrounds 하위로 추가시
킵니다. 포지션은 (0, 0, 0)입니다.

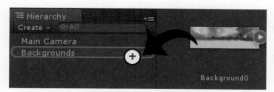

▲ **그림 3.2** 빈 게임오브젝트에 스프라이트(Sprite) 추가

게임 뷰^{Game View}에 화면이 추가된 것을 확인할 수 있습니다. 빈 게임오브젝트는
여러 개의 백그라운드^{Background} 스프라이트들을 계층 구조를 형성해서 관리하기
쉽게 해줄 것입니다.

3.1.1 2D 카메라

계층 뷰^{Hierachy View}에 있는 Main Camera를 클릭합니다.

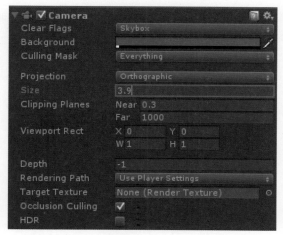

▲ **그림 3.3** Camera 컴포넌트

인스펙터 뷰^{Inspector View}에서 카메라 컴포넌트를 확인할 수 있습니다. 표 3.1을
통해 카메라 컴포넌트의 항목별 기능을 살펴보겠습니다.

▼ **표 3.1** 카메라 컴포넌트

설정 항목	기능
Clear Flags	카메라에서 게임오브젝트를 그리고 남은 여백을 어떻게 처리할지 설정합니다. • Skybox: 설정된 스카이박스가 있을 경우 스카이박스로 여백을 채웁니다. • Solid Color: 단일 색상으로 여백을 채웁니다. • Depth Only: 여백을 투명 처리합니다. 기존에 그린 내용을 모두 제거하고 처리합니다. • Don't Clear: 이전에 그려진 내용 위에 바로 새로운 화면을 그립니다.
Background	여백을 채울 색상을 지정합니다.
Culling Mask	카메라에서 그릴 레이어를 지정합니다.
Projection	카메라의 투사 방식을 결정합니다. • 원근(Perspective): 유니티 월드를 원근감을 반영해 화면에 투사합니다. • 직교(Orthographic): 유니티 월드를 평행하게 화면에 투사합니다. 원근감(깊이감)이 사라집니다.
시야각 (Field of View)	원근 방식의 카메라의 경우 Y축 방향의 각도를 설정할 수 있습니다. X축의 크기는 화면의 종횡비(Aspect Ratio) 값을 참고해 자동 설정되며 1도부터 최대 179도까지 지정 가능합니다.
Size	직교 방식의 카메라에서 투사할 영역의 크기를 설정합니다. 크기 값은 사각형 영역의 높이의 절반에 해당하며 사각형 영역의 길이는 화면 종횡비 값으로 계산되어 결정됩니다.
Clipping Planes	카메라가 투사할 영역을 지정하기 위한 앞, 뒷면의 거리를 지정합니다.
Viewport Rect	카메라 화면이 스크린에 보여질 때 위치와 크기를 설정합니다. 스크린의 왼쪽 아래 좌표는 (0, 0), 오른쪽 위 좌표는 (1, 1)이며 스크린의 전체 너비와 높이는 1로 표현됩니다. • X, Y: 스크린 내에서 카메라 화면이 시작할 위치입니다. • W, H: 카메라 영역의 가로, 세로 크기입니다.
Depth	여러 대의 카메라를 사용할 경우 카메라로 그리는 순서를 지정합니다. 낮은 순으로 먼저 그려지며 −100이 최소 값입니다.
Rendering Path	최종 화면을 렌더링하는 방식을 설정합니다.
Target Texture	카메라 화면을 지정된 렌더 텍스처로 설정할 수 있습니다(페이드 인, 아웃 등에 활용할 수 있습니다).

2D 모드로 프로젝트를 시작하면 카메라가 자동으로 직교 카메라^{Orthographic} ^{Camera}로 설정됩니다. 직교 카메라로 설정이 되면 원근감이 사라지게 됩니다. 카메라 크기는 게임 뷰^{Game View}를 보면서 적당한 크기를 조정해도 되지만 리소스들의 픽셀 정보를 반영해 실제 비율로 텍스처들이 보여지길 원한다면 다음 공식으로 Size 값을 얻을 수 있습니다. 즉, 화면 크기의 반을 픽셀투유닛 값으로 나눈 값이 됩니다.

Ortho Camera Size = ((Your Target Height /2)) / Pixels To Units
직교 카메라 Size = ((화면 세로 크기 / 2) / Pixels To Units

그림 3.4처럼 게임 뷰^{GameView}의 해상도를 1280×720으로 변경합니다.

▲ **그림 3.4** 해상도 변경

화면 해상도가 낮아 충분히 게임뷰가 확보되지 않을 경우 같은 비율인 640×360 화면을 설정하여 두 해상도를 번갈아봐도 됩니다. 화면 해상도는 보통 자신이 서비스할 주요 타깃 플랫폼의 해상도를 사용하게 됩니다. 멀티 플랫폼을 사용할 것을 대비해 보통 이미지 리소스는 타깃 해상도보다 좀 더 크게 여유를 두어 제작합니다. Background0의 Pixels To Units를 Default 값인 100으로 설정했기 때문에 카메라의 Size는 3.6으로 설정합니다. 설정하면 화면에 Background 스프라이트가 꽉 차서 보이는 것을 확인할 수 있습니다.

3.1.2 게임오브젝트와 컴포넌트

여러분이 유니티 내에서 생성한 모든 오브젝트들은 게임오브젝트^{GameObject}라고 봐도 무방합니다. 유니티에서는 게임오브젝트에 여러 가지 기능^{Component}들을 부여하여 사용하게 됩니다. 쉽게 말해 게임오브젝트는 컴포넌트^{Component} 객체를 담는 컨테이너^{Container} 역할을 하게 됩니다. 기본적으로 게임오브젝트는 Transform 컴포넌트를 포함하고 있습니다. Transform 컴포넌트는 위치, 회전, 스케일 정보를 가지고 있으며 이는 유니티 월드에 존재하기 위한 최소한의 요건입니다('부록. 유니티 개발자가 꼭 알아야 할 게임 제작 이론과 중요 컴포넌트'). 씬 뷰^{Scene View} 탭을 클릭하고 씬 뷰에서 보이는 유일한 스프라이트 이미지(Background0)를 클릭합니다. 인스펙터 뷰^{Inspector View}에서 보면 두 가지 컴포넌트를 확인할 수 있습니다.

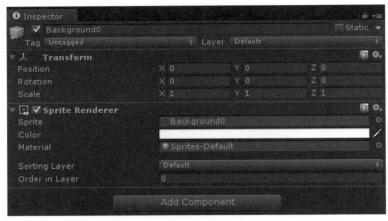

▲ **그림 3.5** Transform 컴포넌트와 Sprite Renderer 컴포넌트

Transform 컴포넌트와 Sprite Renderer 컴포넌트는 각기 다른 기능을 담당하고 있습니다.

Transform 컴포넌트로부터 우리는 Background0의 Position(위치), Rotation(회전), Scale(스케일) 값을 구하거나 수정할 수 있습니다. Sprite Renderer 컴포넌트는 이미

지를 화면에 표시해주는 역할을 하고 있으며 세부적으로 여러 가지 기능이 존재합니다. 이러한 기능과 옵션들에 접근이 가능하며 필요에 맞게 수정할 수 있습니다.

계층 뷰Hierachy View에 방금 추가했던 Background0(Backgrounds 게임오브젝트의 하위에 있습니다)를 선택한 상태에서 Ctrl+D 키를 눌러 스프라이트 게임오브젝트를 복제합니다. 정점 스냅 기능을 사용하기 위해 V 키를 누른 상태에서 복제된 스프라이트 게임오브젝트의 왼쪽 아래 모서리를 붙잡고 오른쪽으로 드래그하다 보면 자석처럼 원본 게임오브젝트의 모서리에 달라 붙게 됩니다(마우스 휠로 화면을 줌/아웃해가며 확인합니다). 정점 스냅이 어렵거나 실패했을 경우는 복제된 Background0의 포지션을 (x: 24.77, y: 0, z: 0)으로 위치시키면 됩니다.

▲ **그림 3.6** 정점 스냅 기능을 이용한 게임오브젝트 배열

두 게임오브젝트의 부모Parent 게임오브젝트 Backgrounds를 클릭하고 Alt+Shift+N 키를 눌러 Backgrounds의 자식Child으로 빈 게임오브젝트를 하나 더 추가합니다(포지션은 (0, 0, 0)입니다). 복제된 두 개의 게임오브젝트(Background0)를 선택한 후 생성된 빈 게임오브젝트에 자식으로 추가합니다. 빈 게임오브젝트의 이름을 BG_Depth0로 변경합니다.

씬 뷰의 화면 조작

씬 뷰에서 마우스 휠 버튼을 누른 채로 드래그하면 화면 이동이 가능합니다. 또한, 휠 버튼을 돌리면 확대/축소가 가능합니다. 두 기능을 이용해 씬 뷰의 화면을 작업하기 편한 상태로 조정해 가며 작업할 수 있습니다.

작업의 편의를 위해 Assets/Sprite 안에 있는 폴더를 제외한 스프라이트들을 모두 선택한 후 Max Size는 4096, Format은 Truecolor로 설정 후 Apply 버튼을 눌러 적용합니다. 지금부터 하는 작업들은 배경들에 시차(parallax 관측 위치에 따른 물체의 위치나 방향의 차이)를 주기 위한 준비 작업입니다. 시차 작업을 통해 2D 모드에서도 여러 가지 배경들이 공간감을 가진 듯한 효과를 볼 수 있습니다. 시차 작업이 복잡해 보이지만 어떤 복잡한 공식을 가지고 있는 것이 아닙니다. 제가 한 작업 또한, 단순히 디자인된 배경과 가장 흡사하게 배치하기 위해 노력했고 그 결과 나온 포지션 값들을 여러분에게 보여주는 것뿐입니다. 여러분만의 게임을 만들 때는 여기서 배치해본 경험으로 자유롭게 배치할 수 있을 것입니다. 기존에 하던 작업을 이어서 그림 3.7과 같은 구조를 만들겠습니다.

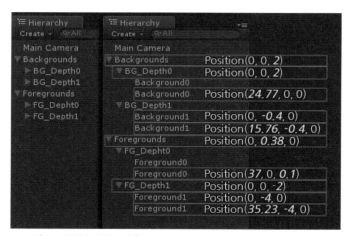

▲ **그림 3.7** 게임오브젝트 계층 구조와 좌표

▼ 표 3.1 배경의 시차(pallax) 적용

배경 게임오브젝트	포지션(Position)
Backgrounds	(0, 0, 2)
└ BG_Depth0	(0, 0, 2)
Background0	(0, 0, 0)
Background0	(24.77, 0, 0)
└ BG_Depth1	(0, 0, 0)
Background1	(0, −0.4, 0)
Background1	(15.76, −0.4, 0)
Foregrounds	(0, 0.38, 0)
└ FG_Depth0	(0, 0, 0)
Foreground0	(0, 0, 0)
Foreground0	(37, 0, 0.1)
└ FG_Depth1	(0, 0, −2)
Foreground1	(0, −4, 0)
Foreground1	(35.23, −4, 0.1)

1. 부모 게임오브젝트 Backgrounds를 클릭하고 Alt+Shift+N 키를 눌러 빈 게임오브젝트를 추가합니다. 이름을 BG_Depth1으로 변경합니다.

2. Assets/Sprite/Background1을 드래그하여 BG_Depth1의 자식으로 추가합니다.

3. 자식으로 추가한 Background1을 Ctrl+D 키로 복제한 후 복제본의 왼쪽 아래 모서리를 V 키를 누른 상태에서 오른쪽으로 드래그하여 원본의 오른쪽 끝 모서리에 맞춥니다. 혹은 좌표를 (15.76, 0, 0)으로 설정합니다.

4. Ctrl+Shift+N 키를 눌러 빈 게임오브젝트를 생성합니다. 이름을 Foregrounds로 변경합니다. 포지션을 (0, 0, 0)으로 수정합니다.

5. Foregrounds 게임오브젝트를 선택하고 Alt+Shift+N 키를 이용해 빈 게임오브젝트를 자식으로 추가하고 이름을 FG_Depth0로 변경합니다. 똑같은 과정을 한 번 더 거쳐 게임오브젝트를 추가하고 FG_Depth1으로 변경합니다. 포지션을 (0, 0, −2)로 수정합니다.

6. FG_Depth0에는 Assets/Sprite/Foreground0를 드래그하여 자식으로 추가하고 FG_Depth1에는 Assets/Sprite/Foreground1을 드래그하여 자식으로 추가합니다.

화면의 게임오브젝트들의 배치가 어색하기 때문에 위치를 수정하겠습니다(마우스 휠 버튼을 이용해 씬 뷰의 화면을 조정해 가며 확인합니다).

1. Assets/Sprite/Foreground1을 클릭한 후 인스펙터 뷰^{Inspector View}에서 Pivot을 Bottom으로 설정합니다.

2. 계층 뷰에 있는 Foreground1을 선택한 후 인스펙터 뷰에서 Positon 값의 Y를 −4로 수정합니다.

3. 부모 게임오브젝트 Foregrounds의 Position Y 값을 0.38로 수정합니다.

4. Backgrounds의 포지션을 (0, 0, 2)로 수정하고 BG_Depth0의 포지션을 (0, 0, 2)로 수정합니다. BG_Depth1의 자식 게임오브젝트 Background1 두 개 모두 Position의 Y 값을 −0.4로 수정합니다.

5. FG_Depth0의 Foreground0를 Ctrl+D 키로 복제한 후 복제된 게임오브젝트의 포지션을 (37, 0, 0.1)로 수정합니다.

6. FG_Depth1의 포지션을 (0, 0, −2)로 수정한 후 Foreground1을 Ctrl+D 키로 복제한 후 복제된 게임오브젝트의 포지션을 (35.23, −4, 0.1)로 수정합니다.

그림 3.7과 표 3.1을 참고해 계층 뷰^{Hierachy View}의 모든 오브젝트들의 포지션이 잘 위치하였는지 확인합니다. 확인할 때는 2D 버튼을 끄고 키보드와 마우스를 이용해 계속 오브젝트의 위치를 확인해줍니다.

> **팁**
>
> **씬 뷰의 화면 조작**
>
> **1.** 마우스 휠 홀드 + 드래그: 화면의 이동
>
> **2.** 마우스 휠 조작: 화면의 확대/축소
>
> **3.** Alt + 마우스 왼쪽 버튼 + 드래그: 화면 중심축 기준 회전(3D Mode)
>
> 위 3가지 조작으로 씬 뷰를 작업하기 쉽게 바꾸는 데 익숙해져야 합니다.

3.1.3 레이어

2D 게임에서 평면으로 보여지는 이미지들도 앞에 나와야 하는 것과 뒤에 나와야 하는 등의 순서가 필요할 것입니다. 유니티에서 제공하는 레이어^{Layer}를 사용해 스프라이트 게임오브젝트 간에 뎁스^{Depth}를 설정해 정렬해보겠습니다.

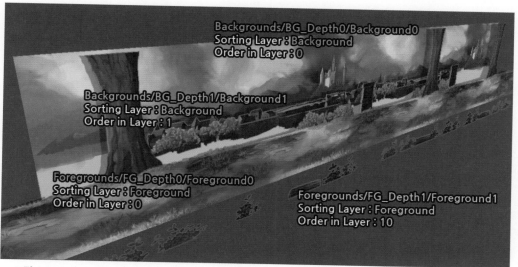

▲ **그림 3.8** 시차(parallax)가 적용된 배경들과 레이어

먼저 레이어를 생성해보겠습니다. **Edit ＞ Project Settings ＞ Tags & Layers**를 선택합니다.

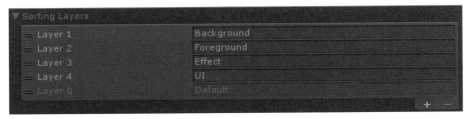

▲ **그림 3.9** Sorting Layers 설정

1. Sorting Layers의 화살표를 눌러 펼칩니다.
2. Default 레이어 밖에 없지만 **+** 키를 눌러 레이어를 3개 추가해보겠습니다. 순서대로 Backgroud, Foreground, Effect, UI 레이어를 생성합니다. 그림 3.9와 같이 만듭니다(레이어 생성 후 드래그로 순서 변경이 가능합니다).

생성된 레이어는 스프라이트^{Sprite}를 배치하는 데 유용하게 사용됩니다. 레이어의 번호가 낮은 순서로 화면에 먼저 그리게 됩니다. 현재 씬에는 8개의 스프라이트 게임오브젝트가 존재합니다. 계층 뷰^{Hierachy View}의 Backgrounds/BG_Depth0/Background0 하나를 클릭합니다. 인스펙터 뷰^{Inspector View}에서 스프라이트 렌더러(Sprite Renderer) 컴포넌트가 있는 것을 확인할 수 있습니다. 스프라이트 렌더러 컴포넌트는 스프라이트로 설정된 이미지를 화면에 그려주는 역할을 합니다.

▲ **그림 3.10** 스프라이트 렌더러(Sprite Renderer)

▼ **표 3.2** 스프라이트 렌더러

속성	기능
Sprite	표시되기 원하는 스프라이트 이미지를 설정합니다.
Color	컬러 값을 설정합니다. Default는 흰색입니다.
Material	스프라이트의 재질을 설정합니다('부록'에서 '재질').
Sorting Layer	스프라이트 레이어 그룹을 설정합니다. 그룹 내에서 렌더링 우선순위를 정하기 위해서 사용합니다.
Order in Layers	같은 레이어 그룹 내에서 숫자가 낮을수록 먼저 렌더링됩니다(같은 order라면 z 포지션의 영향을 받습니다).

계층 뷰^{Hierachy View}의 Background0 게임오브젝트 두 개 모두 Sorting Layer를 아까 만들어 두었던 Background 레이어로 설정합니다. **Order in Layer**는 0으로 설정합니다. 같은 방식으로 모든 스프라이트를 표 3.3과 같이 설정합니다.

배경 게임오브젝트	Sorting Layer	Order in Layer
Backgrounds		
└ BG_Depth0		
Background0	Background	0
Background0	Background	0
└ BG_Depth1		
Background1	Background	1
Background1	Background	1
Foregrounds		
└ FG_Depth0		
Foreground0	Foreground	0
Foreground0	Foreground	0
└ FG_Depth1		
Foreground1	Foreground	10
Foreground1	Foreground	10

▲ **그림 3.11** 2D 모드 버튼

설정이 완료되었으면 씬 뷰^{Scene View}의 2D 버튼을 꺼봅니다. **Alt+마우스 왼쪽** 버튼으로 화면을 돌려가며 배치된 배경들을 확인해봅니다. 다시 2D 버튼을 켜줍니다. 우리가 원하는 형태로 배경들이 정렬되어 있는 것을 확인할 수 있습니다. 게임 뷰^{Game View}를 확인해 보면 배경들이 자연스럽게 정리된 것을 확인할 수 있습니다.

▲ **그림 3.12** 레이어 잠금

이렇게 생성된 레이어는 인터페이스 오른쪽 상단의 풀다운 메뉴인 **Layers**에서 잠금 기능을 통해 잠글 수 있습니다. 새로운 전경 요소 추가 시 실수로 배경 요소를 드래그할지도 모른다는 걱정에서 벗어날 수 있습니다. 자주 만질 일이 없는 Background 레이어를 잠가 두겠습니다(필요할 경우 잠금을 해제하고 사용합니다).

3.2 배경 순환 애니메이션 제작

지금까지 2D 스프라이트 이미지들을 씬Scene에 순차적으로 배치하는 작업을 했습니다. 지금부터 이 스프라이트 그룹Group들을 유니티 애니메이션 시스템을 이용해 순환되는 애니메이션 형태로 만들겠습니다. Assets 폴더에 **Create › Folder**를 해서 새로운 폴더를 만들고 이름을 Animation이라고 합니다. 인터페이스의 상단 메뉴의 **Window › Animation**을 클릭합니다(Ctrl+6).

애니메이션 뷰Animation View가 생성되었습니다. 작업 편의성을 위해 적당한 곳에 도킹시키겠습니다. 애니메이션 뷰의 **Animation** 탭을 클릭 & 드래그하여 원하는 위치에 도킹이 가능합니다. 저는 가운데 위치시켰지만 각자 편한 위치에 도킹하여도 무방합니다.

▲ **그림 3.13** 애니메이션 뷰

3.2.1 애니메이션 뷰

유니티의 애니메이션 뷰Animation View는 사용자가 유니티 안에서 애니메이션 클립Animation Clip들을 직접 생성하고 변경하는 것을 가능하게 합니다. Backgrounds/BG_Depth0 오브젝트를 선택하고 그림 3.14의 표시 부분을 클릭해 애니메이션 뷰의 **Create New Clip**을 선택하거나 **Add Curve** 버튼을 누릅니다(반드시 BG_Depth0 오브젝트가 선택된 상태에서 누릅니다).

▲ **그림 3.14** 애니메이션 클립 만들기

Create New Clip을 누르면 New Animation.anim을 저장하라고 나옵니다. 아까 만들어 둔 Animation 폴더로 위치를 설정하고 이름은 **BG_Depth0**로 저장합니다. 계층부Hierachy View의 **BG_Depth0**를 선택합니다.

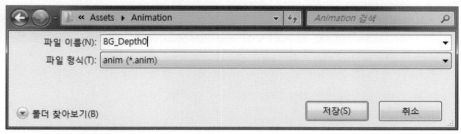

▲ **그림 3.15** 애니메이션 클립 생성

빈 게임오브젝트였던 BG_Depth0에 Animator 컴포넌트Component가 자동으로 생성되었습니다. **BG_Depth0**가 선택된 상태에서 **Add Curve** 버튼을 누르고 Transform을 펼치고 **Position** 옆 + 키를 선택합니다(Add Curve ▸ Transform ▸ Position(+)).

▲ **그림 3.16** 애니메이션 키 만들기

두 개의 키가 자동으로 생성되었습니다. 이제 BG_Depth0의 Position을 이용해 배경이 움직이는 애니메이션을 제작해보겠습니다. 그림 3.16에 빨간색 레코드 표시가 보일 것입니다. 이 부분이 활성화되어 있는 동안은 애니메이션 녹화 상태로 게임오브젝트를 움직이고 회전하고 확대하는 등의 작업을 하면 그 과정이 전부 키프레임으로 삽입되어 애니메이션이 생성됩니다. 물론 키를 삭제할 수도 있습니다.

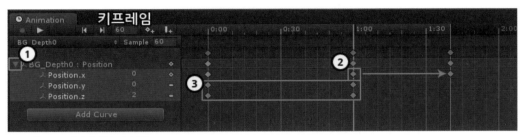

▲ **그림 3.17** 애니메이션 키 설정

1. 먼저 그림 3.17의 1번 **화살표**를 눌러 확장합니다.

2. 2번 키를 드래그하여 100번째 프레임으로 옮깁니다(키프레임 정보를 보면서 드래그합니다). 2번의 옮긴 키 프레임은 포지션(Position) x의 애니메이션 키입니다.

3. 이제 인스펙터 뷰Inspector View의 **Transform** 컴포넌트에서 x의 값을 **−24.77**로 수정합니다. 키를 수정하면 y, z의 키들도 자연스럽게 키가 삽입됩니다.

4. 3번의 키들(y, z키들)은 필요가 없으므로 선택해 삭제합니다.

x좌표를 −24.77만큼 이동시킨 이유는 Background0의 복제본이 x축으로 24.77 떨어져 있고 복제본은 원본의 모서리 끝에 붙어 있으므로 Background0의 가로 길이는 24.77로 볼 수 있습니다. 그러므로 애니메이션을 −24.77만큼 이동시킨 후 다시 처음부터 루프Loop시키면 배경이 끊어지지 않고 루프되는 것처럼 보여지게 됩니다.

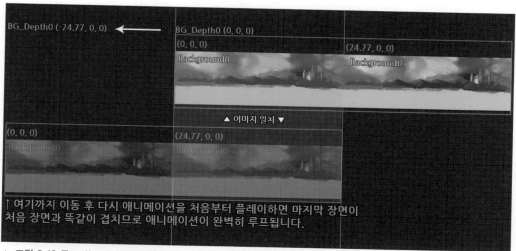

BG_Depth0 (-24.77, 0, 0) ← BG_Depth0 (0, 0, 0)

(0, 0, 0)
Background0

(24.77, 0, 0)
Background0

▲ 이미지 일치 ▼

(0, 0, 0)
Background0

(24.77, 0, 0)
Background0

↑ 여기까지 이동 후 다시 애니메이션을 처음부터 플레이하면 마지막 장면이
처음 장면과 똑같이 겹치므로 애니메이션이 완벽히 루프됩니다.

▲ 그림 3.18 루프되는 애니메이션의 원리

빨간색 레코드 버튼을 눌러 애니메이션 녹화를 중지합니다. 녹화 버튼 옆의 플레이(▶) 버튼을 클릭합니다. 씬 뷰Scene View에서 빠르게 배경이 x축으로 움직이는 것을 확인할 수 있습니다. BG_Depth0는 x좌표가 0에서 -24.77까지 이동을 계속해서 반복하고 있습니다.

게임 뷰Game View 탭을 클릭해 이 애니메이션을 확인하면 빠르지만 이 장면이 끊기지 않고 무한루프되는 것을 확인할 수 있습니다. 애니메이션의 속도가 너무 빠르므로 애니메이터(Animator)를 통해 수정해보겠습니다.

플레이(▶) 버튼을 클릭해 애니메이션을 중지하고 BG_Depth0가 선택된 상태로 인스펙터 뷰Inspector View에서 Animator 컴포넌트의 Controller 부분의 BG_Depth0 아이콘을 더블 클릭합니다.

▲ 그림 3.19 Animator 컴포넌트

3.2.2 애니메이터 뷰

애니메이터 뷰Animator View가 활성화되었습니다. 애니메이터 뷰는 상태의 흐름을 시각화하여 애니메이션을 제어할 수 뷰로 일종의 유한 상태 기계FSM, Finite State Machine의 형태를 취하고 있습니다. 게임 내 모든 애니메이션을 상태State로 정의하고 이 상태를 어떤 조건을 주어 상태간 전이Transition를 발생시켜 모든 애니메이션의 흐름을 제어하고 구성합니다('부록'의 '애니메이터 뷰, 메카님 애니메이션').

▲ 그림 3.20 애니메이터 뷰

▼ 표 3.4 애니메이션 스테이트(Animation State) 옵션

속성	기능
Speed	애니메이션의 재생 속도
Motion	이 상태에서 재생할 애니메이션 클립 지정
Foot IK	다리 역기구학 구현 여부
Transitions	이 상태에서 발생하는 상태전이(Transitions) 목록을 보여줍니다.

주황색의 박스 BG_Depth0는 우리가 방금 만든 배경 애니메이션을 시각화한 것입니다. 주황색으로 표시되어 있으면 Default로 설정되어 게임을 실행하게 되면 자동적으로 애니메이션 실행됩니다. BG_Depth0를 클릭하면 인스펙터 뷰 Inspector View에 여러 가지 정보가 나타납니다. Speed를 0.01로 수정합니다. 애니메이션 뷰의 플레이 버튼으로는 이 수정이 반영되지 않습니다. 최종 스피드가 반영된 모습을 확인하기 위해 인터페이스 상단 중앙의 플레이(▶) 버튼을 눌러 보겠습니다(Ctrl+P). 천천히 움직이는 배경 애니메이션을 확인할 수 있습니다. 플레이 버튼을 눌러 재생을 중지합니다.

지금까지 한 작업을 저장하고 진행하겠습니다. 지금까지 작업한 모든 것들은 씬 (Scene)으로 저장 가능합니다. Assets 폴더에 Scene라는 폴더를 하나 생성합니다. 인터페이스 메뉴의 File › Save Scene 또는 Ctrl+S 키를 눌러 Scene 폴더에 2DProject라고 저장합니다(이제부터 정기적으로 Ctrl+S 키를 눌러 저장합니다). 이제 모든 배경을 지금까지와 같은 방법으로 애니메이션을 만들면 됩니다.

1. BG_Depth1을 선택한 후 애니메이션 뷰에서 Add Curve 버튼을 눌러 Animation 폴더에 BG_Depth1로 저장하고 Transform의 Position(+)을 추가합니다.

2. x좌표를 100프레임으로 이동 후 인스펙터 뷰에서 포지션(Position) X를 −15.76 으로 변경합니다. 애니메이션 뷰의 녹화 버튼을 눌러 녹화를 중지합니다.

3. BG_Depth1이 선택된 상태에서 애니메이터 뷰로 이동합니다.

4. BG_Depth1 상태State를 선택한 후 인스펙터 뷰에서 Speed를 0.1로 변경합니다.

5. 인터페이스 상단 중앙의 플레이(▶) 버튼을 눌러 지금까지 작업된 내용을 확인합니다(Ctrl+P).

플레이(▶) 버튼을 다시 눌러 중지합니다. 배경의 애니메이션 작업이 완성되었습니다. 전경들도 모두 애니메이션을 만들겠습니다. 표 3.5를 참고해 같은 방식으로 FG_Depht0와 FG_Depth1 오브젝트의 루프 애니메이션을 만듭니다.

▼ **표 3.5** 전경 애니메이션 작업

게임오브젝트	애니메이션 이름	프레임	X좌표	Speed
FG_Depth0	FG_Depth0.anim	100	−37	0.25
FG_Depth1	FG_Depth1.anim	100	−35.23	0.3

모든 작업이 완료되었다면 인터페이스 상단 중앙의 플레이(▶) 버튼을 눌러 지금까지 작업된 내용을 확인합니다(Ctrl+P). 배경과 전경 모두 자연스럽게 흘러가고 있습니다. 플레이를 멈추지 않는 한 계속해서 루프가 됩니다. 플레이(▶) 버튼을 다시 눌러 중지합니다. 순환되는 배경을 만드는 방법은 여러 가지가 있습니다. 3장에서는 애니메이션을 활용해 스크립트를 사용하지 않고 만들어 봤습니다. 이번장에서 순환되는 배경의 원리를 깨달았다면 여러 가지 방식으로 자유롭게 만들수 있게 될 것입니다.

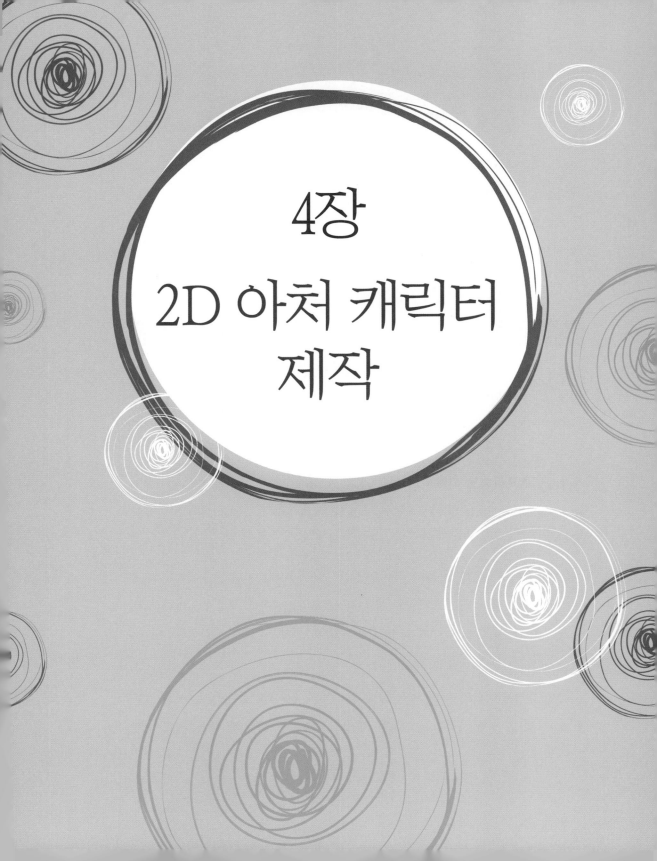

4장

2D 아처 캐릭터 제작

이전 장까지 작업된 프로젝트가 없을 경우에는 유니티를 실행한 후 프로젝트 마법사 창에서 다음 경로의 유니티 프로젝트를 열어 Scene 폴더의 2DProject를 실행하면 이번 장을 따라할 수 있습니다(경로: DVD\Sample\Chapter04).

이번 장에서는 유니티의 강력한 2D 스프라이트 편집 모드를 통해 아처의 애니메이션 클립Animation Clip을 제작하고 애니메이터Animator를 활용해 만들어진 애니메이션 클립들로 아처의 상태State를 구성하고 상태 간에 전이Transition하는 방법에 대해 살펴보겠습니다.

4.1 아처 준비

유니티에서는 스프라이트를 활용해 2D 캐릭터의 애니메이션을 쉽게 제작할 수 있는 기능이 준비되어 있습니다. 스프라이트 시트Sprite Sheet를 스프라이트 에디터Sprite Editor로 편집하여 게임에서 자주 등장하는 궁수Archer를 준비해보겠습니다.

4.1.1 스프라이트 시트

Assets/Sprite/SpriteSheet/ArcherPack의 **Archer_Idle** 스프라이트Sprite를 클릭합니다.

여러 가지 이미지들이 꽉 들어찬 모습입니다. 이러한 이미지를 스프라이트 시트 Sprite Sheet라고 합니다. 스프라이트 시트를 쓰는 이유는 여러 가지가 있지만 보통 다음과 같은 이유입니다('부록'의 '스프라이트 시트').

- 이미지를 로딩하는 시간을 줄인다.
- 게임 등에서 이미지를 온라인으로 불러올 경우 요청 횟수를 줄일 수 있습니다.
- 스프라이트 시트 하나만 교체하면 캐릭터나 UI의 스킨을 한 번에 바꿀 수 있습니다.

이 밖에도 개발할 때 파일 관리가 수월한 이점도 있습니다. 그렇다면 처음에는 낱장으로 제작된 이미지들을 어떻게 스프라이트 시트Sprite Sheet로 만들까요? ('부록'의 '스프라이트 팩커')

일단 주어진 스프라이트 시트를 사용해 아처의 Idle 애니메이션을 만들겠습니다. 게임에서 캐릭터를 만들 때 게임 내에서 사용될 모든 상태를 정의하게 됩니다. 여기서 아처는 Idle, Run, Attack, Die, Reborn 상태를 가지며, 이 책에서는 5가지 상태를 다루지만 보통 게임에서는 훨씬 더 많은 상태를 다루게 됩니다. 먼저 캐릭터가 보통 아무것도 하고 있지 않을 때 사용되는 Idle 상태를 만들겠습니다.

4.1.2 스프라이트 에디터

Assets/Sprite/SpriteSheet/ArcherPack/Archer_Idle을 클릭하고 인스펙터 뷰Inspector View를 보면 Sprite Mode가 Single로 되어 있습니다. Multiple로 바꾸고 Max Size를 4096, Format을 Truecolor로 수정한 후 하단의 Apply 버튼을 눌러 적용시킨 후 중간의 Sprite Editor 버튼을 클릭해 에디터 창을 띄웁니다.

▲ **그림 4.1** 스프라이트 설정

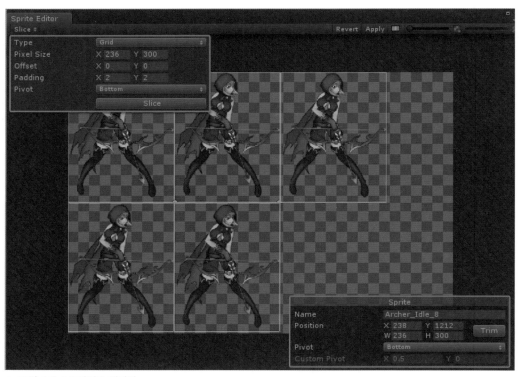

▲ **그림 4.2** 스프라이트 에디터

스프라이트 에디터는 스프라이트 시트를 편집할 수 있는 기능을 제공하고 있습니다. 왼쪽 상단의 Slice 버튼을 누르면 Slice 옵션 창이 나옵니다. Type에서 Grid를 선택하고 Pixel Size는 (236, 300), Offset은 (0, 0), Padding은 (2, 2), Pivot은 Bottom으로 설정한 후 Slice 버튼을 누릅니다. 스프라이트를 여러 장으로 나누어 사용하기 위해 Multiple 타입으로 변경했으며, Multiple로 설정했을 경우만 Slice 버튼이 활성화됩니다. 시트가 격자로 나누어지게 됩니다. 슬라이스된 이후에도 개별로 클릭해 수정이 가능합니다.

Grid Slice에 사용된 이 옵션들은 디자이너가 스프라이트 시트를 제작할 당시 옵션으로 미리 알고 있는 조건입니다. 그림 4.2를 예로 들면 Archer_Idle은 236×300 크기의 이미지 41장을 각각 이미지마다 2×2의 Padding 값으로 여백을 주어 한 장의 시트로 제작했으며, Bottom을 기준으로 애니메이션이 제작되었습니다. 슬라이스가 잘 되었다고 생각되면 상단 오른쪽의 **Apply** 버튼을 누르고 다시 처음으로 돌아가고자 하면 **Revert** 버튼을 누릅니다. 창을 닫습니다.

▼ **표 4.1** Slice 옵션

속성	기능
Type	Automatic(자동으로 이미지를 잘라줍니다) Grid(Pixel 크기만큼 이미지를 잘라줍니다) 정확한 애니메이션 동작을 위해 보통 Grid 옵션을 사용하게 됩니다.
Pixel Size	시퀀스 이미지들의 Width와 Height입니다.
Offset	전체 공간을 기준으로 (좌측상단으로부터) 지정된 X, Y 값만큼 여백을 계산하고 슬라이스합니다.
Padding	지정된 X, Y 값만큼 이미지 내부에 여백을 계산합니다. 일종의 충전재가 있다고 생각하시면 이해하기 편합니다.
Pivot	이미지의 기준점이 됩니다.

스프라이트 시트의 슬라이스 편집이 완료되었습니다.

Assets/Sprite/SpriteSheet/ArcherPack/Archer_Idle 스프라이트의 화살표를 눌러 구성물을 확인합니다. 원래 한 장이었던 이미지가 여러 장으로 슬라이스된 것을 확인할 수 있습니다. 이 이미지들은 각각 따로 사용이 가능합니다.

▲ **그림 4.3** 슬라이스된 스프라이트 시트

Assets/Sprite/SpriteSheet/ArcherPack/ 폴더의 모든 스프라이트 시트들도 위와 같은 방식으로 편집하겠습니다. Archer_Attack, Archer_Die, Archer_Run을 선택한 후 **Sprite Mode**를 Multiple로 수정하고 **Max Size**를 4096, **Format**을 Truecolor

로 수정한 후 Apply 버튼을 누르고 각각 Sprite Editor에서 표 4.2와 같이 슬라이스합니다.

▼ 표 4.2 스프라이트 시트 옵션

Sprite Sheet	Type	Pixel Size	Offset	Padding	Pivot
Archer_Attack	Grid	(296, 361)	(0, 0)	(2, 2)	Bottom
Archer_Die	Grid	(271, 292)	(0, 0)	(2, 2)	Bottom
Archer_Run	Grid	(341, 332)	(0, 0)	(2, 2)	Bottom

4.2 아처 시퀀스 애니메이션 제작

이제부터 슬라이스된 스프라이트 이미지들을 시퀀스 애니메이션으로 만들겠습니다. 이렇게 만들어진 애니메이션 클립은 애니메이터 뷰를 통해 상태화된 후 컨트롤할 수 있게 됩니다.

1. Ctrl+Shift+N 키를 눌러 게임오브젝트를 만든 후 이름을 Archer라고 수정합니다.

2. 포지션(Position)을 (−4.5, −2.4, 0)으로 수정합니다.

3. Archer_Idle 스프라이트의 화살표를 누르고 첫 번째 이미지를 드래그하여 Archer 게임오브젝트의 자식으로 추가합니다.

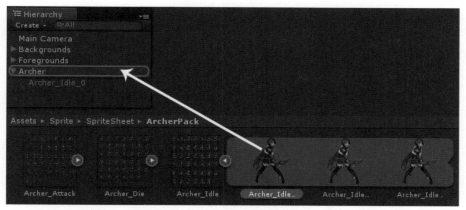

▲ **그림 4.4** 아처(Archer) 씬에 추가

4. 추가한 스프라이트는 이름을 sprite로 바꾸고 스프라이트 렌더러(Sprite Renderer) 옵션에서 Sorting Layer를 Foreground로 설정하고 Order in Layer는 1로 설정합니다.

5. 추가한 스프라이트의 포지션은 (0, 0, 0)이 되게 합니다(포지션 Z 값 위의 톱니 모양을 클릭해 Reset Position 버튼을 클릭해도 됩니다).

6. Archer를 선택한 상태에서 Alt+Shift+N 키를 눌러 자식child 게임오브젝트를 만들고 이름을 spot이라고 수정한 후 포지션(position)을 (0.6, 2.27, 0)으로 설정합니다. 이 부분은 6장에서 아처가 활을 발사할 때 화살이 발사되는 시작점의 역할을 하게 됩니다.

7. 아마도 스프라이트를 드래그하는 과정에서 자동으로 부모Parent 게임오브젝트인 Archer에 Sprite Renderer 컴포넌트가 Sprite 부분이 비어 있는 채로 등록되어 있을 것입니다. 컴포넌트 위에서 오른쪽 마우스 버튼 클릭 후 Remove Component를 선택합니다.

4.2.1 애니메이션 클립

Archer 게임오브젝트에 애니메이션을 추가해보겠습니다. 애니메이션 뷰^{Animation} ^{View}를 띄웁니다(3장에서 이미 도킹한 상태라면 따로 열 필요는 없습니다). Ctrl+6 키를 누르거나 인터페이스 메뉴 Window > Animation을 선택합니다. Archer 게임오브젝트를 선택하고 애니메이션 뷰의 Create New Clip 버튼을 클릭합니다.

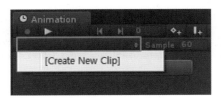

▲ **그림 4.5** 애니메이션 클립 만들기

애니메이션의 이름을 Archer_Idle로 수정하고 Animation 폴더에 저장합니다. Archer 게임오브젝트의 자식^{child} 게임오브젝트 sprite를 선택한 후 아까 슬라이스해 두었던 Archer_Idle의 화살표를 열고 모든 구성물을 선택해 애니메이션 뷰의 타임라인에 드래그하여 놓습니다. 애니메이션 녹화 버튼을 끄고 옆의 플레이(▶) 버튼을 눌러 애니메이션을 확인합니다.

▲ **그림 4.6** Archer_Idle 애니메이션 클립 만들기

Archer 게임오브젝트를 선택한 후 애니메이터 뷰^{Animator View}를 확인합니다(Archer
에 등록되어 있는 Animator 컴포넌트의 Controller에 등록된 Archer 아이콘을 더블 클릭해도 됩니다).
Archer_Idle이라는 상태^{State}가 만들어져 있고 Default(주황색)로 설정되어
있습니다. 선택한 후 Speed를 0.8로 수정합니다. 애니메이션 클립을 만드는
방식에 익숙해질 필요가 있습니다. 애니메이션 클립을 만들면 유니티는 자
동으로 애니메이터 컨트롤러를 만듭니다. 이 컨트롤러를 통해 애니메이션
들이 통제할 수 있게 됩니다. 이제 같은 방법으로 Archer의 모든 애니메이
션을 완성하겠습니다.

1. Archer 게임오브젝트의 자식^{child} sprite 게임오브젝트를 클릭하고 애니메이
   션 뷰에서 **Create New Clip** 버튼을 누른 후 Animation 폴더에 **Archer_Run**이
   라고 애니메이션 클립을 저장합니다.

2. Archer_Run 스프라이트의 구성 이미지를 모두 선택한 후 드래그하여
   Archer_Run 타임라인에 드래그하여 넣습니다.

3. 녹화 버튼을 끄고 플레이(▶) 버튼을 눌러 애니메이션을 확인합니다.

주의

플레이 버튼을 눌렀는데 화면에서 해당 애니메이션이 확인되지 않는 경우

앞에서 기술한 대로 애니메이션 클립을 만들고 이미지를 드래그하여 넣었는데도 플레이(▶) 버
튼을 누르면 화면에서 아무 애니메이션도 확인할 수 없는 경우가 있을 수 있습니다. 이 상황은
보통 Archer 게임오브젝트의 자식(child) 게임오브젝트 sprite를 선택하지 않고 Archer를 선택했
거나 다른 오브젝트를 선택한 상태에서 애니메이션을 만들었기 때문입니다. 이럴 경우 타임라
인의 시퀀스 이미지들을 모두 지우고 sprite를 선택한 후 다시 이미지를 등록하면 잘 동작하게
됩니다.

같은 방법으로 Archer_Attack와 Archer_Die를 제작합니다. 프로젝트 뷰^{Project} View의 Animation 폴더를 보면 지금까지 만든 애니메이션 클립들과 애니메이터들을 볼 수 있습니다. Animation 폴더의 Archer 컨트롤러를 더블 클릭합니다. 만들어진 애니메이션 클립들이 상태^{State}로 만들어져 있습니다. 애니메이션 클립들을 차례로 선택하고 **Speed**를 다음 표와 같이 수정합니다.

▼ **표 4.3** Archer 애니메이션 클립 Speed

Animation Clip	Speed
Archer_Idle	0.8
Archer_Run	0.5
Archer_Attack	1
Archer_Die	0.5

이렇게 애니메이션 클립의 Speed를 수정하여 애니메이션의 플레이 속도를 쉽게 조절할 수 있으므로 애니메이션 이미지를 다시 수정한다거나 타임라인을 따로 수정할 필요가 없습니다. **Ctrl+S** 키로 씬을 저장합니다.

4.3 아처 상태 설계

아처의 모든 애니메이션이 준비되었습니다. 이제 애니메이터(Animator)를 통해 이 애니메이션들을 컨트롤해보겠습니다. **Archer** 게임오브젝트를 클릭하고 애니메이터 뷰를 보거나 Animation 폴더 안에 **Archer** 애니메이터를 더블 클릭해 애니메이터 뷰를 활성화시킵니다.

지금까지 만든 애니메이션 클립들이 시각화되어 있습니다. 이제 적당한 조건들로 이 상태State들 간에 전이Transition가 가능하도록 해보겠습니다. Archer_Idle을 선택한 후 오른쪽 마우스를 클릭해 Make Transition을 선택한 후 Archer_Run을 클릭합니다. 이로써 두 애니메이션 상태 간에 상태 전이가 가능해졌습니다. 전이는 조건을 가지고 있습니다. 조건이 될 변수를 생성해보겠습니다. Parameters의 + 부분을 클릭하고 float을 선택한 후 매개변수의 이름을 Speed라고 수정합니다.

▲ **그림 4.7** 상태 전이와 전이 조건용 매개변수

Archer_Idle과 Archer_Run 사이에 생성된 화살표를 클릭합니다. 인스펙터 뷰Inspector View에 트랜지션에 관한 정보가 있습니다.

▲ **그림 4.8** 애니메이션 전이

▼ **표 4.4** 애니메이션 전이 옵션

속성	기능
Solo	하나의 상태는 다른 여러 상태들과 트랜지션을 가질 수 있는데 Solo를 체크하면 Solo를 체크한 트랜지션들만 활성화되며 초록색으로 화살표시가 바뀝니다.
Mute	Mute를 체크하면 그 트랜지션은 작동하지 않으며 화살표시가 빨간색으로 바뀝니다.
Atomic	이 전이는 방해될 수 있는가?
Condition	특정 조건으로 전이를 발생시킵니다.

Atomic을 체크합니다. 인스펙터 뷰Inspector View에서 두 애니메이션을 얼마만큼 어느 정도의 시간을 두고 블렌딩할 것인지 조정할 수 있습니다. 블렌딩의 시작과 끝을 드래그로 쉽게 조정이 가능합니다. 트랜지션의 과정을 시각화하여 쉽게 편집하고 확인할 수 있습니다.

Conditions에서 ExitTime은 지정된 시간이 전이의 조건이 됩니다. 즉, 지정된 시간이 지나면 상태 전이가 발생해서 처음 상태에서 끝 상태로 바뀌게 됩니다. ExitTime을 방금 만든 Speed 매개변수로 수정합니다. Greater라고 두고 0.1이라고 수정합니다. 이 조건은 Speed 매개변수 값이 0.1보다 크면 상태 전이를 발생시키겠다는 뜻입니다.

이번에는 Archer_Run에서 오른쪽 마우스를 클릭해 Make Transition을 선택한 후 Archer_Idle을 클릭합니다. 마찬가지로 화살표를 클릭하고 Atomic을 체크한 후 Conditions의 조건을 Speed와 Less로 수정하고 0.1로 수정합니다.

Any State를 클릭합니다. Any State는 특수 상태로 어떤 상태에서던 조건이 충족되면 전이를 발생시킬 수 있습니다. 예를 들어 사망이나 점프 같은 경우는 어떤 상태에서건 전환이 될 수 있어야 하기 때문에 Any State에서 전이를 만들기에 적합합니다(반드시는 아닙니다).

Any State에서 Make Transition해서 Archer_Die와 연결합니다. Parameters에서 + 키를 누르고 Trigger를 선택한 후 Die라는 매개변수를 등록합니다. 연결 부분을 클릭하고 Atomic을 체크합니다. Preview source state는 전환을 미리볼 상태를 선택할 수 있습니다. 아래 쪽 Preview의 플레이 버튼을 클릭해보면 트랜지션되는 상황을 미리 볼 수 있습니다. Preview를 보면서 블렌딩 정도(▶| |◀)를 드래그하여 조정할 수 있습니다. Conditions는 Die로 수정합니다.

Archer_Attack을 Delete 키를 눌러 삭제합니다. 애니메이터 뷰^{Animator View}의 Layers에서 + 키를 눌러 레이어를 하나 생성합니다. Name에 shooting이라고 수정합니다. Weight는 1로 수정합니다. Animation 폴더에서 Archer_Attack 애니메이션 클릭을 드래그하여 shooting 레이어에 등록합니다.

애니메이터 뷰의 빈 공간에서 오른쪽 마우스 클릭해 Create State > Empty해서 Empty State를 하나 생성한 후 Name을 Empty State로 수정하고 오른쪽 마우스를 클릭해 Set As Default로 설정합니다. Parameters에서 + 키로 Trigger를 선택한 후 Shoot 매개변수를 등록합니다.

Any State에서 Archer_Attack으로 Make Transition을 설정하고 화살표를 선택한 후 Atomic을 체크하고 Conditions에서 조건을 Shoot로 설정합니다. Archer_Attack에서 Empty State로 트랜지션을 설정하고 Atomic을 체크합니다. 이렇게 설정하면 Shoot Event가 발생했을 경우 Any State에서 Archer_Attack으로 전환되고 애니메이션이 끝나면 Default인 Empty State로 넘어가면서 자연스럽게 애니메이션이 중지됩니다.

> **팁**
>
> ### 레이어의 사용
> 애니메이터 뷰의 레이어는 각기 다른 바디 파츠(body parts)의 복잡한 상태 머신을 관리할 때 유용합니다. 예를 들어 하체 부분의 레이어는 걷기와 점프하기, 상체 부분의 레이어는 물건 던지기와 슈팅을 처리한다든지 할 수 있습니다('부록'의 '메카님에서 레이어 사용').

마지막으로 Parameters에서 + 키를 누르고 Trigger를 선택한 후 Idle 매개변수를 하나 등록합니다. 아처의 모든 상태를 만들었습니다. 이제 아처의 상태를 컨트를할 수 있는 스크립트를 작성해보겠습니다.

4.4 아처 컨트롤

Assets에 Script라는 폴더를 하나 생성합니다. Script 폴더를 선택하고 오른쪽 마우스를 클릭하여 Create > C# 스크립트를 선택합니다. 스크립트가 생성되면서 이름을 바로 수정할 수 있는 상태가 됩니다. BackgroundControl이라고 이름을 정하고 **엔터키**를 누릅니다(이름을 쓰지 않고 먼저 생성한 후 이름을 고치면 나중에 반드시 클래스명도 동일하게 수정해줘야 합니다). BackgroundControl 스크립트를 더블 클릭해 MonoDevelop을 실행시킵니다. BackgroundControl 스크립트를 더블 클릭하면 MonoBehaviour를 상속받는 BackgroundControl 클래스를 확인할 수 있습니다.

4.4.1 C# 스크립트 작성

유니티는 다양한 언어로 개발이 가능한데 C#, 자바스크립트, 부^{Boo}를 사용할 수 있습니다. 여러 개의 스크립팅 언어를 함께 사용할 수도 있습니다. 대다수의 유니티 프로젝트가 C#으로 개발되고 있습니다. 지금부터 사용하는 예제는 모두 C#으로 작성하겠습니다.

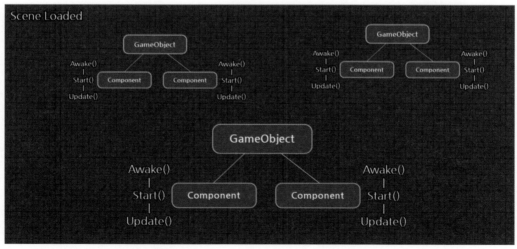

▲ **그림 4.9** 각 객체마다 호출되는 함수들

MonoBehavior를 상속받은 클래스는 기본적으로 호출되는 함수들이 존재합니다. 씬이 로드될 때 이 함수들이 각 객체마다 호출됩니다. 씬은 다양한 게임오브젝트들이 여러 개의 컴포넌트들을 담고 이 컴포넌트들의 함수들이 각 기능을 하며 게임이 실행됩니다.

BackgroundControl처럼 유니티에서 생성한 스크립트는 기본적으로 Start 함수와 Update 함수가 작성되어 있습니다. 이 함수들은 사용하지 않아도 되지만 보통 유용하게 사용됩니다('부록'의 'Start 함수, Update 함수').

Start는 객체가 활성화 중일 때만 호출되며 Update 함수의 첫 번째 프레임이 호출되기 전에 1번만 호출됩니다. 데이터 초기화 등의 내용이 작성될 수 있습니다. Update 함수는 프레임당 한 번만 호출됩니다. 매 프레임 실행되어야 하는 이동이나 키 입력, 마우스 입력 등에 사용될 수 있습니다.

4.4.2 배경 컨트롤 스크립트 작성

BackgroundControl 컴포넌트는 3장에서 만든 순환 배경을 컨트롤하기 위해 작성합니다.

예제 4.1과 같이 작성 후 컴포넌트를 Backgrounds 게임오브젝트와 Foregronds 게임오브젝트에 등록시키겠습니다. 등록시키는 방법은 스크립트를 직접 드래그해서 게임오브젝트에 붙이는 방법과 게임오브젝트를 클릭하고 **Add Component**하여 등록시키는 방법이 있습니다.

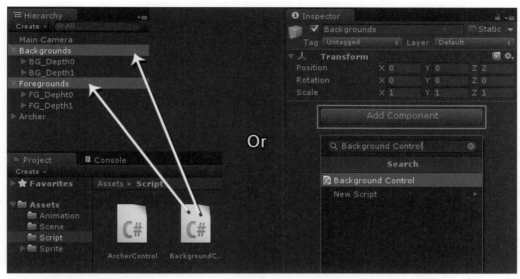

▲ **그림 4.10** 컴포넌트 등록하기

▼ **예제 4.1** 배경 컨트롤을 위한 BackgroundControl 컴포넌트

```
using UnityEngine;
using System.Collections;

public class BackgroundControl: MonoBehaviour {
  // Background와 Foreground의 Animator를 등록시킬 변수
  // public으로 선언된 변수는 인스펙터 뷰(Inspector View)에서 접근과 수정이 가능합니다.
  public Animator[] mBackgrounds;
  void Start()
  {
    // 객체가 활성화되고 1번 호출됩니다.
    FlowControl(0);
  }

  public void FlowControl(float speed)
  {
    // 등록된 모든 애니메이터들의 speed를 조정
    foreach(Animator bg in mBackgrounds)
      bg.speed = speed;
  }
}
```

작성 완료 후 **Ctrl+S** 키로 저장하고 Backgrounds와 Foregrounds 게임오브젝트에 스크립트를 등록시킵니다. Backgrounds에 등록된 Backgrounds 컴포넌트의 **MBackgrounds**의 **Size**에 **2**를 입력한 후 Element0에 BG_Depth0 오브젝트를 Element1에 BG_Depth1 오브젝트를 등록시킵니다. Foregrounds 오브젝트도 마찬가지로 Backgrounds 컴포넌트에 **MBackgrounds**의 **Size**를 2로 설정하고 FG_Depth0와 FG_Depth1 오브젝트를 드래그하여 등록합니다.

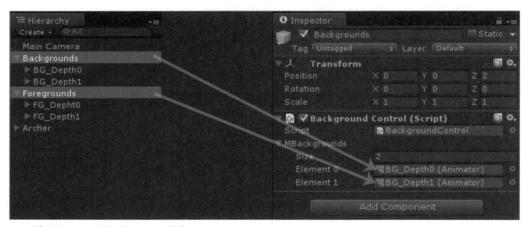

▲ **그림 4.11** public 변수에 animator 등록

Public으로 Animator 타입의 변수를 선언했기 때문에 Backgrounds와 Foregrounds를 드래그하여 등록했을 때 두 게임오브젝트에 등록된 Animator 컴포넌트가 자동으로 등록됩니다. `Start()` 함수에서 `FlowControl(0)`을 선언했기 때문에 씬 시작 시 등록된 애니메이터의 Speed는 0이 됩니다(Animator의 Playback과 Pause 상황을 구현할 때 Speed 1과 0을 사용할 수 있습니다). 상단의 플레이 버튼을 눌러서 확인해보면 자동으로 움직이던 배경과 전경이 정지되어 있는 것을 확인할 수 있습니다. 확인 후 플레이 버튼을 다시 눌러 중지시킵니다.

4.4.3 아처 컨트롤 스크립트 작성

Assets/Script 폴더에 ArcherControl이라는 이름으로 C# 스크립트를 하나 만듭니다. 예제 4.2와 같이 작성한 후 Archer 게임오브젝트에 등록합니다.

▼ **예제 4.2** 아처 컨트롤을 위한 ArcherControl 컴포넌트

```
using UnityEngine;
using System.Collections;

public class ArcherControl: MonoBehaviour {
  // 아처의 Animator를 등록할 변수
  private Animator mAnimator;

  // 배경들을 컨트롤할 BackgroundControl 스크립트를 등록할 변수
  private BackgroundControl mBackgrounds;
  private BackgroundControl mForegrounds;

  // 화살이 발사되는 지점
  [HideInInspector]
  private Transform mAttackSpot;

  // 아처의 체력, 공격력, 공격속도에 사용할 변수
  public int mOrinHp;
  [HideInInspector]
  public int mHp;

  public int mOrinAttack;
  [HideInInspector]
  public int mAttack;

  public float mAttackSpeed;

  // 화살 프리팹을 참조합니다.
  public Object mArrowPrefab;

  // 아처의 상태 (대기, 달림, 공격, 사망)
  public enum Status
  {
    Idle,
    Run,
```

```
  Attack,
  Dead
}

// public으로 선언되었지만 인스펙터 뷰(Inspector View)에 노출되지 않기를
// 원할 경우 HideInInspector를 선언합니다.
[HideInInspector]
public Status mStatus = Status.Idle;  // 아처의 Default 상태를 Idle로 설정

void Start () {
  mHp = mOrinHp;
  mAttack = mOrinAttack;
  // Archer의 Animator 컴포넌트 레퍼런스를 가져옵니다.
  mAnimator = gameObject.GetComponent<Animator>();

  // 계층 뷰(Hierache View)에 있는 게임오브젝트의 컴포넌트 중
  // BackgroundControl 타입의 컴포넌트를 모두 가져옵니다.
  BackgroundControl[] component =
    GameObject.FindObjectsOfType<BackgroundControl>();
  mBackgrounds = component[0];
  mForegrounds = component[1];

  // 자식(child) 게임오브젝트 중 spot이라는 이름의 오브젝트를 찾아
  // transform 컴포넌트의 레퍼런스를 반환합니다.
  mAttackSpot = transform.FindChild("spot");
}

// Update 함수는 매 프레임 호출됩니다.
void Update () {
  // 키보드의 좌,우 화살표(혹은 A, D 키)의 값을 가져옵니다.
  float speed = Mathf.Abs(Input.GetAxis("Horizontal"));
  SetStatus(Status.Run, speed);
  mBackgrounds.FlowControl(speed);
  mForegrounds.FlowControl(speed);

  if(Input.GetKeyDown(KeyCode.Space))
  {
    SetStatus(Status.Attack, 0);
  }
  else if(Input.GetKeyDown(KeyCode.F))
  {
```

```
        SetStatus(Status.Dead, 0);
    }
    else if(Input.GetKeyDown(KeyCode.I))
    {
        SetStatus(Status.Idle, 0);
    }
}

// 아처의 상태를 컨트롤합니다.
public void SetStatus(Status status, float param)
{
    // 애니메이터에서 만든 상태 간 전이들을 상황에 맞게 호출합니다.
    switch(status)
    {
        case Status.Idle:
        mAnimator.SetFloat("Speed", 0);
        mBackgrounds.FlowControl(0);
        mForegrounds.FlowControl(0);
        break;

        case Status.Run:
        mBackgrounds.FlowControl(1);
        mForegrounds.FlowControl(1);
        mAnimator.SetFloat("Speed", param);
        break;

        case Status.Attack:
        mAnimator.SetTrigger("Shoot");
        break;

        case Status.Dead:
        mAnimator.SetTrigger("Die");
        break;
    }
}

private void ShootArrow()
{
    // 화살 프리팹을 인스턴스화합니다.
    GameObject arrow = Instantiate(mArrowPrefab, mAttackSpot.position,
        Quaternion.identity) as GameObject;
```

```
    // 화살 게임오브젝트의 컴포넌트에서 Shoot 함수를 호출합니다.
    arrow.SendMessage("Shoot");
  }
}
```

작성 완료 후 **Ctrl+S** 키를 눌러 저장하고 Archer에 스크립트를 등록시킵니다. Archer에 등록된 ArcherControl 컴포넌트의 **MOrinHp**에 **2000**, **MOrinAttack** 에 **200**, **MAttack Speed**에 **1.2**를 대입합니다. ArcherControl 스크립트에서는 GetCompont 함수가 사용되고 있습니다. 유니티에서는 게임오브젝트에 등록된 컴포넌트들의 레퍼런스들을 참조할 수 있습니다. MonoBehaviour 클래스에서는 자주 사용되는 컴포넌트 속성들이 gameObject, transform, rigidbody 등 소문자 로 정의되어 있습니다. 또한, 같은 게임오브젝트 내의 다른 컴포넌트나 다른 게 임오브젝트의 컴포넌트들도 모두 불러와서 참조할 수 있습니다. 다음과 같은 형 식으로 해당 컴포넌트를 가져올 수 있습니다.

```
gameObject.GetComponent<ClassName>();
```

게임오브젝트 내의 컴포넌트 말고도 다음과 같은 형식으로 씬에 있는 모든 액티 브^{Active}된 오브젝트들 중에서 원하는 Type을 모두 가져올 수도 있습니다(이 함수 는 매우 느리기 때문에 신중히 사용해야 합니다).

```
FindObjectsOfType<Type>();
```

ArcherControl 스크립트의 Update 함수에는 GetAxis 함수가 사용되고 있습니 다. 이는 키보드 화살표의 입력 값을 받아오는 데 사용됩니다. 모든 프로젝트는 생성되었을 때 다음 기본 입력 축^{Input Axe}을 가집니다.

- 수평(Horizontal)과 수직(Vertical)은 **w, a, s, d**와 화살표 키로 연결 맵핑되어 있습니다.

- 발사(Fire1), 발사(Fire2), 발사(Fire3)는 각각 **Ctrl, Option (Alt), Command**로 연되어 있습니다.

- 마우스(Mouse) X와 마우스(Mouse) Y는 마우스 이동의 델타delta와 연결되어 있습니다.

- 윈도우 셰이크(Window Shake) X와 윈도우 셰이크(Window Shake) Y는 윈도우 이동과 연결되어 있습니다.

Update 함수는 매 프레임 실행됩니다. 다음 스크립트를 통해 사용자는 현재 상태를 물어볼 수 있습니다.

```
Value = Input.GetAxis("Horizontal");
```

예제 4.2의 Input.GetAxis("Horizontal")는 조이스틱과 키보드(A/D & 화살표키 좌/우)의 입력 값을 반환합니다. -1부터 1까지의 값을 가지며 중립은 0입니다. 화살표 키 우측이나 **D** 키를 누르면 **speed** 값은 0부터 1까지 서서히 증가합니다. 이 값을 Archer 애니메이터의 **speed** 매개변수에 대입하면 아처는 Idle 상태State에서 Run 상태State로 우리가 정해 놓은 규칙에 따라 전이가 발생합니다 (Archer_Idle에서 Archer_Run으로의 전이 조건은 **Speed** 매개변수가 0.1보다 클 때입니다. '4.3 아처 상태 설계' 참고).

GetCompont 함수를 통해 불러온 애니메이터Animator의 애니메이션 상태 간 전이를 위해 미리 설정해 놓은 매개변수들이 있습니다. Speed, Die, Shoot 등입니다. Speed는 float 타입으로 Die와 Shoot는 Trigger 타입으로 정의되었습니다.

Float 타입 매개변수를 호출하기 위해서는 SetFloat(매개변수 이름, 값) 함수를 사용합니다. 아처를 달리게 하기 위해 키보드의 우측 방향 키로 0~1 사이의 값을 SetFloat 함수를 통해 전달하고 있습니다. Trigger 타입 매개변수를 호출하기 위해서는 Animator.SetTrigger(매개변수 이름) 함수를 사용합니다.

인터페이스 중앙 상단의 플레이(▶) 버튼을 누르고 게임 뷰를 확인합니다. 아처가 Idle 상태로 대기하고 있으며 배경은 멈춰 있습니다. D 키 혹은 **오른쪽 화살표** 키를 누릅니다. 아처가 달리기 시작하고 배경도 함께 움직입니다. 키를 릴리즈하면 아처는 멈추고 배경도 자연스럽게 정지합니다. **스페이스** 키를 눌러 화살을 발사해봅니다. 마지막으로 F 키를 눌러 사망 상태로 전환합니다. 플레이(▶) 버튼을 눌러 중지합니다(Ctrl+S 키로 씬을 저장합니다).

4.5 정리

4장에서는 스크립트의 작성과 게임오브젝트에 등록하기, 등록된 컴포넌트 스크립트를 불러와서 사용하기, 애니메이터의 트랜지션 발생시키기 등을 배워봤습니다. 이제 여러분들은 애니메이션을 제작하고 상태State를 만들고 컴포넌트를 통해 제어할 수 있게 되었습니다.

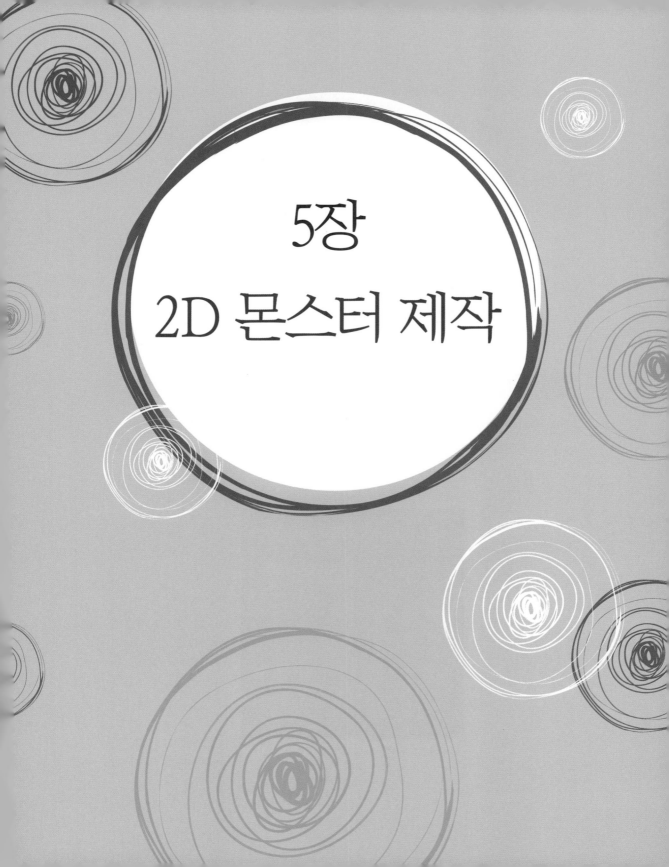

5장

2D 몬스터 제작

이전 장까지 작업된 프로젝트가 없을 경우에는 유니티를 실행한 후 프로젝트 마법사 창에서 다음 경로의 유니티 프로젝트를 열어 Scene 폴더의 2DProject를 실행하면 이번 장을 따라할 수 있습니다(경로: DVD\Sample\Chapter05).

4장에서 스프라이트 시트Sprite Sheet를 편집하여 애니메이션 클립을 만들고 만들어진 애니메이션 클립들을 애니메이터Animator를 통해 애니메이션 간 상태를 설계하고 트랜지션Transition을 만든 후 스크립트를 통해 이를 컨트롤해봤습니다. 이번 장에서는 아처의 상대가 될 적 몬스터를 4장과 같은 방법으로 생성하고 컨트롤해보겠습니다.

5.1 적 몬스터 생성

Assets/Sprite/SpriteSheet/MonsterPack의 모든 스프라이트(Monster_Attack, Monster_Die, Monster_Idle)를 선택하고 그림 5.1과 같이 설정한 후 Apply 버튼을 눌러 적용합니다.

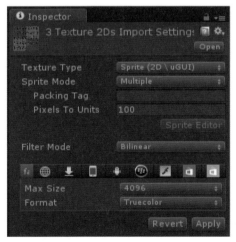

▲ 그림 5.1 몬스터 스프라이트 설정

각 스프라이트를 선택한 후 **Sprite Editor** 버튼을 클릭해 에디터 창을 열고 표 5.1 과 같은 옵션으로 슬라이스Slice합니다.

▼ **표 5.1** 스프라이트 시트 옵션

Sprite Sheet	Type	Pixel Size	Offset	Padding	Pivot
Monster_Attack	Grid	(300, 368)	(0, 0)	(2, 2)	Center
Monster_Die	Grid	(329, 378)	(0, 0)	(2, 2)	Center
Monster_Idle	Grid	(174, 326)	(0, 0)	(2, 2)	Center

1. Ctrl+Shift+N 키를 눌러 빈 게임오브젝트를 생성하고 이름을 Monster라고 수정 합니다.

2. Monster 오브젝트를 선택한 상태에서 Assets/Sprite/SpriteSheet/ MonsterPack의 Monster_Idle 스프라이트의 첫 번째 이미지를 드래그하 여 자식child 게임오브젝트로 만든 후 이름을 monster라고 수정합니다. 부 모 Monster의 빈 SpriteRenderer 컴포넌트를 오른쪽 마우스를 클릭한 후 **Remove Component**를 선택합니다.

3. monster의 포지션(position)은 **(0, 0, 0)**으로 수정하고 **Sorting Layer**는 Foreground로 설정하고 **Order in Layer**는 1로 설정합니다.

4. 부모 **Monster** 게임오브젝트를 선택한 후 애니메이션 뷰Animation View에서 **Create New Clip**을 선택하고 Animation 폴더에 **Monster_Idle**이라고 저장합 니다.

5. 자식child **monster**를 클릭합니다.

6. Assets/Sprite/SpriteSheet/MonsterPack의 **Monster_Idle** 스프라이트의 화 살표를 누르고 구성 이미지를 모두 선택한 후 애니메이션 뷰Animation View의 타임라인으로 드래그합니다.

7. 애니메이션 뷰의 **녹화** 버튼을 눌러 애니메이션 녹화를 중지합니다.

8. 계속해서 애니메이션 뷰의 Create New Clip으로 Monster_Attack을 만들고 Monster_Attack 스프라이트의 모든 구성 이미지를 드래그하여 타임라인에 드래그합니다.

9. **녹화 중지** 버튼을 누르고 같은 방법으로 Monster_Die 애니메이션 클립까지 완성합니다.

5.2 애니메이션 클립 제작

새로운 애니메이션 클립Animation Clip을 만들겠습니다. 기존의 스프라이트 시퀀스 애니메이션이 아닌 키프레임을 조작하여 제작할 것입니다. 아처가 일정 거리를 달리고 정지하면 몬스터가 화면 안으로 튀어 나오는 장면을 애니메이션으로 만들겠습니다.

1. 애니메이션 뷰Animation View의 Create New Clip으로 Monster_Spawn이라는 애니메이션 클립을 애니메이션 폴더에 저장합니다.

2. 자식child monster를 선택합니다.

3. Add Curve 버튼을 누르고 자식child monster > Transform > Position을 + 키로 추가합니다(자식 monster의 키를 추가하는지 꼭 확인하세요).

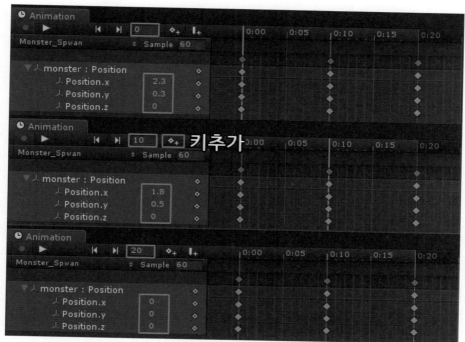

▲ **그림 5.2** Monster_Spwan 애니메이션 클립 키 정보

4. 첫 번째 키프레임에서 포지션을 (2.3, 0.3, 0)이라고 입력합니다.

5. 자동으로 생성되어 있는 마지막 키 프레임을 20프레임으로 옮깁니다.

6. 10프레임으로 빨간 재생바를 옮긴 후 **키 추가** 버튼을 누르고 좌표는 (1.8, 0.5, 0)으로 수정합니다.

애니메이션 뷰^{Animation View}는 애니메이션의 정교한 수정을 위해서 애니메이션 커브 모드를 제공합니다. monster: Position을 선택하고 애니메이션 뷰 하단의 Dope Sheet 옆의 Curves 버튼을 클릭합니다. 3개의 커브 곡선이 보일 것입니다. 각각 빨강은 x, 초록은 y, 파랑은 z 포지션 값의 커브를 의미합니다. 이 커브를 수정하여 여러 가지 타입의 애니메이션을 만들 수 있습니다.

5.2.1 탄젠트 편집

애니메이션 뷰Animation View 위에서 마우스 휠을 조작하여 화면을 확대/축소할 수 있습니다. Ctrl+휠 버튼은 가로로만 확대/축소됩니다. 또한, 휠을 누른 채로 화면을 드래그할 수도 있습니다. F 키를 누르면 뷰가 최적화됩니다. 이제부터 키와 커브를 조작하여 그림 5.3과 같은 모양으로 비슷하게 만들겠습니다. 각 키들을 Free Smooth로 설정하고 탄젠트(좌우의 조정키)를 조정하여 곡선을 편집하는데, 그림 5.3과 같이 되지 않더라도 상관없습니다. 곡선의 편집은 계속 연습하여 습득할 수 있도록 합니다.

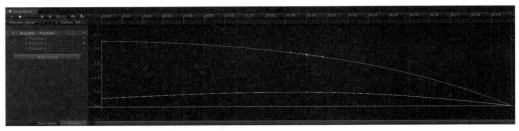

▲ **그림 5.3** Monster_Spawn 애니메이션 클립의 애니메이션 커브

다음 곡선 편집에 대한 내용은 가볍게 읽어보고 필요할 경우 다시 찾아봐도 무방합니다. 키key는 두 개의 탄젠트tangents를 가지고 있습니다. 안쪽 경사의 좌측 탄젠트와 바깥쪽 경사의 오른쪽 탄젠트입니다. 탄젠트들은 키들 사이의 커브의 모양을 제어합니다. 애니메이션 뷰는 다중의 탄젠트 타입을 가지는데, 커브의

모양을 쉽게 제어할 수 있습니다. 키를 위한 탄젠트 타입들은 키를 오른쪽 클릭해서 선택할 수 있습니다.

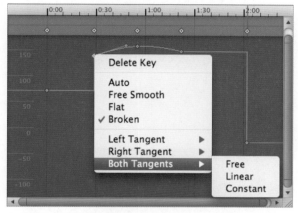

▲ **그림 5.4** 탄젠트 타입(Tangents Type)

키를 넘겨줄 때 애니메이션된 값들이 부드럽게 바뀌게 하려면, 왼쪽과 오른쪽의 탄젠트는 동일선상co-linear에 있어야 합니다. 다음의 탄젠트 타입들은 부드러움을 보장합니다.

- **Auto** 탄젠트들은 자동으로 설정되고 키를 통해 커브가 부드럽게 나가도록 합니다.

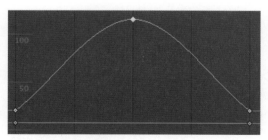

▲ **그림 5.5** Auto 탄젠트

- **Free Smooth** 탄젠트들은 탄젠트 핸들handle들을 드래그해서 자유롭게 설정 가능합니다. 부드러움을 보장하기 위해 동일선상으로 잠글 수 있습니다.

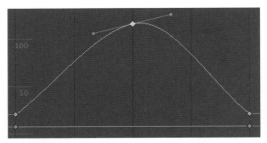

▲ **그림 5.6** Free Smooth 탄젠트

- **Flat** 탄젠트들은 수평으로 설정합니다(이는 위의 Free Smooth의 특별한 형태입니다).

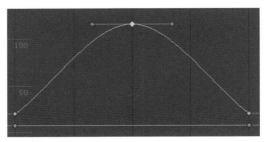

▲ **그림 5.7** Flat 탄젠트

가끔 부드러움을 원하지 않을 때가 있습니다. 왼쪽과 오른쪽의 탄젠트는 탄젠트들이 Broken의 경우 각각 설정이 가능합니다. 왼쪽과 오른쪽의 탄젠트는 아래의 탄젠트 타입의 하나로 설정 가능합니다.

- **무제한**Free 무제한 탄젠트는 탄젠트 핸들을 드래그해서 자유롭게 설정 가능합니다.

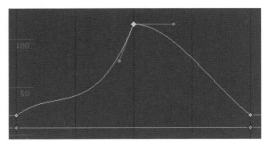

▲ **그림 5.8** Free 탄젠트

- **선형**Linear 선형 탄젠트는 이웃 키를 향합니다. 커브의 선형 부분은 탄젠트의 양 끝을 Linear로 설정함으로서 만들어집니다.

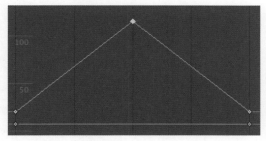

▲ **그림 5.9** Linear 탄젠트

- **상수**Constant 상수 커브는 두 개의 키들 사이에서 상수 값을 유지합니다. 왼쪽 키의 값은 커브 부분(curve segment)의 값을 결정합니다.

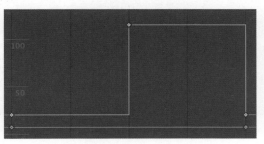

▲ **그림 5.10** Constant 탄젠트

지금은 그림 5.3과 유사한 곡선을 만들어내지 못한다고 하더라도 넘어가도 좋습니다. 커브를 다루는 기술은 계속해서 훈련하면 됩니다.

그림 5.3과 같은 커브 모양이 갖춰지면 애니메이션 **녹화 중단** 버튼을 누르고 옆 플레이 버튼을 눌러 애니메이션을 확인하고 중지합니다. 혹은 애니메이션 재생바를 드래그하여 애니메이션이 실행되는 과정을 세심하게 관찰할 수도 있습니다.

이번에는 새로운 애니메이션을 만들겠습니다. 방금과 같은 방식으로 키 프레임을 사용해 몬스터가 타격을 받았을 때의 애니메이션 클립을 만들겠습니다. 다음과 같은 순서로 제작합니다.

▲ **그림 5.11** Monster의 포지션과 컬러 키 설정

1. Create New Clip으로 Monster_Damage라는 애니메이션 클립을 애니메이션 폴더에 저장합니다.

2. 자식child 몬스터를 선택합니다.

3. Add Curve 버튼을 누르고 자식child monster ➤ Transform ➤ Position을 + 키로 추가합니다.

4. (Dope Sheet 탭을 누르고) 자동으로 생성된 마지막 프레임을 10프레임으로 드래그해옵니다.

5. 첫 번째 프레임의 좌표는 (0.2, 0, 0)으로 수정합니다.

6. Add Curve 버튼을 눌러 monster ➤ Sprite Renderer ➤ Color를 + 키로 추가합니다.

7. 첫 번째 프레임에서 Sprite Renderer의 컬러를 레드(Red)로 변경한 후 녹화를 중단합니다.

8. 플레이 버튼을 눌러 확인합니다.

몬스터의 애니메이션 클립들이 모두 준비되었습니다. 이제 애니메이터 뷰로 이동해 각 클립들의 상태를 설계하겠습니다.

5.3 몬스터 상태 설계

Monster 게임오브젝트가 선택된 상태로 애니메이터 뷰^{Animator View}를 확인해보면 지금까지 만든 애니메이션 클립들이 시각화되어 있는 것을 볼 수 있습니다. Monster_Damage는 다른 레이어에서 만들기 위해 삭제합니다. 그림 5.12와 표 5.2를 참고해 상태를 설계해보겠습니다. 매개변수는 총 3개로 Shoot^{Trigger Type}, Die^{Trigger Type}, Damage^{Trigger Type}입니다.

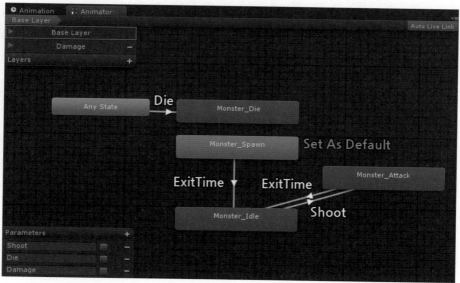

▲ **그림 5.12** Monster 상태 설계

처음 상태(State)	끝 상태(State)	Atomic	Conditions
Any State	Monster_Die	Check	Die
Monster_Spawn(Default)	Monster_Idle	Check	Exit Time
Monster_Idle	Monster_Attack		Shoot
Monster_Attack	Monster_Idle		Exit Time

Monster_Die를 더블 클릭한 후 인스펙터 뷰^{Inspector View}의 Loop Time의 체크를 풀어줍니다. Monster_Damage는 damage라는 레이어를 하나 추가하고(weight: 1), 그림 5.13과 같은 상태로 만들어 줍니다.

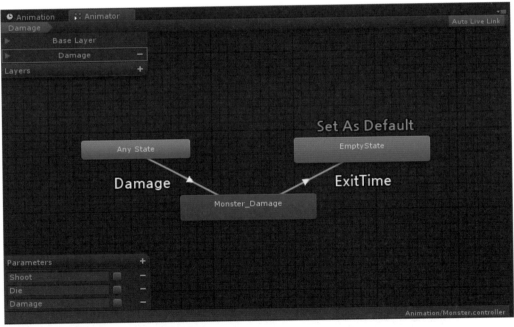

▲ **그림 5.13** Monster_Damage 상태 설계

▼ 표 5.3 트랜지션 옵션

처음 상태(State)	끝 상태(State)	Atomic	Conditions
Any State	Monster_Damage	Check	Damage
Monster_Damage	Empty State		Exit Time

각 클립들을 클릭하고 **Speed**를 표 5.4와 같이 수정합니다.

▼ 표 5.4 애니메이션 클립(Animation Clip) Speed 값

Animation Clip	Speed
Monster_Die	0.5
Monster_Spawn	1
Monster_Idle	1
Monster_Attack	1
Monster_Damage	1

마지막으로 Monster 게임오브젝트가 아처보다 상대적으로 커보이기 때문에 스케일(Scale)을 수정하겠습니다. 스케일(Scale)을 인스펙터 뷰Inspector View에서 (0.8, 0.8, 1)로 수정합니다. 씬 뷰Scene View에서 확인해봅니다.

5.4 몬스터 컨트롤 스크립트 작성

애니메이션과 상태State 설계가 준비되었기 때문에 이제 스크립트를 작성하여 컨트롤해보겠습니다. MonsterControl에는 중요한 개념들이 많이 등장합니다. 반드시 숙지하도록 합니다. Assets/Script 폴더에 MonsterControl이라는 C# 스크립트를 하나 만듭니다. 예제 5.1과 같이 작성합니다.

```
using UnityEngine;
using System.Collections;

public class MonsterControl: MonoBehaviour{
    public Animator mAnimator; // 자신의 애니메이터를 참조할 변수

    // 생성될 몬스터의 인덱스, 체력, 공격력, 공격속도
    [HideInInspector]
    public int idx;
    public int mHp;
    public int mAttack;
    public float mAttackSpeed;

    // 몬스터가 발사할 파이어볼의 발사지점
    public Transform mFireShootSpot;

    // 몬스터의 피격 설정을 위한 콜라이더
    public Collider mCollider;

    // 몬스터가 사용할 파이얼 볼 프리팹
    private Object mFirePrefab;

    // 몬스터의 상태
    public enum Status
    {
        Alive,
        Dead
    }

    [HideInInspector]
    public Status mStatus = Status.Alive;

    void Start()
    {
        // 참조해야 할 객체나 스크립트들을 여기서 설정하게 될 것입니다.
    }

    // 생성될 몬스터들은 현재 체력 +-10의 랜덤 체력을 가지게 됩니다.
    public void RandomHp()
    {
```

```
        mHp += Random.Range(-10, 10);
    }


    // 몬스터들이 오토타깃팅이 될 경우만 콜라이더를 설정하게 합니다.
    public void SetTarget(
    {
        mCollider.enabled = true;
    }


    // 피격당할 경우 데미지 처리와 애니메이션 처리
    public void Hit()
    {
        mAnimator.SetTrigger("Damage");

        // 사망 처리
        if(mHp <= 0)
        {
            mStatus = Status.Dead;
            mHp = 0;
            mCollider.enabled = false;
            mAnimator.SetTrigger("Die");
            Destroy(gameObject, 1f);
        }
    }

    // 파이어볼 프리팹을 인스턴스(Instance)화해서 사용합니다.
    private void ShootFire()
    {
        // 파이어볼 프리팹을 씬에 인스턴스화하는 과정을 작성하게 됩니다.
    }
}
```

작성 후 세이브를 하고 Monster 게임오브젝트에 몇 가지 설정해줘야 합니다.
Monster 게임오브젝트를 선택하고 Alt+Shift+N 키를 눌러 spot이라는 이름의 자
식child 게임오브젝트를 하나 만듭니다. 포지션은 (−0.137, −1.435, 0)으로 설정합
니다.

5.5 충돌체 설정

유니티에서는 쉽게 충돌을 감지해낼 수 있습니다. 충돌을 감지하기 위한 모든 오브젝트에는 충돌체Collider가 사용될 수 있으며 상황에 따라 몇 가지 옵션을 조절해주면 됩니다. 몬스터가 피격당했을 경우 이벤트를 받기 위해 충돌체를 삽입하겠습니다. 다음과 같이 제작합니다.

1. 자식child monster 게임오브젝트를 선택한 후 인스펙터 뷰Inspector View에서 Add Componenent를 이용해 Box Collider 컴포넌트를 삽입합니다.

2. Is Trigger를 체크하고 Size를 (1.74, 3.26, 0.2)로 설정한 후 Box Collider의 액티브(Active) 체크를 풀어줍니다. Box Collider는 타깃팅이 됐을 때만 활성화되도록 처리할 것입니다.

▲ **그림 5.14** 충돌체(Collider) 설정

속성	기능
Is Trigger	활성화되면 이 충돌체는 트리거 이벤트로 사용되고, 물리 엔진(physics engine)은 무시하게 됩니다.
Material	충돌체가 서로 어떻게 상호작용하는지 결정하는 Physic Material을 설정합니다(예를 들어 메탈, 고무, 플라스틱, 얼음 등의 설정을 하여 마찰과 튕기는 효과를 조절할 수 있습니다).
Center	오브젝트의 로컬 공간에서 충돌체의 위치
Size	X, Y, Z 방향의 충돌체 크기

박스 충돌체Box Collider는 큐브 모양의 기본 충돌체primitive입니다. 이 박스 충돌체는 크기 조절이 가능합니다. 문이나 바닥 등의 장애물이나 경계 설정에 사용되며 렉돌Ragdoll에서 인간의 몸통이나 차량의 자동차 선체와 같은 것을 설정할 때 유용합니다.

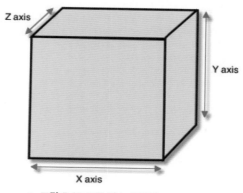

▲ 그림 5.15 표준 박스 충돌체

충돌체는 리지드바디Rigidbodies와 함께 유니티에서 물리를 재현하기 위해 작동합니다. 리지드바디는 오브젝트가 물리력에 지배 하에 있게 하는 반면, 충돌체는 오브젝트가 서로 충돌할 수 있게 해줍니다. 충돌체에 리지드바디가 반드시 부착되어야 하는 것은 아니지만, 해당 오브젝트가 충돌의 결과로 움직이게 하려면 반드시 리지드바디가 부착되어야 합니다.

즉, 충돌체는 충돌을 인식하는 역할을 하지만 물리적 결과를 얻으려면 리지드바디가 있어야만 합니다. Is Trigger를 사용하는 이유는 물리 엔진을 배제하기 위해서입니다. 자신 역시도 영향을 받지 않게 되고 다른 오브젝트와도 충돌 시에 영향을 주지 못하게 됩니다. 몬스터의 충돌체 설정은 충돌, 접촉은 인식해야 하지만 물리적 상황은 배제하기 위한 설정입니다.

5.6 물리 시스템의 설정

유니티의 물리 시스템을 사용하기 위해서는 리지드바디와 충돌체의 옵션을 상황에 맞게 사용해줘야 합니다. 물리를 사용해야 하는 경우도 있지만 그렇지 않은 경우도 존재합니다. 잘못 사용할 경우 시스템에 무리가 따를 수도 있습니다. 다음 경우들을 잘 숙지하거나 참고해 물리 엔진을 활용해야 합니다.

- **게임오브젝트에 충돌체만 붙은 경우**
  이러한 경우는 가만히 있거나 아주 조금 움직이는 경우에 적합합니다. 주변 환경, 기하구조geometry 등에 적합합니다. 리지드바디와 부딪혀도 움직이지 않게 됩니다. 물리엔진에 부하를 주지 않기 위해서는 스크립트를 이용해 위치를 움직이게 하는 일이 없도록 하는 것이 좋습니다.

- **게임오브젝트에 리지드바디와 충돌체가 붙은 경우**
  게임오브젝트가 온전히 물리 엔진의 영향을 받아야 하는 경우에 적합합니다. 트랜스폼을 변경하여 게임오브젝트의 위치를 조정하지 않는 것이 좋습니다.

- **게임오브젝트에 IsKinematic 리지드바디와 충돌체가 붙은 경우**
  물리적 영향을 받지 않고 스크립트로만 이동이 가능하게 할 경우 적합합니다.

- **게임오브젝트에 Is Trigger 충돌체만 붙은 경우**
  특정 오브젝트가 영역에 들어 왔는지 감지하는 트리거 역할로 사용됩니다. 절대 움직이지 않는다고 간주하고 사용합니다.

- 게임오브젝트에 리지드 바디와 Is Trigger 충돌체가 붙은 경우

  트리거 영역이 물리적인 힘에 의해 이동이 가능합니다. 스크립트로 이동 시 문제가 생길 수 있습니다.

- 게임오브젝트에 IsKinematic 리지드바디와 IsTrigger 충돌체가 붙은 경우

  트리거 영역이 스크립트로 트랜스폼을 변경하여 이동하는 것이 가능합니다.

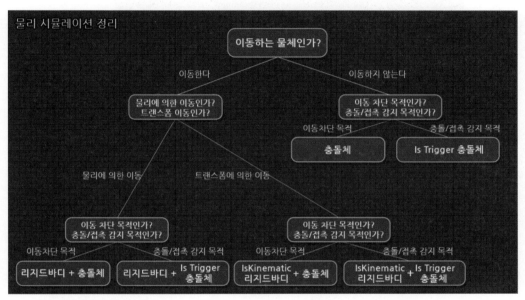

▲ **그림 5.16** 물리 시뮬레이션 정리

1. 설정이 완료되었으면 이제 MonsterControl 스크립트를 Monster 게임오브 젝트에 드래그해서 등록시킵니다(혹은 **Add Component**로 등록해도 됩니다).

2. 등록한 MonsterControl 컴포넌트에서 MAnimator에는 자신을 드래그해서 넣거나 바로 위 컴포넌트 Animator(타이틀 부분)을 드래그해서 넣습니다.

3. MHP는 1000, MAttack는 100, MAttack Speed는 1.5를 써 넣습니다.

4. MFire Shoot Spot에는 Monster 게임오브젝트의 자식child spot 게임오브 젝트를 할당시킵니다.

5. MCollider에는 자식child monster 게임오브젝트를 드래그해서 넣습니다.

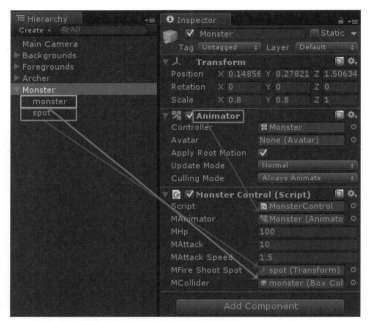

▲ **그림 5.17** 인스펙터 뷰(Inspector View)에서 직접 참조

5.7 게임오브젝트 파괴

MonsterControl 스크립트의 Hit 함수를 보면 Destroy 함수가 있습니다. Destroy(게임오브젝트, 시간) 함수는 게임오브젝트를 파괴할 때 사용합니다. 몬스터의 체력이 0이 되면 씬에서 제거하기 위해 Destroy 함수를 사용했습니다. 두 번째 인자 값을 삽입하지 않으면 시간차 없이 바로 파괴하고 두 번째 인자 값을 넣으면 해당 시간 뒤에 파괴됩니다.

5.8 프리팹 생성

프리팹Prefab은 하나의 애셋asset으로 프로젝트 뷰에 저장되어 있는 재사용 가능한 게임오브젝트로서 프리팹은 여러 개의 씬에 추가될 수 있으며 씬 당 여러 번 추가될 수 있습니다. 프리팹을 씬에 삽입할 때 이것의 인스턴스instance가 생성됩니다. 모든 프리팹 인스턴스들은 본래의 프리팹에 연결되며 근본적으로 본래의 프리팹의 복제가 되는 것입니다. 프로젝트에 몇 개의 인스턴스가 있는지에 상관없이 프리팹이 수정되면 모든 인스턴스들에 그 변화가 적용됩니다.

지금까지 만든 Monster 게임오브젝트를 프리팹으로 만들어서 몬스터가 필요할 때마다 인스턴스를 생성해서 사용하겠습니다. 먼저 Assets 폴더에 Resources 폴더를 만듭니다. 두 가지 방법으로 프리팹을 생성할 수 있습니다. 첫 번째는 Resources 폴더를 선택한 후 상단 메뉴에서 Assets ▸ Create ▸ Prefab 혹은 방금 만든 Resources 폴더 안에서 오른쪽 마우스 클릭해 Create ▸ Prefab을 선택하고 새로운 프리팹의 이름을 Monster로 정합니다. 계층 뷰Hierachy View에서 Monster 게임오브젝트를 선택한 후 드래그하여 프로젝트 뷰Project View의 새로 만든 프리팹으로 끌어 놓습니다.

▲ **그림 5.18** 새로운 빈 프리팹: 게임오브젝트로
채워지기 전까지는 인스턴스를 생성할 수 없음

또는 아직 프리팹이 되기 전의 Monster 게임오브젝트를 Resources 폴더(어떤 폴더든지 상관없습니다)로 그대로 끌어다 놓습니다. 이렇게 생성된 프리팹은 스크립트를 통해서 인스턴스화하여 사용이 가능합니다. 계층 뷰^{Hierachy View}의 Monster 게임오브젝트는 액티브의 상태를 꺼놓도록 하겠습니다. 인스펙터 뷰^{Inspector View}의 체크 부분을 해제합니다. 액티브되지 않은 오브젝트는 화면에 그려지지 않으며 스크립트 또한, 실행되지 않습니다.

▲ **그림 5.19** 게임오브젝트의 액티브(Active) 해제

5.9 정리

5장에서는 애니메이션 뷰^{Animation View}를 활용한 키프레임 애니메이션 제작 방식과 탄젠트 곡선의 수정 방식에 대해 다뤘습니다. 시퀀스 이미지로 애니메이션을 만들 수도 있지만 캐릭터의 머리, 몸, 팔, 다리를 스프라이트 시트로 만든 후 Multiple로 설정하고 Slice하여 키프레임 애니메이션을 한다면 적은 이미지로 애니메이션을 제작할 수 있습니다. 또한, 게임에서 가장 중요한 오브젝트의 충돌 설정에 대해 배웠습니다. 마지막으로 다룬 프리팹은 유니티에서 다뤄지는 중요한 개념 중 하나로 숙지하고 익숙해지기 바랍니다.

6장
아처 vs 몬스터

이전 장까지 작업된 프로젝트가 없을 경우에는 유니티를 실행한 후 프로젝트 마법사 창에서 다음 경로의 유니티 프로젝트를 열어 Scene 폴더의 2DProject를 실행하면 이번 장을 따라할 수 있습니다(경로: DVD\Sample\Chapter06).

지금까지는 테스트를 위해 키 입력에 의해 배경과 아처를 이동시키고 공격했습니다. 이제는 자동으로 정해진 루프Loop를 돌고 정해진 만큼 적이 나오고 자동으로 전투하는 시스템을 만들겠습니다. 먼저 Archer Control 스크립트의 Update() 함수 부분의 모든 스크립트를 주석 처리합니다.

6.1 전투 준비

몬스터를 등장시킬 Spawn Point(생성 포인트)용 게임오브젝트를 만들고 Transform 을 참조해서 생산된 몬스터를 위치시키도록 하겠습니다. Ctrl+Shift+N 키로 _SpawnPoint0, _SpawnPoint1, _SpawnPoint2 세 개의 게임오브젝트를 만들고 각각 포지션을 (5.5, 0.5, -2), (3.6, -0.02, -2), (4.76, -0.8, -2)로 위치시킵니다. 화면에 빈 게임오브젝트를 표시해주기 위해 아이콘을 설정하겠습니다. 각 포인트를 선택한 후 인스펙터 뷰에서 설정합니다. 색은 적당한 색들을 선택합니다. 씬 뷰 Scene View를 보면 빈 게임오브젝트를 아이콘을 통해 쉽게 확인할 수 있게 되었습니다.

▲ **그림 6.1** 빈 게임오브젝트에 Icon 설정

Ctrl+Shift+N으로 게임오브젝트를 생성하고 이름을 GameManager라고 합니다.
Script 폴더에 GameManager라는 C# 스크립트를 생성하고 더블 클릭해 모노
디벨롭을 띄웁니다. 예제 6.1과 같이 작성한 후 GameManager 오브젝트에 끌
어 놓아 등록합니다.

▼ **예제 6.1** 게임 상태를 관리하기 위한 GameManager 스크립트 작성

```csharp
using UnityEngine;
using System.Linq;
using System.Collections;
using System.Collections.Generic;

public class GameManager: MonoBehaviour {
  public ArcherControl mArcher;
  [HideInInspector]
  public List<MonsterControl> mMonster;

  // 오토 타깃이 된 몬스터를 참조합니다.
  [HideInInspector]
  public MonsterControl TargetMonster;

  // 몬스터 프리팹들을 인스턴스화할 위치 정보입니다.
  public Transform[] mSpawnPoint;

  // 던전을 탐험하는 횟수입니다.
  private int mLoopCount = 5;

  // 화면에 나타난 적의 합
  private int mMonsterCount = 0;

  // 얼마만큼 뛰다가 적을 만날 것인지.
  private float mRunTime = 1.8f;

  void Start () {
    // 적 몬스터들이 담길 List
    mMonster = new List<MonsterControl>();
    mMonster.Clear();
    // 던전 탐험 스텝을 만들어서 순서대로 순환시킵니다.
    StartCoroutine("AutoStep");
```

```csharp
// 던전의 현재 스텝
public enum Status
{
  Idle,
  Run,
  BattleIdle,
  Battle,
  Clear,
}

public Status mStatus = Status.Idle;

IEnumerator AutoStep()
{
  while(true)
  {
    if(mStatus == Status.Idle)
    {
      // 1.2초를 대기한 후 던전 탐험을 시작합니다.
      yield return new WaitForSeconds(1.2f);
      mStatus = Status.Run;
    }
    else if(mStatus == Status.Run)
    {
      // 아처의 애니메이션 상태를 달리기로 설정합니다.
      mArcher.SetStatus(ArcherControl.Status.Run, 1);

      // mRunTime 후 배틀대기 상태로 돌입합니다.
      yield return new WaitForSeconds(mRunTime);
      mStatus = Status.BattleIdle;
    }
    else if(mStatus == Status.BattleIdle)
    {
      // 아처를 Run에서 Idle 상태로 전환합니다.
      mArcher.SetStatus(ArcherControl.Status.Idle, 0);
      mMonster.Clear();
      for(int i=0;i<3;++i)
      {
        // 3마리의 몬스터를 Spawn합니다.
        SpawnMonster(i);
        // 0.12초 간격으로 for 문을 순환합니다.
```

```
        yield return new WaitForSeconds(0.12f);
    }

    // 몬스터 3마리를 모두 Spawn하고 2초를 대기합니다.
    yield return new WaitForSeconds(2);

    // 배틀 상태로 돌입합니다.
    mStatus = Status.Battle;

    // 아처와 몬스터의 공격을 명령합니다.
    StartCoroutine("ArcherAttack");
    StartCoroutine("MonsterAttack");
    yield break;
    }
  }
}


private void SpawnMonster(int idx)
{
  // Resources 폴더로부터 Monster 프리팹(Prefab)을 로드합니다.
  Object prefab = Resources.Load("Monster");

  // 참조한 프리팹을 인스턴스화합니다(화면에 나타납니다).
  GameObject monster = Instantiate(prefab, mSpawnPoint[idx].position,
    Quaternion.identity) as GameObject;
  monster.transform.parent = mSpawnPoint[idx];

  // 생성된 인스턴스에서 MonsterControl 컴포넌트를 불러내어
  // mMonster 리스트에 Add 시킵니다.
  mMonster.Add(monster.GetComponent<MonsterControl>());

  // 생성된 몬스터만큼 카운팅됩니다.
  mMonsterCount += 1;
  mMonster[idx].idx = idx;
  mMonster[idx].RandomHp();
  monster.name = "Monster"+idx;

  // 레이어 오더를 단계적으로 주어 몬스터들의 뎁스가 차례대로 겹치도록 합니다.
  monster.GetComponentInChildren<SpriteRenderer>().sortingOrder = idx+1;
}
```

```csharp
IEnumerator ArcherAttack()
{
    // 아처의 타깃이 될 몬스터를 선택합니다.
    GetAutoTarget();

    while(mStatus == Status.Battle)
    {
        // 아처의 공격 애니메이션
        mArcher.SetStatus(ArcherControl.Status.Attack, 0);

        // 아처의 공격속도만큼 대기 후 순환합니다.
        yield return new WaitForSeconds(mArcher.mAttackSpeed);
    }
}

private void GetAutoTarget()
{
    // Hp가 가장 낮은 몬스터를 타깃팅합니다.
    TargetMonster = mMonster.Where(m=>m.mHp > 0).OrderBy(m=>m.mHp).First();

    // 타깃은 충돌체가 준비됩니다.
    TargetMonster.SetTarget();
}

public void ReAutoTarget()
{
    // 타깃을 재탐색합니다.
    mMonsterCount -= 1;
    TargetMonster = null;
    if(mMonsterCount == 0)
    {
        // 몬스터를 모두 클리어했습니다.
        Debug.Log ("Clear");

        mLoopCount -= 1;

        // 모든 공격과 스텝을 중지시킵니다.
        StopCoroutine("ArcherAttack");
        StopCoroutine("MonsterAttack");
        StopCoroutine("AutoStep");

        if(mLoopCount == 0)
```

```
                {
                    // 모든 스테이지가 클리어되었습니다.
                    Debug.Log("Stage All Clear");
                    GameOver();
                    return;
                }

                // 던전 스텝을 초기화시키고 다시 순환시킵니다.
                mStatus = Status.Idle;
                StartCoroutine("AutoStep");
                return;
            }

            // 타깃 재탐색
            GetAutoTarget();
    }

    IEnumerator MonsterAttack()
    {
        while(mStatus == Status.Battle)
        {
            foreach(MonsterControl monster in mMonster)
            {
                // 등록된 모든 몬스터는 공격 애니메이션 상태로
                if(monster.mStatus == MonsterControl.Status.Dead) continue;
                monster.mAnimator.SetTrigger("Shoot");
                yield return new WaitForSeconds(monster.mAttackSpeed +
                Random.Range(0, 0.5f));
                // 몬스터의 공격스피드 + 랜덤 값
            }
        }
    }

    public void GameOver()
    {
        // 주인공이 사망했거나 모든 스테이지 클리어
        Debug.Log("GameOver");
        StopCoroutine("ArcherAttack");
        StopCoroutine("MonsterAttack");
        StopCoroutine("AutoStep");
    }
}
```

GameManager를 선택한 후 인스펙터 뷰^{Inspector View}에서 MSpawn Point의 Size를 3으로 하고 Element0~Element2까지 항목에 _SpawnPoint0 ~ _SpawnPoint2 게임오브젝트를 끌어다 등록해줍니다. MArcher 변수에는 Archer 오브젝트를 끌어다가 등록해줍니다.

인터페이스 상단 중앙의 플레이(▶) 버튼을 눌러 게임 뷰^{Game View}를 확인합니다. 아처가 등장하고 대기 후 탐색하다가 적을 만나고 대기한 후 서로 공격하는 장면이 연출됩니다. 아직은 서로의 무기를 발사하지도 죽이지도 못합니다. 플레이를 중지합니다.

6.1.1 코루틴

예제 6.1에서 사용하는 코루틴^{Coroutine}에 대해 배워보겠습니다. 유니티에서 코루틴은 매우 중요한 역할을 하며 그 기능을 잘만 활용하면 더 높은 성능을 내는 스크립트의 제작이 가능해집니다. 코루틴의 업데이트는 보통 Update 함수가 리턴한 후에 실행됩니다. 코루틴은 주어진 Yield Instruction이 끝날 때까지 그것을 실행을 중지할 수 있는 함수입니다.

C# 언어 기준으로 반드시 다음 형태로 선언되어야 합니다('부록'의 '코루틴').

```
IEnumerator 함수명(인자)
```

▼ 예제 6.2 코루틴 사용 예제

```
using UnityEngine;
using System.Collections;

public class ExampleClass: MonoBehaviour {
  void Start() {
    print("Starting " + Time.time);
    StartCoroutine(WaitAndPrint(2.0F));
```

```
    print("Before WaitAndPrint Finishes " + Time.time);
  }

  IEnumerator WaitAndPrint(float waitTime) {
    yield return new WaitForSeconds(waitTime);
    print("WaitAndPrint " + Time.time);
  }
}
```

예제 실행 결과는 다음과 같습니다.

콘솔창(Console View)
Starting 0 Before WaitAndPrint Finishes 0 2초후 WaitAndPrint 2.011508

▼ 표 6.1 코루틴 데이터와 기능

코루틴용 데이터	엔진이 수행하는 기능
yield return **null**	다음 프레임까지 대기
yield return **new WaitForSeconds(float)**	지정된 초만큼 대기
yield return **new WaitForFixedUpdate()**	다음 물리 프레임까지 대기
yield return **new WaitForEndOfFrame()**	모든 렌더링 작업이 끝날 때까지 대기
yield return **StartCoRoutine(string)**	다른 코루틴이 끝날 때까지 대기
yield return **new WWW(string)**	웹 통신 작업이 끝날 때까지 대기
yield return **new AsyncOperation**	비동기 작업이 끝날 때까지 대기(씬로딩)

예제 6.1에서 코루틴을 활용해 던전 탐험 스텝을 직관적으로 설계하여 진행시키고 있습니다. 이와 같이 시간 차를 두고 순차적으로 함수를 실행시키거나 기능을 설정할 때 매우 유용합니다.

6.1.2 Resources.Load

예제 6.1의 `SpawnMonster` 함수는 Resources 폴더에 저장해 둔 Monster라는 프리팹을 로드한 후 인스턴스화하는 내용이 작성되어 있습니다. `Resources. Load(path)` 함수를 사용하고 있는데 `Resources.Load` 함수는 Resources 폴더에서 해당 경로에 저장된 애셋을 로드하는 데 사용됩니다. 오직 Rersources 폴더의 애셋들만 로드가 가능합니다. 경로는 Resources 폴더를 제외하고 애셋명까지 적어주면 됩니다.

예) `Resources.Load("Prefabs/Enemy/Monster")  as Type;`

6.1.3 Instantiate

`Instantiate` 함수는 원본 오브젝트를 복제Clone한 후 리턴합니다. 게임에서 주로 프리팹Prefabs을 복제하여 인스턴스화하는 데 사용합니다. 예제 6.1의 `SpawnMonster` 함수는 Resources 폴더로부터 로드한 Monster 프리팹을 `Instantiate` 함수를 통해 복제하여 인스턴스화Instance했습니다. 다음과 같이 두 가지 타입으로 사용할 수 있습니다.

```
Instantiate(Object original, Vector3 position, Quaternion rotation);
Instantiate(Object original);
```

복제한 오브젝트를 원하는 포지션position과 로테이션rotation으로 화면에 생성합니다. `Quaternion.identity`는 '회전 없음'을 의미합니다.

6.2 아처 공격

아처가 사용할 화살 프리팹Prefab을 만들겠습니다. 이 프리팹은 원하는 타깃을 설정하면 자동으로 날아가 충돌 후 정보를 전달하고 파괴되도록 만들 것입니다. 다음과 같이 제작합니다.

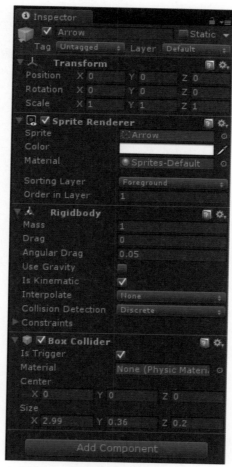

▲ **그림 6.2** Arrow 게임오브젝트 설정

1. Assets/Sprite 폴더에 Arrow 스프라이트를 드래그하여 계층 뷰^{Hierachy View}
   에 끌어다 놓습니다.

2. Sprite Renderer의 **Sorting Layer**를 Foreground로 **Order in Layer**는 1로 설정
   합니다.

3. Arrow 게임오브젝트를 선택한 후 **Add Component**로 **Box Collider**를 **Add**시키
   고 **Is Trigger**를 체크합니다.

4. **Add Component**로 **Rigidbody**를 **Add**시킨 후 **Use Gravity**의 체크를 풀고 **Is**
   Kinematic을 체크해줍니다(트랜스폼을 이용해 이동하고 충돌을 감지해야 합니다. 그림
   5.16 참고).

Script 폴더에 ArrowControl 스크립트를 만들고 예제 6.3과 같이 작성합니다.
표 6.2에서 함수의 구성을 참고할 수 있습니다.

▼ **예제 6.3** 화살의 이동과 충돌을 감지하기 위한 ArrowControl 스크립트 작성

```
using UnityEngine;
using System.Collections;

public class ArrowControl: MonoBehaviour {
  private MonsterControl mMonster;
  public BoxCollider mCollider;
  void Start()
  {
    // Arrow오브젝트의 Box Collider를 가져옵니다.
    mCollider = gameObject.GetComponent<BoxCollider>();
  }
  public void Shoot(MonsterControl monster)
  {
    mMonster = monster;
    Vector2 randomPos = Random.insideUnitCircle * 0.2f;
    iTween.MoveTo(gameObject, iTween.Hash("position", monster.transform.position
      + new Vector3(randomPos.x, randomPos.y, 0),
      "easetype", iTween.EaseType.easeOutCubic, "time", 0.3f));
```

```
        }

    void OnTriggerEnter(Collider other)
    {
        // 몬스터 충돌체(Collider)와 충돌 시 충돌 정보가 전달됩니다.
        if(other.name == "monster")
        {
            mCollider.enabled = false;
            mMonster.Hit();

            // 화살 오브젝트를 0.07초 후 파괴합니다.
            Destroy(gameObject, 0.07f);
        }
    }
}
```

▼ **표 6.2** ArrowControl 스크립트의 함수 구성과 기능

함수	기능
Start()	화살 게임오브젝트의 Collider 컴포넌트를 가져옵니다.
Shoot(MonsterControl monster)	타깃 몬스터의 위치에 랜덤 값을 더한 후 위치까지 화살을 이동시킵니다.
OnTriggerEnter(Collider other)	몬스터와 충돌 시 충돌 정보를 받아 몬스터에게 전달하고 자신은 파괴됩니다.

작성된 ArrowControl을 계층 뷰Hierachy View의 Arrow에 끌어다 등록시킵니다. 그런 후 Arrow는 Resources 폴더에 드래그 & 드롭합니다. 자동으로 프리팹이 생성됩니다. 계층 뷰Hierachy View의 화살은 인스펙터 뷰Inspector View 상단의 체크를 해제하여 비활성화Inactive 상태로 만듭니다. 이제 Archer 오브젝트를 클릭하고 인스펙터 뷰Inspector View의 MArrowPrefab에 Resources 폴더의 Arrow 프리팹을 드래그해서 놓습니다. Resources.Load로 로드할 수도 있지만 이렇게 직접 참조로도 접근이 가능하며 더 빠릅니다.

ArrowControl 스크립트는 화살 자신의 이동과 적에게 충돌 시 기능에 대해 기술하고 있습니다. 아처는 화살을 쏘아 몬스터를 맞추는 것을 목적으로 하고 있습니다. 이때 화살이 발사되어야 하는 지점과 화살이 도착해야 하는 지점이 필요합니다. 화살이 출발하는 지점은 예제 4.2의 Shoot 함수에서 아처의 spot 게임오브젝트의 위치를 참조하고 있습니다. 도착지점의 설정은 ArrowControl 스크립트의 Shoot 함수에서 몬스터의 현재 위치를 기준으로 원을 형성하여 원안의 랜덤 포인트를 더해주고 있습니다. Random.insideUnitCircle는 반경 1의 원 안의 랜덤 포인트를 반환합니다. 0.2f를 곱해서 반경을 적당히 조정했습니다.

▲ **그림 6.3** 도착할 화살의 랜덤위치 설정

6.2.1 iTween

예제 6.3의 Shoot 함수는 iTween을 이용해 화살을 적에게 발사하고 있습니다. iTween의 사용법에 대해 알아보겠습니다. iTween은 무분별하게 쓰면 성능 저하를 일으키지만 적절히 쓰면 유용한 플러그인입니다. 다음 링크에서 iTween

을 다운로드하거나 도큐먼트 등을 확인할 수 있습니다. 예제는 구입해야 하지만 플러그인 자체는 무료입니다.

http://itween.pixelplacement.com/index.php

부록 DVD의 Resources/iTween 폴더를 Assets 폴더로 끌어 놓으면 준비가 끝납니다. iTween은 유니티 안에서 오브젝트의 애니메이션이나 이동, 회전, 스케일링 등 트위닝^{Tweening}을 쉽게 해주는 플러그인입니다. Move 사용법을 살펴보겠습니다.

```
iTween.MoveTo(게임오브젝트, 포지션, 이동시간);
iTwwen.MoveTo(게임오브젝트, 해시테이블);
```

```
iTween.MoveTo(gameObject, iTween.Hash("name", "moveTween", "position",
2.5f, "time", 0.5f));
```

iTween 사이트의 Documentation을 보면 iTween의 많은 기능을 보실 수 있습니다. 이 중 MoveTo는 오브젝트의 움직임을 줄 때 사용하는데 예제 6.4와 같이 Hash 안에 키와 값들을 넣으면 됩니다. 키들은 모두 Documentation에 정의되어 있습니다. 가장 간단한 사용 방법은 원하는 포지션을 넣고 원하는 이동시간을 넣으면 됩니다.

iTween에는 다음과 같이 여러 가지 애니메이션 타입을 제공하고 있습니다.

```
enum EaseType{
  easeInQuad,
  easeOutQuad,
  easeInOutQuad,
  easeInCubic,
  easeOutCubic,
  easeInOutCubic,
```

```
    easeInQuart,
    easeOutQuart,
    easeInOutQuart,
    easeInQuint,
    easeOutQuint,
    easeInOutQuint,
    easeInSine,
    easeOutSine,
    easeInOutSine,
    easeInExpo,
    easeOutExpo,
    easeInOutExpo,
    easeInCirc,
    easeOutCirc,
    easeInOutCirc,
    linear,
    spring,
    bounce,
    easeInBack,
    easeOutBack,
    easeInOutBack,
    elastic,
    punch
}
```

다음 링크는 EaseType을 시각화하여 타입 설정에 도움을 줄 수 있습니다.

http://hosted.zeh.com.br/mctween/animationtypes.html

iTween EaseType 사용법은 다음과 같습니다.

```
1. iTween.MoveTo(gameObject, iTween.Hash( "easetype", "easeInOutBack" ));
2. iTween.MoveTo(gameObject, iTween.Hash( "easetype",iTween.EaseType.easeOutCubic));
```

원하는 다른 키 값들과 함께 어느 위치에든지 easetype 키와 값을 쓰면 됩니다. 값은 위 내용을 참고 합니다. 예제 6.3의 Shoot 함수의 iTween을 보면 이 컴포넌트를 가지고 있는 gameObject를 0.3초 동안 랜덤 포지션으로 이동시키라는 내용으로 작성되어 있습니다.

6.2.2 OnTriggerEnter

화살이 이동은 하지만 몬스터와 충돌됐는지 정보가 필요합니다. ArrowControl 스크립트의 OnTriggerEnter 함수는 충돌체^{Collider}가 다른 트리거^{Trigger}에 들어갔을(엔터키) 때 호출됩니다. 즉, 우리가 미리 작성한 몬스터의 Box Collider와 화살의 Box Collider에 의한 충돌 감지 정보를 두 오브젝트의 충돌 시에 받게 되는 겁니다. 충돌 정보 중 이름을 확인해 monster인 경우 Monster의 Hit 함수를 호출하여 피격 처리를 하고 있습니다. 피격 직후 화살의 충돌체는 다른 트리거와의 간섭을 피하기 위해 enable을 false시키고 화살이 잠시 박혀 있는 듯한 인상을 주기 위해 0.07초 후 파괴시킵니다. 이제 화면에서 실제로 화살이 발사되는 장면이 보이도록 해보겠습니다. ArcherControl 스크립트에 다음과 같은 구문을 추가해서 수정합니다.

변수 추가: public GameManager mGameManager;
함수 수정: ShootArrow()

```
private void ShootArrow()
{
    GameObject arrow = Instantiate(mArrowPrefab, mAttackSpot.position,
    Quaternion.identity) as GameObject;
    arrow.SendMessage("Shoot", mGameManager.TargetMonster);
}
```

변수/함수	기능
mGameManager	GameManager 오브젝트의 GameManager 컴포넌트를 참조합니다.
ShootArrow()	1. 화살 프리팹을 복제하여 인스턴스화한 후 화면에 위치시킵니다. 2. 생성된 arrow 오브젝트의 Shoot 함수를 SendMessage를 통해 호출합니다. 이때 매개변수로 현재 (오토)타깃팅된 몬스터의 참조를 전달하는 부분이 추가되었습니다.

6.2.3 SendMessage

SendMessage는 이 게임오브젝트에 있는 모든 MonoBehaviour 컴포넌트 중에서 methodName과 일치하는 함수를 호출합니다. ShootArrow 함수에서 인스턴스화된 Arrow에 (등록된 모든 컴포넌트를 서칭하여) Shoot이라는 함수를 호출하도록 메시지를 보내는 데 사용합니다. 다음과 같이 사용합니다.

```
SendMessage(string methodName, object value=null);
```

액티브Active된 오브젝트에만 메시지가 보내집니다. 직접 참조로 함수를 호출할 수도 있지만 이 함수는 게임오브젝트에 있는 함수를 호출할 때 매우 유용하게 사용됩니다. ArcherControl 스크립트의 수정과 추가가 끝났다면 계층 뷰Hierachy View의 Archer 게임오브젝트를 선택한 후 인스펙터 뷰Inspector View에서 ArcherControl 컴포넌트의 변수 MGameManager에 GameManger 오브젝트를 드래그해서 등록합니다.

6.2.4 Animation Event

아처가 화살을 쏘는 애니메이션을 보면 활이 활 시위를 떠나면서 사라집니다. 이 타이밍에 맞춰 ArcherContorl 스크립트의 ShootArrow 함수가 실행되도록 해야 합니다. 애니메이션 뷰에서는 원하는 프레임에 이벤트를 삽입하면 해당 게임오브젝트에 등록되어 있는 MonoBehaviour 컴포넌트들 안의 어떤 함수든지 호출할 수 있습니다. 다음과 같이 작업합니다.

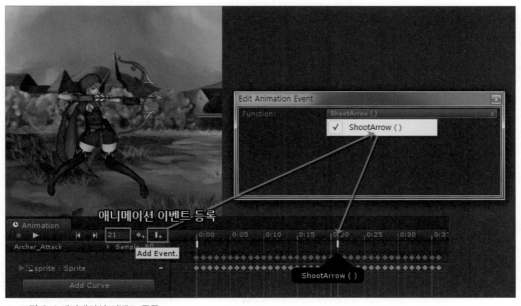

▲ **그림 6.4** 애니메이션 이벤트 등록

1. Archer 게임오브젝트를 클릭합니다(애니메이션 뷰를 열거나 확인합니다).

2. 애니메이션 뷰^{Animation View}에서 드롭다운 메뉴로 **Archer_Attack** 클립을 선택한 후 재생바를 21프레임까지 드래그합니다.

3. 21프레임에서 씬 뷰나 게임 뷰를 보면 활이 활 시위를 떠나기 직전입니다. 프레임 표시 옆 옆의 이벤트 삽입 버튼(Add Event)을 클릭하고 나타난 팝업창에서 ShootArrow() 함수를 선택합니다.

4. 애니메이션 녹화를 중지합니다. 인터페이스 중앙 상단의 플레이(▶) 버튼을 눌러 화살이 발사되는지 확인합니다.

몬스터를 공격하지만 몬스터가 사망 처리되지 않고 있습니다. MonsterControl 스크립트에 피격 처리 구문을 추가하겠습니다.

변수 추가: `private GameManager mGameManager;`
함수 수정: `void Start()`

```
void Start()
{
  mGameManager = GameObject.FindObjectOfType<GameManager>();
}
```

함수 수정: `Hit()`

```
public void Hit()
{
  GameObject archer = GameObject.Find("Archer");
  ArcherControl archercontrol = archer.GetComponent<ArcherControl>();
  mHp -= archercontrol.GetRandomDamage();
  mAnimator.SetTrigger("Damage");

  if(mHp <= 0)
  {
    mStatus = Status.Dead;
    mHp = 0;
    mCollider.enabled = false;
    mAnimator.SetTrigger("Die");
    mGameManager.ReAutoTarget();
    Destroy(gameObject, 1f);
  }
}
```

변수/함수	기능
mGameManager	GameManager 오브젝트의 GameManager 컴포넌트 참조
Start()	FindObjectOfType 메소드를 이용해서 씬에서 GameManager 컴포넌트를 찾아서 참조를 가지고 옵니다.
Hit()	1. 아처의 공격력에 랜덤 데미지를 더하고 최종 데미지를 몬스터의 체력(Hp)에서 빼는 구문을 추가했습니다. 2. 몬스터 사망 시 아처의 타깃을 재설정하는 함수를 호출하는 구문을 추가했습니다.

ArcherControl 스크립트에도 함수를 하나 추가하겠습니다. 추가되는 함수는 아처의 공격력에 랜덤 값을 추가하여 반환하는 함수입니다.

함수 추가: GetRandomDamage()

```
public int GetRandomDamage()
{
  return mAttack + Random.Range(0, 20);
}
```

다시 플레이해서 확인해보면 몬스터들을 차례로 죽이고 던전을 모두 탐험하면 GameOver되는 것을 확인할 수 있습니다. GameManager 스크립트에 GameOver 함수에는 메시지가 출력되도록 되어 있습니다. 함수 내에서 Debug.Log(message) 라고 작성하면 콘솔 뷰Console View를 통해 메시지가 출력됩니다(Ctrl+Shift+C 키로 콘솔 뷰 확인).

6.3 몬스터 공격

몬스터의 무기가 될 파이어 볼 프리팹을 만들겠습니다. 이 프리팹 또한, 화살 프리팹과 같이 충돌체와 자신을 컨트롤할 수 있는 컴포넌트를 가지게 됩니다. 다음과 같이 작업합니다.

1. Ctrl+Shift+N 키로 FireBall이라는 빈 게임오브젝트를 하나 생성합니다.

2. Assets/Sprite 폴더의 Fireball 스프라이트를 FireBall 게임오브젝트에 드래그하여 자식child으로 만듭니다. 포지션position은 (0, 0, 0)입니다.

3. 자식이 된 Fireball의 Sprite Renderer에서 Sorting Layer를 Foreground, Order in Layer는 3으로 수정합니다.

두 개의 스크립트를 작성해서 FireBall 프리팹을 완성하겠습니다. 파이어 볼이 회전되면서 날아가도록 하기 위해 자식child Fireball은 자체 회전시키고 이동은 부모parent FireBall 오브젝트를 이동시키겠습니다. Script 폴더에 RotateSimple 스크립트를 만들고 예제 6.4와 같이 작성합니다.

▼ 예제 6.4 오브젝트를 회전시키기 위한 RotateSimple.cs

```
using UnityEngine;
using System.Collections;

public class RotateSimple: MonoBehaviour {
  // 각 축으로 회전될 스피드 값
  public float rotationSpeedX = 0;
  public float rotationSpeedY = 0;
  public float rotationSpeedZ = 0;

  void Update () {
  // 매 프레임 rotationSpeedX, rotationSpeedY, rotationSpeedZ축으로 회전시킵니다.
  transform.Rotate(new Vector3(rotationSpeedX, rotationSpeedY,
    rotationSpeedZ) * Time.deltaTime);
  }
}
```

MonoBehaviour를 상속받은 클래스는 `Transform` 컴포넌트를 참조할 수 있습니다. `Transform`은 위치position, 회전rotate, 스케일Scale의 정보를 가지고 있으며 여러 가지 함수를 제공합니다. `RotateSimple`에 사용된 `Rotate` 함수는 오브젝트를 3D 공간에서 각 축(X, Y, Z)으로 회전시킵니다.

```
Rotate(Vector3 eulerAngles);
```

6.3.1 Time.deltaTime

`RotateSimple` 컴포넌트에서 사용된 `Transform` 컴포넌트의 `Rotate` 함수에서 `Time.deltaTime`는 1초동안의 움직임을 균등하게 나누는 시간Time 클래스의 멤버로, 사용자의 컴퓨터가 얼마나 많은 초당 프레임frames per second을 렌더링하는지에 관계없이 항상 같은 속도로 회전하게 만들기 위한 장치입니다(예를 들어, `5 * Time.deltaTime`는 초당 5도를 의미합니다).

`RotateSimple`과 같이 만들어진 컴포넌트는 어떤 게임오브젝트든지 Add시켜 각 회전 값을 인스펙터 뷰Inspector View에서 수정해 사용할 수 있습니다. 작성된 RotateSimple 스크립트를 자식child Fireball에 드래그해서 Add시킨 후 RotationSpeedX는 0, RotationSpeedY는 0, RotationSpeedZ는 -2000을 입력합니다. 플레이해보면 회전하는 볼을 바로 확인할 수 있습니다. Script 폴더에 FireControl이라는 C# 스크립트를 만들고 예제 6.5와 같이 작성합니다. ArrowControl과 마찬가지로 iTween으로 gameObject를 이동시키고 Archer와 충돌 시 충돌정보를 받게 작성되어 있습니다.

▼ **예제 6.5** 파이어 볼의 이동과 충돌 감지를 위한 FireControl 스크립트 작성

```
using UnityEngine;
using System.Collections;

public class FireControl: MonoBehaviour {
```

```
private GameObject mArcher;
private MonsterControl mMonster;

public void Shoot(MonsterControl monster)
{
  mMonster = monster;
  // 계층 뷰(Hierachy View)에서 Archer 게임오브젝트 Find
  mArcher = GameObject.Find("Archer").gameObject;

  Vector2 randomPos = Random.insideUnitCircle * .3f;

  iTween.MoveTo(gameObject,iTween.Hash("position", mArcher.transform.position
    + new Vector3(randomPos.x, 1.5f + randomPos.y, 0),
    "easetype", iTween.EaseType.easeOutCubic, "time", 0.5f));
}

void OnTriggerEnter(Collider other)
{
  if(other.name == "Archer")
  {
    int damage = mMonster.mAttack;
    // mArcher 게임오브젝트에 있는 모든 컴포넌트에 있는 함수 중 Hit 함수 호출
    mArcher.SendMessage("Hit", damage);
    Destroy(gameObject, 0.07f);
  }
}
}
```

▼ 표 6.5 FireControl 스크립트의 함수와 기능

함수	기능
Shoot(MonsterControl monster)	1. 씬에 있는 Archer 오브젝트의 위치를 구한 후 랜덤 값을 통해 최종 타깃의 위치를 구합니다. 아처의 중심(Pivot)은 아래쪽이기 때문에 1.5f를 더해 이미지의 중심에서 원형으로 퍼지는 랜덤 포지션 값이 되도록 했습니다). 2. 타깃 포지션까지 iTween을 사용해 파이어볼(gameObject)을 이동시킵니다.
OnTriggerEnter(Collider other)	다른 충돌체와 충돌하면 충돌 정보를 받아 이름이 Archer라면 씬의 Archer 오브젝트의 Hit 함수를 호출한 후 0.07초 후에 자신을 파괴시킵니다.

1. 작성이 완료되었으면 부모 FireBall 게임오브젝트에 Add시킵니다.

2. FireBall을 선택된 상태로 **Add Component**(Ctrl+Shift+A)하여 **Rigidbody**를 Add시킨 후 **Use Gravity**를 체크하고 **Is Kinematic**을 체크해줍니다.

3. 다시 **Add Component**(Ctrl+Shift+A)하여 **Sphere Collider**를 Add시킨 후 **Is Trigger**를 체크하고 **Radius**를 0.25로 설정합니다.

4. 화살과 마찬가지로 트랜스폼을 이용해 이동하는 충돌감지가 필요한 게임오브젝트이므로 **Is Kinematic Rigidbody**와 **Is Trigger Collider**를 설정합니다.

5. FireBall 게임오브젝트를 Resources 폴더에 드래그해 넣어 프리팹화시키고 계층 뷰의 FireBall 오브젝트는 비활성화Inactive 상태로 만듭니다.

몬스터도 파이어볼을 발사하기 위해서는 MonsterControl의 ShootFire 함수를 호출해줘야 합니다. 몬스터의 꼬리가 불덩이를 던질 때를 포착하여 해당 프레임을 지날 때 파이어 볼을 발사할 수 있도록 해보겠습니다.

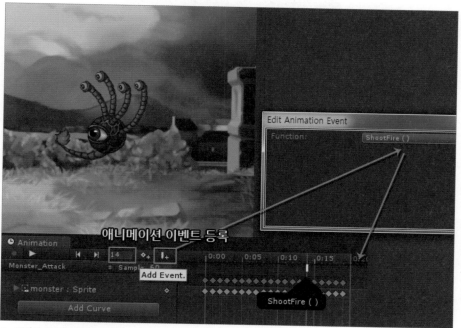

▲ **그림 6.5** 애니메이션 이벤트 등록

1. 계층 뷰^{Hierachy View}에 비활성화해 두었던 Monster 게임오브젝트를 액티브 상태로 바꿉니다(혹시 계층 뷰에서 Monster를 삭제한 상태라면 Resoureces 폴더에서 다시 드래그해서 놓으면 됩니다).

2. 애니메이션 뷰를 확인합니다. 드롭다운 메뉴를 열고 **Monster_Attack** 클립을 선택합니다.

3. 재생바를 드래그하여 14프레임에 놓습니다.

4. **Add Event** 키로 이벤트를 삽입하고 `ShootFire()` 함수를 선택합니다. 녹화 버튼을 꺼줍니다.

5. 인스펙터 뷰에서 **Apply** 버튼을 눌러 프리팹의 수정을 적용하고 계층 뷰의 오브젝트는 비활성화시킵니다.

▲ **그림 6.6** 프리팹의 수정을 적용하기 위해서 Apply
버튼을 눌러 적용

마지막으로 아처에게 충돌체를 적용하여 피격 가능한 상태가 되게 합니다. Archer 게임오브젝트를 클릭한 후 인스펙터 뷰에서 **Add Component**(Ctrl+Shift+A)로 **Capsule Collider**를 Add시킨 후 그림 6.7과 같이 설정합니다.

▲ **그림 6.7** Capsule Collider 설정

보통 인간형 캐릭터에 **Capsule Collider**를 많이 사용합니다. ArcherControl 스크립트에 함수를 하나 추가하겠습니다. 아처의 피격 시 필요한 함수입니다.

함수 추가: Hit()

```
public void Hit(int damage)
{
  // 데미지를 누적시킵니다.
  mHp -= damage;

  if(mHp <= 0)
  {
    // 사망처리
    mStatus = Status.Dead;
    mHp = 0;
    mAnimator.SetTrigger("Die");
    mGameManager.GameOver();
  }
}
```

MonsterControl 스크립트를 다음과 같이 수정/추가하겠습니다.

함수 수정: Start()

```
void Start()
{
  mFirePrefab = Resources.Load("FireBall") as GameObject;
  mGameManager = GameObject.FindObjectOfType<GameManager>();
}
```

함수 수정: ShootFire()

```
private void ShootFire()
{
  GameObject fire = Instantiate(mFirePrefab, mFireShootSpot.position,
    Quaternion.identity) as GameObject;
  fire.SendMessage("Shoot", this);
}
```

인터페이스 상단의 플레이(▶) 버튼을 누르고 게임 뷰를 확인합니다. 아처와 몬스터가 자동으로 공격하고 피격과 사망 처리를 하는 것을 확인해볼 수 있습니다. 아처와 몬스터의 전투는 설정한 체력이나 공격력, 공격속도에 따라 결과 달라질 수 있습니다. 유니티는 게임 중에도 인스펙터 뷰의 변수 값들을 조정할 수 있으며 이런 수정을 통해 게임의 밸런스를 맞춰갈 수 있습니다. 플레이를 중지하면 수정한 내용들은 다시 원래 상태로 돌아갑니다.

6.4 정리

이런 종류의 게임에서는 사실 충돌체에 의한 피격 시스템을 사용하지 않습니다. 모두 서버에서 미리 정해진 결과를 받아 화면단에서는 애니메이션만 하도록 설계합니다. 하지만, 이런 충돌체는 유니티의 가장 강력하면서도 기본적인 충돌감지 시스템입니다. 많은 게임에서 충돌체 시스템을 활용해 게임을 쉽게 좀 더 효율적으로 제작하고 있습니다. 6장에서 배운 코루틴Coroutine, Resoureces.Load, Instantiate, OnTriggerEnter, SendMessage, AnimationEvent, Time.deltaTime은 거의 모든 프로젝트에서 매번 사용될 정도로 중요한 개념들입니다. 6장까지 배운 내용들은 유니티로 2D 혹은 3D 게임을 만들 때 매우 중요한 개념들입니다. 이 책은 자주 사용되는 함수나 개념들을 한 번씩 다루도록 구성해 놓았습니다. 자신만의 프로젝트를 할 때 책을 다시 펼쳐 찾아볼 수 있기만 해도 큰 도움이 될 것입니다. 7장에서는 UI를 만들겠습니다.

7장

UI 제작

이전 장까지 작업된 프로젝트가 없을 경우에는 유니티를 실행한 후 프로젝트 마법사 창에서 다음 경로의 유니티 프로젝트를 열어 Scene 폴더의 2DProject를 실행하면 이번 장을 따라할 수 있습니다(경로: DVD\Sample\Chapter07).

유니티는 업데이트를 거듭할수록 점점 더 UI를 다루기 쉬워졌습니다. 유니티 애셋스토어에서는 이미 많은 NGUI나 EZGUI 같은 UI 관련 툴들이 판매되고 있고, 이를 이용하면 훨씬 더 쉽게 UI를 구성할 수도 있습니다. GUI 관련 툴은 구입하셔서 사용하실 것을 권장합니다. UI 관련 기술을 작성하는 데 드는 시간을 줄여주고 대부분 가격 대비 좋은 성능을 자랑하고 있습니다. 이번 장에서는 유니티의 기본적인 기능만으로 버튼의 처리나 텍스트의 생성, 프로그레스바, 이미지 삽입 등 기본적인 UI 요소를 다뤄보겠습니다. Assets/Sprite/UI 폴더의 모든 스프라이트를 선택하고 **Max Size**를 **4096**, **Format**을 **Truecolor**로 설정합니다.

7.1 폰트

유니티에서 폰트를 다루는 방법에 대해 알아보겠습니다. 유니티에서는 다이나믹 폰트Dynamic font를 사용할 수 있습니다.

7.1.1 다이나믹 폰트

이 책의 예제에서는 나눔고딕을 사용합니다. 나눔고딕은 라이센스 프리free 폰트로서 프로젝트에 많이 사용됩니다. 다음 링크에서 다운로드할 수 있습니다(DVD/Resources/Font에도 있습니다).

http://software.naver.com/software/summary.nhn?softwareId=GWS_000322

Importing True Type Font files(.ttf)

프로젝트 뷰Project View에 Font 폴더를 하나 만들고 다운로드한 나눔고딕 파일 중 NANUMGOTHIC.TTF와 NANUMGOTHICBOLD.TTF를 폴더에 넣어줍 니다(따로 구분되어 있지 않으면 다운로드한 파일을 넣으면 자동으로 분리됩니다). 폰트 임포 팅Importing이 자동으로 완료되면 폰트를 클릭해 옵션을 살펴봅니다. 임포트Import 한 폰트를 프로젝트 뷰에서 (화살표를 눌러) 확장해보면 font material과 font texture 2개의 애셋이 자동으로 생성된 것을 확인할 수 있습니다.

▲ **그림 7.1** 폰트 설정 옵션

▼ **표 7.1** 폰트 설정 옵션

속성	기능
Font Size	글꼴 크기, 여타의 워드프로세서와 동일
Rendering Mode	안티앨리어싱을 사용합니다.
Character	해당 폰트의 텍스트 인코딩입니다. 이것을 이용해 사용자는 해당 폰트가 대문자 혹은 소문자로만 나타나게 할 수 있습니다. 이 모드를 Dynamic으 로 설정하여 유니티로 하여금 하위의 OS 폰트 랜더링 루틴의 사용을 강제 할 수 있습니다.

(이어짐)

속성	기능
Incl. Font Data	이 속성이 선택되면 TTF가 빌드의 산출물에 포함되고, 선택되지 않으면 사용자가 이미 자신의 기기에 글꼴이 설치되었다고 가정합니다. 이 글꼴은 저작권의 대상므로, 사용자는 라이선스를 받거나 자신이 만들 글꼴만을 사용해야 함을 유의하시기 바랍니다.
Font Names	(폰트나 글자가 사용 불가능한 경우) 콤마로 구분된 글꼴 이름 리스트를 입력하며, 이 글꼴들은 왼쪽에서 오른쪽으로 차례로 검색하여 게임 사용자의 기기에서 제일 먼저 발견된 것을 사용할 것입니다.

동적 글꼴

유니티 3.0부터 동적 글꼴 랜더링을 지원합니다. Import Settings의 Characters를 드롭다운에서 Dynamic으로 선택하면, 유니티는 모든 글꼴 문자로 하나의 텍스처를 미리 생성하지 않고, 대신 즉석에서 OS에 내장된 글꼴 랜더러를 사용해 생성할 것입니다. 이렇게 하면 다운로드 크기와 텍스처에 사용되는 저장 공간을 줄일 수 있고, 특히 사용자 시스템에 일반적으로 포함되어 있는 글꼴을 사용해 글꼴 데이터를 포함할 필요가 없거나 아시아 언어나 큰 글꼴 크기를 지원해야 할 경우에(이 경우 일반 글꼴 텍스처를 사용하게 되면 글꼴 텍스처 크기가 매우 커지므로) 더욱 그렇습니다. 하지만, 이렇게 하면 글꼴이 시스템마다 조금씩 다를 수 있다는 단점이 있으며(특히 맥과 윈도우 기기 사이, 혹은 글꼴이 설치되어 있지 않고 대비용Fallback 폰트가 사용된 경우), 또한 글꼴 텍스처가 스크린에 사용될 문자를 생성할 때 시스템이 느려질 수도 있습니다.

유니코드 지원

유니티는 유니코드Unicode를 모두 지원합니다. 유니코드는 독일어, 프랑스어, 덴마크어 혹은 일본어 문자 등 ASCII 문자 세트에서 지원하지 않는 글자를 볼 수 있게 해줍니다. 또한, 화살표나 옵션 키 표시 등 사용자의 글꼴이 지원하는 여러 가지 특수 문자도 입력할 수 있게 합니다. 유니코드 문자를 사용하려면, Import

Settings의 Characters 드롭다운 메뉴에서 Unicode나 Dynamic을 선택하십시오. 그러면 사용자는 이제 해당 글꼴을 포함한 유니코드를 볼 수 있게 됩니다. 사용자가 GUIText나 Text Mesh를 사용하면, 사용자는 인스펙터 내의 컴포넌의 Text 필드에 유니코드 문자를 입력할 수 있습니다. 또한, 사용자가 스크립트에서 화면 텍스트를 설정하고 싶을 경우도 유니코드 문자를 사용할 수 있습니다. 자바스크립트나 C# 컴파일러는 유니코드 기반 스크립트를 전적으로 지원합니다. 사용자는 단순히 사용자 스크립트를 UTF-16으로 저장하면 됩니다.

TextMesh

TextMesh는 3D 씬에 텍스트를 놓습니다. GUI용 2D 텍스트용으로 GUI Text 컴포넌트도 사용할 수 있습니다. 텍스트메시^{TextMesh}의 경우는 GUI Text 달리 3D 씬 안에 자연스럽게 위치시킬 수 있습니다. 건물 벽에 씌여진 글씨나 간판, 도로 사인 등 자연스럽게 씬 내에서 원근감이 적용되어야 할 경우 적합합니다. 두 가지가 컴포넌트는 사용법이 크게 다르지 않으니 TextMesh를 사용해보고 GUI Text가 필요한 경우에 참고하기 바랍니다.

1. Ctrl+Shift+N 키를 눌러 게임오브젝트를 만들고 이름을 UI라고 합니다. 포지션은 (0, 0, -2)입니다.

2. UI 오브젝트를 선택한 후 Alt+Shift+N 키를 눌러 자식^{child} 게임오브젝트를 만들고 이름을 Label_Name이라고 수정합니다.

3. Label_Name에 Ctrl+Shift+A 키로 Text Mesh라는 컴포넌트를 추가해보겠습니다. 자동으로 Mesh Renderer와 Font Material이 추가로 등록됩니다.

4. 포지션을 (-5.53, 3.3, -1)로 설정한 후 그림 7.2와 같이 옵션을 수정합니다. TextMesh를 사용해 텍스트가 제작되면 LayerSort는 자동적으로 Default로 설정됩니다.

▲ **그림 7.2** Text Mesh 옵션

▼ **표 7.2** Text Mesh 옵션

속성	기능
Text	그려질 텍스트
Offset Z	그릴 때 얼마나 멀리 텍스트가 transform.position.z로부터 오프셋되어지는지
Character Size	각 캐릭터의 크기(전체 텍스트를 스케일)
Line Spacing	텍스트의 라인 사이에 얼마나 많은 공간이 있을지
Anchor	텍스트 변환의 중심점 설정
Alignment	텍스트의 라인이 어떻게 정렬되는지(왼쪽, 오른쪽, 중심)
Tab Size	탭 '₩t' 캐릭터를 위해서 얼마나 많은 공간이 삽입되는지. 이것은 'spacebar' 캐릭터 오프셋의 배수입니다.
Font	텍스트를 그릴 때 사용하는 TrueType Font.
FontSize	사용할 폰트의 크기(for dynamic fonts)
FontStyle	사용할 폰트의 스타일(for dynamic fonts)
RichText	HTML-style tags 사용을 가능하게 합니다.
Color	텍스트의 렌더링 컬러

7.1.2 스프라이트 배치

스프라이트는 씬으로 드래그하여 놓는 방법으로 간단히 배치가 가능합니다. UI를 배치할 때 레퍼런스 이미지를 뒤에 배치해 놓는 방법도 좋은 방법입니다. 간단하게 캐릭터의 썸네일을 배치해보겠습니다. 실제 게임 프로젝트에서 썸네일 이미지 등을 바꾸기 위해서는 해당 오브젝트의 Sprite Renderer의 Spirte를 바꿔주면 이미지가 교체됩니다.

1. Assets/Sprite/UI 폴더에서 Thumnial 스프라이트를 드래그하여 UI 게임오브젝트에 자식으로 추구합니다.

2. Thumnail 게임오브젝트의 Sorting Layer는 UI, Order in Layer는 0으로 설정합니다.

3. 포지션은 (−5.5, 2.65, −1)로 설정합니다.

'3.1 배경에 시차 적용' 절의 레이어 설정 부분을 보면 Default 레이어는 최상위로 두고 있으며 삭제도 불가능합니다. 보통 에디터에서 스프라이트를 배치할 때 기본적으로 Default로 배치되므로 다른 오브젝트에 가려지는 등의 방해를 받지 않고 배치가 가능합니다. 하지만, 런타임 상황에서는 원하는 레이어에 배치할 수 있어야 합니다. 게임오브젝트의 Transform 컴포넌트로부터 renderer를 참조해 다음과 같이 설정이 가능합니다.

```
renderer.sortingLayerName = Layer Name;
renderer.sortingOrder = Order;
```

Script 폴더에 LayerSort 스크립트를 예제 7.1과 같이 작성합니다. 런타임에 오브젝트의 demension에 변화를 주기 위한 내용이 작성되어 있습니다.

```
using UnityEngine;
using System.Collections;

public class LayerSort: MonoBehaviour {
  public enum Layers
  {
    Background,
    Foreground,
    Effect,
    UI
  }
  // 레이어 이름
  public Layers mLayerName;
  // 레이어 오더
  public int mOrderNumber = 0;
  void Start () {
    renderer.sortingLayerName = mLayerName.ToString();
    renderer.sortingOrder = mOrderNumber;
  }
}
```

작성된 스크립트는 UI/Label_Name 게임오브젝트에 Add시킨 후 Layer Name은 UI로 Order Number는 0으로 설정합니다. 플레이해보면 Label_Name의 텍스트가 배경에 묻혀 주목성이 떨어지는 걸 느끼셨을 겁니다. 유니티는 2D 이미지 편집프로그램에서 자주 볼 수 있는 그림자DropShadow나 아웃라인Outline Stroke를 만드는 기능을 따로 제공하지 않습니다. 스크립트를 하나 작성해서 스트로크를 만들겠습니다. Script 폴더에 TextOutline 스크립트를 예제 7.2와 같이 작성합니다. 아직은 아래 스크립트의 내용을 다 이해하지 못해도 됩니다. Utill로 사용한다고 생각하시면 됩니다. 핵심 내용은 8개의 TextMesh를 복제해서 스트로크처럼 보이도록 원본의 뒤쪽으로 사방에 배치하는 것입니다.

```
using UnityEngine;
using System.Collections;

public class TextOutline: MonoBehaviour {
  // 두께 설정
  public float pixelSize = 1;
  public Color outlineColor = Color.black;
  // 해상도에 따라 pixel size를 조정할지 결정
  public bool resolutionDependant = false;
  // 설정된 Resolution보다 클 경우 pixel size 두 배로 설정
  public int doubleResolution = 1024;

  private TextMesh textMesh;
  private MeshRenderer meshRenderer;
  private bool isDead = false;

  void Start() {
    isDead = false;
    textMesh = GetComponent<TextMesh>();
    meshRenderer = GetComponent<MeshRenderer>();

    for (int i = 0; i < 8; i++) {
      GameObject outline = new GameObject("outline", typeof(TextMesh));
      outline.transform.parent = transform;
      outline.transform.localScale = new Vector3(1, 1, 1);
      MeshRenderer otherMeshRenderer = outline.GetComponent<MeshRenderer>();
      otherMeshRenderer.material = new Material(meshRenderer.material);
      otherMeshRenderer.castShadows = false;
      otherMeshRenderer.receiveShadows = false;
      otherMeshRenderer.sortingLayerID = meshRenderer.sortingLayerID;
      otherMeshRenderer.sortingLayerName = meshRenderer.sortingLayerName;
    }
  }

  void LateUpdate() {
    if(isDead) return;
    // 현재 원본 Text의 월드 좌표를 스크린 포인트로 맵핑합니다.
```

```
Vector3 screenPoint = Camera.main.WorldToScreenPoint(transform.position);

outlineColor.a = textMesh.color.a * textMesh.color.a;

// 복제된 TextMesh 옵션 설정
for (int i = 0; i < transform.childCount; i++) {
  // 원본으로부터 복제된 자식(child)들을 불러옵니다.
  TextMesh other = transform.GetChild(i).GetComponent<TextMesh>();
  other.color = outlineColor;
  other.text = textMesh.text;
  other.alignment = textMesh.alignment;
  other.anchor = textMesh.anchor;
  other.characterSize = textMesh.characterSize;
  other.font = textMesh.font;
  other.fontSize = textMesh.fontSize;
  other.fontStyle = textMesh.fontStyle;
  other.richText = textMesh.richText;
  other.tabSize = textMesh.tabSize;
  other.lineSpacing = textMesh.lineSpacing;
  other.offsetZ = textMesh.offsetZ;

  // 설정된 해상도(doubleResolution)보다 큰 디바이스에서 실행될 경우
  // pixelSize를 두배로 합니다.
  bool doublePixel = resolutionDependant && (Screen.width >

  doubleResolution || Screen.height > doubleResolution);
  Vector3 pixelOffset = GetOffset(i) * (doublePixel ? 2.0f * pixelSize:
  pixelSize);
  Vector3 worldPoint = Camera.main.ScreenToWorldPoint(screenPoint +
  pixelOffset);
  other.transform.position = worldPoint;

  // 레이어 오더
  MeshRenderer otherMeshRenderer =
    transform.GetChild(i).GetComponent<MeshRenderer>();
  otherMeshRenderer.sortingLayerID = meshRenderer.sortingLayerID - 1;
  otherMeshRenderer.sortingLayerName = meshRenderer.sortingLayerName;
  }
}
```

```
public void dead()
{
  // 원할 경우 복제들을 파괴합니다.
  isDead = true;
  for (int i = 0; i < transform.childCount; i++) {
    GameObject other = transform.GetChild(i).gameObject;
    Destroy(other);
  }
  Destroy(this);
}

// 복제된 TextMesh들의 배치 정보
Vector3 GetOffset(int i) {
  switch (i % 8) {
    case 0: return new Vector3(0, 1, 0);
    case 1: return new Vector3(1, 1, 0);
    case 2: return new Vector3(1, 0, 0);
    case 3: return new Vector3(1, -1, 0);
    case 4: return new Vector3(0, -1, 0);
    case 5: return new Vector3(-1, -1, 0);
    case 6: return new Vector3(-1, 0, 0);
    case 7: return new Vector3(-1, 1, 0);
    default: return Vector3.zero;
  }
}
}
```

작성된 TextOutline을 Label_Name 오브젝트에 Add시킵니다. Pixel Size는 1, Outline Color는 RGBA(51, 47, 40, 255)로 설정한 후 아래 컬러 프리셋 등록 버튼을 누릅니다. 컬러 프리셋을 설정해 두면 다음 번에 같은 컬러 값을 쉽게 사용할 수 있습니다. 자주 쓰는 대표 색은 저장해 두는 것이 좋습니다. 상단의 플레이바를 눌러 플레이해보면 텍스트에 스트로크가 생성된 것을 확인할 수 있습니다.

▲ **그림 7.3** 컬러 프리셋 설정

7.2 체력바

아처와 몬스터의 체력바를 만들겠습니다. 체력바 스프라이트를 Pivot을 Left로 설정하고 체력이 줄어들 때마다 비율에 맞게 스케일링하여 체력을 표시할 수 있도록 해보겠습니다. 다음과 같이 제작합니다.

1. **Archer** 게임오브젝트를 클릭하고 **Alt+Shift+N**으로 hp라는 게임오브젝트를 자식^{child}으로 만듭니다.

2. 포지션을 (−0.03, 3.1, 0)으로 설정합니다.

3. Assets/Sprite/UI 폴더의 archer_hp_bg 스프라이트를 hp 게임오브젝트에 드래그해서 넣습니다. 포지션을 (0, 0, 0)으로 수정합니다. hp 게임오브젝트에 생성된 빈 **SpriteRenderer**를 **Remove**시킵니다.

4. **Sorting Layer**는 UI로, **Order in Layer**는 0으로 수정합니다.

5. Assets/Sprite/UI 폴더의 archer_hp_bar 스프라이트의 **Pivot**을 **Left**로 수정 후 **Apply** 버튼을 눌러 적용합니다.

6. 드래그 해서 hp 게임오브젝트의 자식^{child}으로 만듭니다. **Sorting Layer**는 UI로, **Order in Layer**는 0으로 수정합니다.

7. archer_hp_bar의 포지션을 (−0.34, 0, −0.1)로 수정합니다.

8. UI/Label_Name 게임오브젝트를 선택한 후 **Ctrl+D** 키로 복제합니다.

9. 복제한 게임오브젝트를 hp 게임오브젝트로 드래그해서 자식^{child}으로 넣습니다.

10. 이름을 **Label_Hp**로 수정합니다.

11. 포지션을 (0, 0, −0.2)로 수정한 후 Label_Hp의 컴포넌트들의 설정을 그림 7.4와 같이 수정합니다.

▲ **그림 7.4** Label_Hp 컴포넌트 설정

이제 체력바를 컨트롤할 스크립트를 작성해보겠습니다.

▼ **예제 7.3** 체력바를 컨트롤하기 위한 HPControl 스크립트 작성

```
using UnityEngine;
using System.Collections;

public class HpControl: MonoBehaviour {
  private float mTotalHp;
```

```csharp
    private float mNowHp;
    public Transform mBar;
    public TextMesh mHpLabel;

    public void SetHp(int hp)
    {
        // 체력을 외부로부터 입력받아 두 변수에 담아 둡니다.
        mNowHp = mTotalHp = hp;
        // Hp 바의 상태를 초기화합니다.
        mBar.transform.localScale = new Vector3(1, 1, 1);
        // 텍스트로 현재 체력을 표시합니다.
        mHpLabel.text = mNowHp.ToString();
    }

    public void Hit(int damage)
    {
        // 현재 체력에서 데미지 만큼씩 뺍니다.
        mNowHp -= damage;

        // 체력이 0 이하면 Invisible 함수를 0.1초 후에 호출합니다.
        if(mNowHp <= 0)
        {
            mNowHp = 0;
            Invoke("Invisible", 0.1f);
        }

        // 원래 체력과 현재 데미지 입은 체력 간의 비율로 mBar를 스케일링합니다.
        mBar.transform.localScale = new Vector3(mNowHp/mTotalHp, 1, 1);
        mHpLabel.text = mNowHp.ToString();
    }

    public void Invisible()
    {
        // 이 게임오브젝트가 사라집니다(비활성화).
        gameObject.SetActive(false);
    }
}
```

archer_hp_bar 스프라이트는 Pivot이 왼쪽으로 설정되어 있습니다. 인스펙터 뷰Inspector View의 Scale X를 조정해보면 왼쪽을 중심으로 바bar가 움직이는 것을 확인할 수 있습니다. archer_hp_bar 스프라이트의 스케일 x가 1일 때 바가 꽉 차므로 Now HP/Total HP로 현재 스케일의 값을 알아낼 수 있습니다.

> **팁**
>
> **속성 값(Property Value) 조정**
>
> 인스펙터 뷰(Inspector View)에서 숫자 값이 입력 가능한 속성의 이름 위에 마우스를 올려 보면 ◀▶과 같은 마우스를 중심으로 두 개의 화살표시가 나옵니다. 그 상태로 클릭하고 좌우로 드래그하면 속성의 값을 쉽게 변경할 수 있습니다.

7.2.1 Invoke

지정된 시간에 함수를 호출합니다. 캐릭터 사망 후 0.1 후에 체력바가 사라지도록 작성되었습니다. 스크립트를 hp 게임오브젝트에 **Add**시킨 후 MBar에는 archer_hp_bar 게임오브젝트를 MHpLabel 변수에는 Label_Hp를 드래그해서 등록합니다.

```
Invoke(string methodName, float time)
```

ArcherControl 스크립트를 열어서 예제 7.4와 같이 수정합니다(빨간 부분이 추가/수정/추가 부분입니다).

▼ **예제 7.4** 체력바 작성과 크리티컬 판단 코드 추가하기

```
using UnityEngine;
using System.Collections;

public class ArcherControl: MonoBehaviour {
  public GameManager mGameManager;
  private Animator mAnimator;
  private BackgroundControl mBackgrounds;
  private BackgroundControl mForegrounds;
```

```
    [HideInInspector]
    private Transform mAttackSpot;

    public int mOrinHp;
    [HideInInspector]
    public int mHp;

    public int mOrinAttack;
    [HideInInspector]
    public int mAttack;

    public float mAttackSpeed;

    public Object mArrowPrefab;
    public HpControl mHpControl;
    [HideInInspector]
    public bool IsCritical = false;

    public enum Status
    {
      Idle,
      Run,
      Attack,
      Dead,
    }


    [HideInInspector]
    public Status mStatus = Status.Idle;

    void Start () {
      mHp = mOrinHp;
      mAttack = mOrinAttack;
      mAnimator = gameObject.GetComponent<Animator>();
      BackgroundControl[] component  = FindObjectsOfType<BackgroundControl>();
      mBackgrounds = component[0];
      mForegrounds = component[1];
      mAttackSpot = transform.FindChild("spot");
      mHpControl.SetHp(mHp);
    }

    void Update () {
      /*
      주석 부분
```

```
    */
}

// 아처의 상태를 컨트롤합니다.
public void SetStatus(Status status, float param)
{
  switch(status)
  {
    case Status.Idle:
    mAnimator.SetFloat("Speed", 0);
    mBackgrounds.FlowControl(0);
    mForegrounds.FlowControl(0);
    break;

    case Status.Run:
    mHpControl.Invisible();
    mBackgrounds.FlowControl(1);
    mForegrounds.FlowControl(1);
    mAnimator.SetFloat("Speed", param);
    break;

    case Status.Attack:
    mHpControl.gameObject.SetActive(true);
    mAnimator.SetTrigger("Shoot");
    break;

    case Status.Dead:
    mAnimator.SetTrigger("Die");
    break;
  }
}

private void ShootArrow()
{
  수정 없음
}

public int GetRandomDamage()
{
  수정 없음
}

public void Hit(int damage)
```

```
    {
      mHp -= damage;

      mHpControl.Hit(damage);
      if(mHp <= 0)
      {
        수정 없음
      }
    }
    public void isCritical()
    {
      int random = Random.Range(0, 10);
      if(random < 2)
        IsCritical = true;
      else
        IsCritical = false;
    }
}
```

hp 게임오브젝트의 액티브를 비활성화합니다. Archer의 ArcherControl 컴포넌트의 MHpControl 변수에 hp 게임오브젝트를 드래그해서 등록합니다. 플레이 버튼을 눌러 확인해봅니다. 체력바가 아처의 현재 체력을 반영해 움직이는 것을 확인할 수 있습니다. 플레이를 중지하고(Ctrl+P) 몬스터의 체력바를 만들겠습니다.

1. 계층 뷰Hierachy View의 몬스터를 액티브Active시키고 Alt+Shift+N으로 hp 게임오브젝트를 하나 만듭니다. 포지션을 (−0.0145, 0.77, 0), 스케일을 (1.25, 1.25, 1)로 수정합니다.

2. Assets/Sprite/UI 폴더의 monster_hp_bg를 드래그해서 hp의 자식child으로 등록시킨 후 Sorting Layer를 UI로 Order in Layer를 0으로 설정합니다. 포지션을 (0, 0, 0)으로 수정합니다. hp의 SpriteRenderer를 Remove시킵니다.

3. Assets/Sprite 폴더에서 monster_hp_bar의 Pivot을 Left로 설정 후 Apply로 적용하고 hp 게임오브젝트로 드래그해서 놓습니다.

4. 포지션을 (−0.39, 0, −0.1)로 수정한 후 Sorting Layer를 UI로 Order in Layer를 0으로 설정합니다.

5. Archer 게임오브젝트의 hp의 Label_Hp를 선택한 후 Ctrl+D로 복제하여 Monster 오브젝트의 hp로 드래그해서 놓습니다.

6. 포지션을 (0, 0, −0.2)로 수정합니다.

7. Monster 오브젝트의 hp 게임오브젝트에 HpControl 컴포넌트를 Add시킨 후 MBar 변수에는 monster_hp_bar를 MHp Label에는 Label_Hp를 드래그해서 등록합니다.

MonsterControl 스크립트를 연 후 예제 7.5와 같이 수정/추가합니다.

▼ **예제 7.5** 아처의 크리티컬 데미지 변경하기

```
using UnityEngine;
using System.Collections;

public class MonsterControl: MonoBehaviour{
    [HideInInspector]
    private GameManager mGameManager;
    public Animator mAnimator;
    [HideInInspector]
    public int idx;
    public int mHp;
    public int mAttack;
    public float mAttackSpeed;

    public Transform mFireShootSpot;
    public Collider mCollider;

    private Object mFirePrefab;

    public HpControl mHpControl;

    public enum Status
    {
        Alive,
```

```
    Dead
  }
  [HideInInspector]
  public Status mStatus = Status.Alive;

  void Start()
  {
    mFirePrefab = Resources.Load("FireBall") as GameObject;
    mGameManager = GameObject.FindObjectOfType<GameManager>();
    mHpControl.SetHp(mHp);
  }

  public void RandomHp()
  {
    mHp += Random.Range(-10, 10);
  }

  public void SetTarget()
  {
    mCollider.enabled = true;
  }

  public void Hit()
  {
    GameObject archer = GameObject.Find("Archer");
    ArcherControl archercontrol = archer.GetComponent<ArcherControl>();

    int damage;
    if(archercontrol.IsCritical)
    {
      damage = archercontrol.GetRandomDamage() * 2;
    }
    else{
      damage = archercontrol.GetRandomDamage();
    }
    mHp -= damage;
    mHpControl.Hit(damage);
    mAnimator.SetTrigger("Damage");

    if(mHp <= 0)
    {
```

```
            mStatus = Status.Dead;
            mHp = 0;
            mCollider.enabled = false;
            mAnimator.SetTrigger("Die");
            mGameManager.ReAutoTarget();
            Destroy(gameObject, 1f);
        }
    }

    private void ShootFire()
    {
        GameObject fire = Instantiate(mFirePrefab, mFireShootSpot.position,
            Quaternion.identity) as GameObject;
        fire.SendMessage("Shoot", this);
    }
}
```

Monster를 선택한 후 MonsterControl 컴포넌트의 MHpControl 변수에 hp
게임오브젝트를 드래그해서 등록합니다. 인스펙터 뷰^{Inspector View}에서 **Apply** 버튼
을 눌러 프리팹의 수정을 적용합니다. Monster 게임오브젝트를 비활성화합니
다. 플레이하여 확인합니다.

7.3 HUD TEXT 제작

아처와 몬스터가 데미지를 받을 때의 데미지를 Head Up Text를 작성하여 표
현하겠습니다. TextMesh를 통해 텍스트를 작성하고 아래에서 위로 올라가며
사라지는 애니메이션 클립을 만든 후 프리팹화시켜 데미지가 발생할 때마다 생
성하도록 하겠습니다.

1. Ctrl+Shift+N 키로 HudText라는 게임오브젝트를 만듭니다.

2. Alt+Shift+N 키로 text라는 게임오브젝트를 자식^{child}으로 추가합니다.

3. TextMesh 컴포넌트를 추가하고 TextOutline과 LayerSort 컴포넌트도 추가하고 그림 7.5와 같이 컴포넌트 옵션을 설정합니다.

▲ **그림 7.5** HudText 컴포넌트 설정

다음과 같이 Script 폴더에 HudText 스크립트를 작성한 후 HudText 게임 오브젝트에 **Add**시키고 인스펙터 뷰Inspector View에 공개Public된 MLabel 변수와 MOutline 변수에 text 게임오브젝트를 드래그하여 등록시킵니다.

```
using UnityEngine;
using System.Collections;

public class HudText: MonoBehaviour {

    public TextMesh mLabel;
    public TextOutline mOutline;
    public void SetHudText(string text, Color32 color, int size)
    {
        // 텍스트와 컬러 크기 값을 받아 텍스트 메시에 설정합니다.
        mLabel.text = text;
        mLabel.color = color;
        mLabel.fontSize = size;
    }

    private void invisible()
    {
        // TextOutline 컴포넌트의 dead 함수를 호출하여 아웃라인을 제거합니다.
        mOutline.dead();
    }

    private void dead()
    {
        // 이 게임오브젝트는 파괴됩니다.
        Destroy(gameObject);
    }
}
```

HudText를 선택한 후 애니메이션 뷰^{Animation View}에서 **Add Curve** 버튼으로 Animation 폴더에 HudText라고 애니메이션 클립을 저장한 후 text의 **Position** 과 **Scale, Sprite Renderer ＞ Color** 세 가지 애니메이션을 다음과 같이 만들어 봅니다(text가 아닌 HudText의 속성들을 선택하지 않도록 주의합니다).

▲ **그림 7.6** 애니메이션 설정

▼ **표 7.3** 애니메이션 설정 값

text	Frame	0	5	25	30	32
	Position	키 없음	(0, 0, 0)	키 없음	(0, 0.7, 0)	키 없음
	Scale	(2, 2, 1)	(1, 1, 1)	키 없음	키 없음	키 없음
	Color	키 없음	키 없음	(1, 1, 1, 1)	키 없음	(1, 1, 1, 0)
	Method			invisible()		dead()

녹화 버튼을 끄고 HudText를 Resources 폴더에 끌어 넣어 프리팹Prefabs화 합니다. 계층 뷰Hierachy View의 HudText를 비활성화합니다. Animation 폴더 에서 HudText 애니메이터를 더블 클릭합니다. HudText State를 더블 클릭하고 LoopTime의 체크를 풀어줍니다. MonsterControl 스크립트를 다음과 같이 추 가/수정한 후 인터페이스 상단의 플레이(▶) 버튼을 확인합니다.

변경: Hit()

```
public void Hit()
{
  GameObject archer = GameObject.Find("Archer");
  ArcherControl archercontrol = archer.GetComponent<ArcherControl>();

  int damage;
  bool iscritical = archercontrol.IsCritical();
  if(iscritical)
  {
    damage = archercontrol.GetRandomDamage() * 2;
  }
  else{
```

```
        damage = archercontrol.GetRandomDamage();
    }
    mHp -= damage;
    mHpControl.Hit(damage);

    HudText(damage, transform.position + new Vector3(0, .7f, 0), archercontrol.
        IsCritical);

    mAnimator.SetTrigger("Damage");

    if(mHp <= 0)
    {
        수정 없음
    }
}
```

추가: HudText()

```
private void HudText(int damage, Vector3 pos, bool isCritical)
{
    GameObject prefab = Resources.Load("HudText") as GameObject;
    GameObject hudtext = Instantiate(prefab, pos, Quaternion.identity) as
        GameObject;
    if(isCritical)
    {
        hudtext.GetComponent<HudText>().SetHudText("Critical!!\n"+
            damage, new Color(255, 216, 0, 255), 35);
    }
    else{
        hudtext.GetComponent<HudText>().SetHudText(damage.ToString(),
            new Color(255, 255, 255, 255), 30);
    }
}
```

ArcherControl 스크립트를 다음과 같이 추가/수정합니다.

변경: Hit()

```
public void Hit(int damage)
{
    mHp -= damage;
    HudText(damage, transform.position + new Vector3(0, 3.1f, 0));
    mHpControl.Hit(damage);
```

```
   if(mHp <= 0)
   {
     수정 없음
   }
}
```

추가: HudText()
```
private void HudText(int damage, Vector3 pos)
{
  GameObject prefab = Resources.Load("HudText") as GameObject;
  GameObject hudtext = Instantiate(prefab, pos, Quaternion.identity) as
      GameObject;
  hudtext.GetComponent<HudText>().SetHudText(damage.ToString(),
    new Color(255, 255, 255, 255), 28);
}
```

7.4 결과 화면 제작

아처의 체력이 0이 되면 결과 창을 띄우고 아처의 경험치와 처리한 몬스터 수에
대해 표시해보겠습니다. 스프라이트를 배치하고 정보를 표시하는 과정과 버튼
이 동작하도록 해볼 것입니다. 또한, 간단한 경험치 적용과 데이터의 로컬 저장
에 대해서도 배워보겠습니다. 단순 배치할 것이 많아 좀 지루할 수 있습니다. 하
나씩 따라해보면서 유니티 에디터에 익숙해지시기 바랍니다.

1. UI 게임오브젝트를 선택하고 Alt+Shift+N 키로 popup_result 게임오브젝트
    를 자식child으로 추가합니다.

2. Assets/Sprite/UI 폴더의 popup_result_bg 스프라이트를 드래그해서 popup_
    result 게임오브젝트의 자식으로 추가합니다. 포지션은 (0, 0, −2)입니다.

3. Sorting Layer는 UI, Order In Layer는 6으로 설정합니다.

4. Assets/Sprite/UI 폴더의 dim 스프라이트를 popup_result의 자식으로 추가한 후 포지션 (0, 0, 0), 스케일 (22, 9, 1)로 설정하고 SpriteRenderer의 Color를 (255, 255, 255, 147), Sorting Layer를 UI, Order in Layer를 5로 설정합니다.

5. UI/popup_result 게임오브젝트에 Alt+Shift+N 키로 progress 게임오브젝트를 추가하고 포지션 (−0.1, 0.1, −2.5)로 설정합니다.

6. Assets/Sprite/UI 폴더의 exp_progressbar_side 스프라이트의 Pivot을 Right로 exp_progressbar_mid 스프라이트의 Pivot을 Left로 설정하고 두 스프라이트를 차례로 드래그하여 progress 게임오브젝트에 추가합니다.

7. exp_progressbar_side를 선택한 후 Ctrl+D 키를 눌러 이름을 exp_progressbar_side.r로 수정합니다. 표 7.4와 같이 설정합니다.

▼ **표 7.4** 스프라이트 배치 옵션

GameObject	Position	Scale	Sorting Layer	Order in Layer
exp_progressbar_side	(−1.16, 0, 0)	(1, 1, 1)	UI	6
exp_progressbar_mid	(−1.16, 0, 0)	(1, 1, 1)	UI	6
exp_progressbar_side.r	(1.28, 0, 0)	(−1, 1, 1)	UI	6

경험치 프로그레스 바를 만들기 위해 3개의 스프라이트를 배치했습니다. exp_progressbar_mid의 Pivot이 왼쪽이므로 스케일링으로 경험치를 표현하고 progressbar_side.r은 exp_progressbar_mid의 오른쪽 끝을 따라다니게 설정할 것입니다.

1. btn_continue_normal와 btn_quit_normal 스프라이트를 popup_result의 자식으로 차례로 드래그해서 추가합니다.

2. btn_continue_normal의 포지션은 (1, −1.27, −2.5)로 설정하고 btn_quit_normal의 포지션은 (−1, −1.27, −2.5)로 설정합니다.

3. btn_continue_normal와 btn_quit_normal의 Sorting Layer는 UI, Order in Layer는 6으로 설정합니다.

4. 두 게임오브젝트에 Ctrl+Shift+A 키로 Box Collider 2D 컴포넌트를 추가합니다. 이 스프라이트들은 충돌체를 이용해 버튼으로 활용될 것입니다.

마지막으로 폰트를 추가해 결과 화면을 완성하겠습니다. 그림 7.7과 같이 폰트를 설정 배치합니다. 7개의 게임오브젝트를 만들고 TextMesh 컴포넌트를 추가하고 표 7.5를 참고해 설정합니다(혹은 기존의 TextMesh 오브젝트를 복제하여 그림 7.7과 같이 수정합니다).

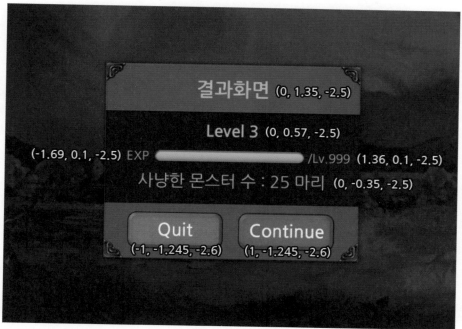

▲ **그림 7.7** 결과 화면

Object Name	Text	C.Size	Anchor	FontSize	Font	Color
Label_Title	Result	0.1	middle center	35	NANUMGOTHIC BOLD	(220, 218, 195, 255)
Label_Lv	Level 1	0.1	middle center	30	NANUMGOTHIC BOLD	(220, 218, 195, 255)
Label_Exp	EXP	0.1	middle center	22	NANUMGOTHIC	(220, 218, 195, 255)
Label_NextLv	/LV.1	0.1	middle left	22	NANUMGOTHIC	(220, 218, 195, 255)
Label_Disc	..	0.1	middle center	30	NANUMGOTHIC	(220, 218, 195, 255)
Label_Btn_quit	Quit	0.1	middle center	32	NANUMGOTHIC BOLD	(255, 255, 255, 255)
Label_Btn_con-tinue	Continue	0.1	middle center	32	NANUMGOTHIC BOLD	(255, 255, 255, 255)

▼ 표 7.6 텍스트 오브젝트 포지션 정보

GameObject	Position(X,Y,Z)		
Label_Title	0	1.35	−2.5
Label_Lv	0	0.57	−2.5
Label_Exp	−1.69	0.1	−2.5
Label_NextLv	1.36	0.1	−2.5
Label_Disc	0	−0.35	−2.5
Label_Btn_quit	−1	−1.245	−2.6
Label_Btn_continue	1	−1.245	−2.6

제작된 TextMesh 게임오브젝트에 LayerSort 컴포넌트를 모두 등록하고 Layer Name을 UI로 Order Number를 7로 설정합니다. 7개의 텍스트Text 오브젝트 모두에게 TextOutline 컴포넌트를 Add한 후 Pixel Size를 0.5로 설정합니다.

GameManager에 다음과 같이 변수를 추가하고 Script 폴더에 ResultPopup이라는 C# 스크립트를 다음과 같이 작성합니다.

변수 추가: mArcherLevel, mEXP, mMonsterKillCnt, mLevelBalance, mUserName

```
// XP와 사냥한 몬스터 수
[HideInInspector]
public int mArcherLevel = 1;

// 경험치를 저장할 변수
[HideInInspector]
public int mEXP;

// 처치한 몬스터 수
[HideInInspector]
public int mMonsterKillCnt;

// 경험치 설정에 사용될 변수
public int mLevelBalance = 40;
public TextMesh mUserName;
```

함수 추가: ContinueGame()

```
// 게임 이어하기
public void ContinueGame()
{

}
```

▼ **예제 7.7** 결과 화면 만들기

```
using UnityEngine;
using System.Collections;

public class ResultPopup: MonoBehaviour {
  public GameManager mGameManager;
  public TextMesh mLevel;
  public TextMesh mNextLevel;
  public TextMesh mDisc;
  public GameObject mProgressMid;
  public GameObject mProgressRight;
```

```csharp
public void SetResult(int xp, int monsterCnt)
{
    gameObject.SetActive(true);

    int[] info = getLevel(xp);
    int minsum = getSum(info[0]-1);
    float ratio = 0;

    mDisc.text = "사냥한 몬스터 수: " + monsterCnt +" 마리";
    mNextLevel.text = "/Lv."+info[0];
    mLevel.text = "Level " + (info[0] - 1);

    ratio =  ((float)(xp - minsum) / (float)(info[1] - minsum));
    mProgressMid.transform.localScale = new Vector3(ratio, 1, 1);

    // exp_progressbar_side.r 스프라이트의 위치
    mProgressRight.transform.localPosition = new Vector3((2.44f*ratio) -
        1.16f, 0, 0);
    mGameManager.mArcherLevel = info[0]-1;
}

private int[] getLevel(int xp)
{
    int sum = 0;
    int i=1;
    while(true)
    {
        sum += i;
        if(sum * mGameManager.mLevelBalance >= xp)
            return new int[]{i+1, sum * mGameManager.mLevelBalance};
        i++;
    }
}

private int getSum(int lv)
{
    int sum = 0;
    for(int i=1;i<lv;++i)
    {
        sum += i;
    }
```

```
      return sum * mGameManager.mLevelBalance;
  }

  void OnButtonDown(string type)
  {
    if(type == "continue")
    {
      mGameManager.ContinueGame();
    }
    else if(type == "quit")
    {
      // Device를 종료합니다.
      Application.Quit();
    }
    gameObject.SetActive(false);
  }
}
```

작성한 스크립트를 popup_result 게임오브젝트에 드래그하여 등록시킨 후 컴
포넌트의 비어 있는 변수를 그림 7.8과 같이 채웁니다.

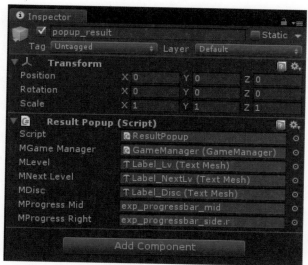

▲ **그림 7.8** Result Popup 변수

btn_quit_normal과 btn_continue_normal 두 개의 버튼으로부터 마우스 클릭 시 이벤트를 받아 ResultPop 스크립트에 메시지를 전달하도록 해보겠습니다. Script 폴더에 MouseEventCatcher라는 스크립트를 예제 7.8과 같이 작성합니다.

▼ **예제 7.8** 마우스 이벤트를 받아 전달하기

```
using UnityEngine;
using System.Collections;

public class MouseEventCatcher: MonoBehaviour {
  // 메시지를 받을 게임오브젝트
  public GameObject mReceiver;

  // 실행할 메소드명
  public string mMethodName;
  public string mParams;

  void OnMouseDown()
  {
    mReceiver.SendMessage(mMethodName, mParams);
  }
}
```

작성한 스크립트를 btn_quit_normal과 btn_continue_normal 두 게임오브젝트에 등록하고 컴포넌트 변수에 표 7.7과 같이 등록/입력합니다. 충돌체가 있는 게임오브젝트에 MonoBehaviour 컴포넌트가 존재할 경우 `OnMouseDown()`를 선언하면 마우스 클릭 시 호출됩니다.

게임오브젝트	Public 변수	값
btn_quit_normal	MReceiver	popup_result(GameObject)
	MMethod Name	OnButtonDown
	MParams	quit
btn_continue_normal	MReceiver	popup_result(GameObject)
	MMethod Name	OnButtonDown
	MParams	continue

간단한 레벨링 시스템을 작성했습니다. 던전을 탐험할 때마다 경험치가 쌓이고 경험치는 레벨화 됩니다. 각 레벨의 경험치는 (이전 레벨) X mLevelBalance의 누적으로 정해집니다.

예) 0, 1X40, 1X40+2X40, 1X40+2X40+3X40 ...

게임마다 다양한 레벨링 공식이 사용됩니다. 보통 기획자나 레벨디자이너가 엑셀로 만들고 유니티에서 이를 임포트하고 바로 반영이 가능하게 설계합니다. 혹은 유니티 에디터를 사용해 유니티 내에서 설정이 가능하도록 할 수도 있습니다. popup_result 게임오브젝트를 비활성화합니다.

GameManager 스크립트를 예제 7.9와 같이 추가/수정합니다. 파란 부분은 삭제, 빨간 부분은 추가입니다.

▼ 예제 7.9 경험치 계산 및 저장하기

```
using UnityEngine;
using System.Linq;
using System.Collections;
using System.Collections.Generic;

public class GameManager: MonoBehaviour {
    public ArcherControl mArcher;
```

```
[HideInInspector]
public List<MonsterControl> mMonster;
[HideInInspector]
public MonsterControl TargetMonster;

public Transform[] mSpawnPoint;

private int mLoopCount = 5;
private int mMonsterCount = 0;
private float mRunTime = 1.8f;

// XP와 사냥한 몬스터 수
[HideInInspector]
public int mArcherLevel = 1;

// 경험치를 저장할 변수
[HideInInspector]
public int mEXP;

// 처치한 몬스터 수
[HideInInspector]
public int mMonsterKillCnt;

// 경험치 설정에 사용될 변수
public int mLevelBalance = 40;
public TextMesh mUserName;

// ResultPopup 컴포넌트가 있는 게임오브젝트 참조
public ResultPopup mResultPopup;


void Start () {
    mMonster = new List<MonsterControl>();
    mMonster.Clear();
    Init();

    StartCoroutine("AutoStep");
}

// 경험치를 레벨로 환산합니다.
private int getLevel(int xp)
```

```
  {
    int sum = 0;
    int i=1;
    while(true)
    {
      sum += i;

      if(sum * mLevelBalance >= xp) return i;
      i++;
    }
  }

  // 초기화 함수
  private void Init()
  {
    // 로컬에 저장된 경험치 정보를 가지고 옵니다.
    mEXP = PlayerPrefs.GetInt("2DP_EXP");

    // 경험치를 레벨로 환산
    int lv = getLevel(mEXP);
    mUserName.text = lv +".Archer";

    mMonsterCount = 0;
    mMonsterKillCnt = 0;
    mMonster = new List<MonsterControl>();
    mMonster.Clear();
  }

public enum Status
{
  Idle,
  Run,
  BattleIdle,
  Battle,
  Clear,
  GameOver
}
[HideInInspector]
public Status mStatus = Status.Idle;

IEnumerator AutoStep()
```

```
{
  // 수정 없음
}

private void SpawnMonster(int idx)
{
  // 수정 없음
}

IEnumerator ArcherAttack()
{
  // 수정 없음
}

private void GetAutoTarget()
{
  // 수정 없음
}

public void ReAutoTarget()
{
  mMonsterCount -= 1;
  TargetMonster = null;
  if(mMonsterCount == 0)
  {
    Debug.Log ("Clear");
    if(mStatus == Status.GameOver) return;
    mLoopCount -= 1;
    StopCoroutine("ArcherAttack");
    StopCoroutine("MonsterAttack");
    StopCoroutine("AutoStep");

    if(mLoopCount == 0)
    {
      Debug.Log("Stage All Clear");
      GameOver();
      return;
    }

    mStatus = Status.Idle;
    StartCoroutine("AutoStep");
```

```
        return;
    }

    GetAutoTarget();
}

IEnumerator MonsterAttack()
{
    // 수정 없음
}

public void SetEXP()
{
    mMonsterKillCnt++;
    mEXP += 5;
    // 경험치를 로컬에 저장
    PlayerPrefs.SetInt("2DP_EXP", mEXP);
}

public void GameOver()
{
    Debug.Log("GameOver");
    // 상태를 바꾸고 결과 화면을 띄웁니다.
    mStatus = Status.GameOver;
    mResultPopup.SetResult(mEXP, mMonsterKillCnt);
    StopCoroutine("ArcherAttack");
    StopCoroutine("MonsterAttack");
    StopCoroutine("AutoStep");
}

public void ContinueGame()
{
    // 기존에 생성되어 있는 몬스터들 파괴
    foreach(Transform spawn in mSpawnPoint)
    {
        int childcount = spawn.childCount;
        if(childcount > 0)
        {
            Destroy(spawn.GetChild(0).gameObject);
        }
    }
```

```
    // 데이터를 초기화하고 현재 레벨 정보 아처에 전달
    mStatus = Status.Idle;
    int lv = getLevel(mEXP);

    Init();
    // 스텝을 다시 시작
    StartCoroutine("AutoStep");
  }
}
```

GameManager 스크립트에는 전체적으로 경험치를 저장하고 게임 종료 후 다시 시작하는 방식에 대하여 수정과 추가가 있었습니다. GameManager 오브젝트를 선택한 후 인스펙터 뷰^{Inspector View}에서 **MLevelBalance** 변수를 40으로 설정하고 MUserName 변수에 UI/Label_Name 게임오브젝트를 끌어다 등록합니다. MResultPopup에는 popup_result 게임오브젝트를 등록시킵니다(빈 Sprite Renderer가 있다면 Remove합니다. 다른 오브젝트도 마찬가지입니다. 방치하면 LayerSort에 영향을 받게 됩니다).

7.4.1 PlayerPrefs

경험치를 저장하고 게임이 끝나고 다시 시작하더라도 경험치를 유지하기 위하여 PlayerPrefs 클래스를 사용했습니다. PlayerPrefs는 게임 세션의 사이마다 플레이어의 데이터들을 저장하고 액세스할 수 있습니다. 다음은 float 타입의 값을 저장하고 불러오는 방식입니다.

```
저장  : PlayerPrefs.SetFloat(string key,  float value);
액세스: PlayerPrefs.GetFloat(string key, float defaultValue = 0.0F);
```

각 프로젝트마다 저장하고 접근하기 원하는 값의 고유의 키 값을 생성하고 데이터 타입별로 메소드를 선택해 저장합니다. 표 7.8과 같은 함수들이 존재합니다.

▼ 표 7.8 PlayerPrefs 함수

함수	기능
SetInt	키에 의해 식별되는 값(Int)을 저장합니다.
GetInt	해당 키가 존재하면 값(Int)을 반환합니다.
SetFloat	키에 의해 식별되는 값(Float)을 저장합니다.
GetFloat	해당 키가 존재하면 값(Float)을 반환합니다.
SetString	키에 의해 식별되는 값(String)을 저장합니다.
GetString	해당 키가 존재하면 값(String)을 반환합니다.
HasKey	키를 가지고 있다면 true를 반환합니다.
DeleteKey	키를 제거하고 해당 값을 삭제합니다.
DeleteAll	모든 키와 값들을 제거합니다.

아처의 공격력이 레벨에 따라 변화되도록 하고 게임을 다시 시작했을 때 부활할 수 있는 코드를 작성해보겠습니다. ArcherControl 스크립트를 다음과 같이 추가/수정합니다.

```
변경: enum Status, SetStatus
public enum Status
{
  Idle,
  Run,
  Attack,
  Dead,
  Reborn,
}

public void SetStatus(Status status, float param)
{
  switch(status)
  {
```

```
        case Status.Idle:
        수정 없음
        break;

        case Status.Run:
        수정 없음
        break;

        case Status.Attack:
        수정 없음
        break;

        case Status.Dead:
        수정 없음
        break;

        case Status.Reborn:
        mAnimator.SetTrigger("Reborn");
        break;
    }
}
```

추가: SetLeveling(), Reborn()

```
public void SetLeveling(int lv)
{
  // 레벨이 증가할 때마다 공격력을 증가시킵니다.
  int attack = 0;
  for(int i=1;i<lv;++i)
  {
    attack += i*5;
  }

  mAttack = mOrinAttack + attack;
}

// 아처를 부활시키기 위해 초기화
public void Reborn()
{
  mStatus = Status.Idle;
  mHp = mOrinHp;
  mHpControl.SetHp(mHp);
  mHpControl.Invisible();
  SetStatus(Status.Reborn, 0);
}
```

GameManager 스크립트를 다음과 같이 수정/추가합니다.

함수 수정: Start()
```
void Start () {
  Init();
  int lv = getLevel(mExp);
  mArcher.Setleveling(lv);

  // 던전 탐험 스텝을 만들어서 순서대로 순환시킵니다.
  StartCoroutine("AutoStep");
}
```

함수 수정: ContinueGame()
```
public void ContinueGame()
{
  // 아처의 상태를 리셋하기 위한 함수 호출
  mArcher.Reborn();

  // 기존에 생성되어 있는 몬스터들 파괴
  foreach(Transform spawn in mSpawnPoint)
  {
    int childcount = spawn.childCount;
    if(childcount > 0)
    {
      Destroy(spawn.GetChild(0).gameObject);
    }
  }
  // 데이터를 초기화하고 현재 레벨 정보 아처에 전달
  mStatus = Status.Idle;
  int lv = getLevel(mEXP);

  mArcher.SetLeveling(lv);

  Init();
  // 스텝을 다시 시작
  StartCoroutine("AutoStep");
}
```

MonsterControl 스크립트를 다음과 같이 수정합니다.

함수 수정: `Hit()`

```
public void Hit(Vector3 hitPos)
{
  // 수정 없음

  if(mHp <= 0)
  {
    mStatus = Status.Dead;
    mHp = 0;
    mCollider.enabled = false;
    mAnimator.SetTrigger("Die");
    mGameManager.SetEXP();
    mGameManager.ReAutoTarget();
    Destroy(gameObject, 1f);
  }
}
```

수정이 완료되었으면 마지막으로 아처의 상태를 하나 더 추가하겠습니다. 이번 수정에서 Reborn이라는 상태가 하나 추가되었습니다. 아처가 사망 후 다시 Idle 상태로 돌아가게 해야 합니다.

1. Archer를 클릭한 후 애니메이터 뷰^{Animator View}를 활성화시킵니다.

2. 매개변수(Parameters)의 + 키를 눌러 Trigger 타입의 Reborn이라는 매개변수를 하나 만들어 줍니다.

3. Archer_Die State를 클릭하고 MakeTransitions로 Archer_Idle에 연결시킵니다.

4. 화살표를 클릭하고 Conditions를 Reborn으로 수정합니다.

플레이(▶) 버튼을 클릭해 게임을 프리뷰해보면 게임 결과가 나오고 게임이 끝날 때마다 경험치가 계산이 되고 경험치에 따라 레벨이 결정되며 공격력이 증가하게 됩니다. 또한, Continue 버튼을 통해 게임을 이어할 수 있게 되었습니다.

7.5 정리

7장에서 다룬 기능 외에도 UI는 다뤄야 할 부분이 많습니다. 스프라이트를 배치하고 기능을 작성하는 일은 쉽지 않습니다. 보통 애셋스토어AssetStore를 통해 GUI 제작 플러그인을 구입하여 사용합니다. NGUI란 플러그인이 가장 많이 사용되고 있으며 꾸준히 업데이트되고 있습니다. 다양한 UI를 간단하게 설정하고 배치할 수 있습니다. 이런 상용 플러그인을 사용하면 GUI를 만드는 데 드는 시간을 많이 줄일 수 있습니다. Ctrl+6 키로 애셋스토어 창을 오픈한 후 최초 유니티 설치 시 작성한 계정으로 접속합니다. 계정이 없다면 계정을 만들어 로그인합니다. 오른쪽 상단의 검색창에서 NGUI를 검색한 후 구입하면 NGUI 애셋을 다운로드 및 임포트Import가 가능합니다. 반드시 상용 플러그인을 살 필요는 없습니다. 유니티가 계속해서 꾸준히 UI 부분을 업데이트하고 있고 점차 상용 플러그인들의 기능을 따라잡고 있습니다. 자신의 프로젝트 상황에 맞게 판단하여 결정하기 바랍니다.

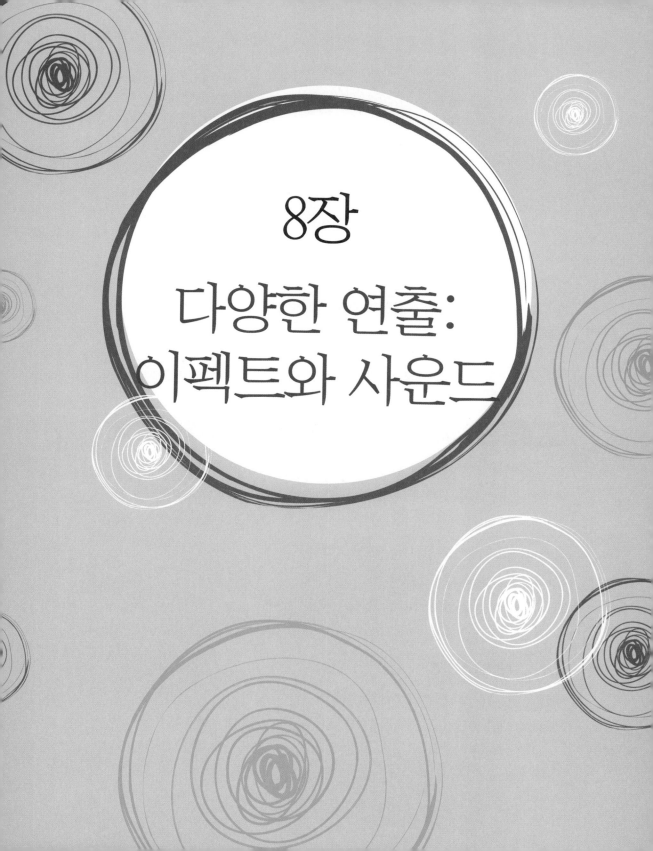

8장

다양한 연출:
이펙트와 사운드

이전 장까지 작업된 프로젝트가 없을 경우에는 유니티를 실행한 후 프로젝트 마법사 창에서 다음 경로의 유니티 프로젝트를 열어 Scene 폴더의 2DProject를 실행하면 이번 장을 따라할 수 있습니다(경로: DVD\Sample\Chapter08).

8장에서는 게임을 좀 더 풍부하고 멋지게 꾸며주는 이펙트와 사운드에 대해서 다뤄보겠습니다. 파티클 시스템^{Particle System}을 이용해 이펙트를 만들겠습니다. 이펙트를 만드는 방식은 다양한데 맥스^{3DMax}나 스파인^{Spine} 등을 통해 애니메이션된 이펙트를 가져와 사용해도 되고 플래시^{Flash} 등을 사용한 이펙트도 유니티에서 사용이 가능합니다. 다만 이들을 사용하기 위해 몇 가지 플러그인과 유니티에서 인식하게 하기 위한 과정이 필요합니다. 파티클 시스템을 익히면 이런 과정 없이 다양한 이펙트들을 만들 수 있습니다.

8.1 스모크 파티클 제작

게임을 하면서 자주 다루게 되는 스모크^{Smoke}를 만들겠습니다. 아처가 달릴 때 약간의 스모크를 땅 위에 뿌려지도록 해보겠습니다. 유니티에 내장된 파티클 시스템을 사용해 만들 것 입니다. 지금부터 설명되는 파티클의 모든 옵션을 상세하게 이해하지 않아도 됩니다. 가벼운 마음으로 훑어보고 필요할 때 하나씩 확인하면서 만들어도 충분합니다. 이번 장에서는 다음 예제들을 보면서 파티클이 만들어지는 과정을 알아보고 옵션들을 살펴보겠습니다.

8.1.1 파티클 시스템

파티클 시스템^{Particle System}은 다양한 모듈의 결합으로 이루어져 있습니다. 보통 파티클을 표현하기 위한 매터리얼과 텍스처를 준비하고 빈 게임오브젝트에 파티클 시스템 컴포넌트가 추가한 후 매터리얼을 등록하여 파티클을 생성합니다. Archer 게임오브젝트를 클릭한 후 Alt+Shift+N 키로 새로운 게임오브젝트를 자식child으로 추가한 후 이름을 Eff_Smoke라고 수정합니다. 포지션은 (0.3, 0.4, 0)으로 합니다(파티클 시스템 컴포넌트를 추가한 후 기본 설정 탭부분의 오른쪽 + 키를 눌러 이 모듈들을 모두 보거나 사용하는 모듈만 보게 할 수 있습니다).

재질 생성과 적용

재질Material은 우리가 사용하는 3D 오브젝트에 성질을 부여하는 역할을 합니다. 통상적으로 나무, 철, 플라스틱, 고무 등 흔히 접하는 재료들의 성질을 말하며, 모두 재질로 표현이 가능합니다. 재질은 셰이더Shader와 텍스처Texture의 결합으로 이루어집니다. 파티클 이펙트는 보통 유니티 기본 셰이더의 Particles라는 파티클 전용 셰이더를 많이 사용합니다. 다음과 같이 제작하겠습니다('부록'의 '셰이더').

1. 프로젝트 뷰Project View에 Material 폴더를 하나 생성한 후 오른쪽 마우스 클릭해 Create > Material로 빈 매터리얼을 하나 생성합니다(혹은 인터페이스 메뉴의 Assets > Create > Material).

2. SmokePuff라고 이름을 수정한 후 생성된 매터리얼Material을 클릭하고, 인스펙터 뷰Inspector View에서 Shader의 풀다운 메뉴를 내려 Particles > Additive(Soft)를 선택합니다.

3. 비어 있는 None (Texture) 부분의 Select를 클릭합니다. SmokePuff 텍스처를 선택합니다.

4. 이제 Eff_Smoke 게임오브젝트에 파티클 시스템Particle System을 컴포넌트로 추가하고 앞서 만든 재질을 적용하겠습니다.

5. Eff_Smoke 오브젝트를 선택한 후 Ctrl+Shift+A로 Particle System 컴포넌트를 추가합니다.

6. 컴포넌트의 마지막 탭인 Renderer 탭을 열고 Material 부분에 Default-Particle 대신에 오른쪽 원을 클릭해 SmokePuff 매터리얼을 적용합니다.

7. 각 탭 중에 기본 설정 부분과 Emission, Velocity over Lifetime, Color over Lifetime, Size over Lifetime, Rotation over Lifetime, Renderer 부분을 그림 8.1과 같이 수정합니다(Start Size처럼 값이 두 개로 설정된 것은 오른쪽 화살표시를 클릭하고 Random Between Two Constants를 선택하면 됩니다).

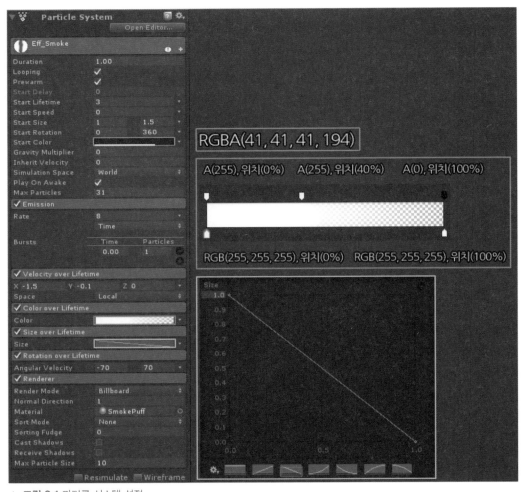

▲ 그림 8.1 파티클 시스템 설정

옵션을 하나씩 수정하면서 씬 뷰Scene View나 게임 뷰Game View를 보면 차츰 변해가는 파티클을 확인할 수 있습니다. 이를 통해 각 옵션들이 어떤 기능을 하는지 짐작할 수 있습니다. 각 설정은 체크가 되어야지만 실제 적용됩니다. 옵션들이 보이지 않는다면 Particle System 상단 Open Editor.. 아래 부분에 작은 + 키가 보일 것입니다. 이 키를 누르고 Show All Modules를 선택한 후 그림 8.1에서 보이는 모듈만 체크하고 나머지는 체크를 해제합니다(필요 없는 모듈은 반드시 해제합니다).

옵션을 모두 적용하면 스모크가 발생하고 왼쪽으로 흘러가는 것을 볼 수 있습니다. Eff_Smoke를 비활성화합니다. 스크립트를 통해서 아처가 달릴 경우에만 발생하고 자연스럽게 사라지도록 처리할 것입니다.

파티클 이펙트 Preview Panel

씬 뷰Scene View에는 현재 선택한 파티클 이펙트Particle Effect의 플레이백playback을 제어할 수 있는 Preview Panel을 가지고 있으며 play, pause, stop 및 scrubbing playback time을 제공합니다.

▲ 그림 8.2 파티클 이펙트(Particle Effect) Preview Panel

8.1.2 파티클 시스템 모듈: Shuriken

파티클 시스템은 활성/비활성이 가능한 미리 정의된 모듈의 집합으로 구성됩니다. 이 모듈들들은 개별 파티클 시스템에서 파티클의 행동을 표현합니다. 각 모듈별 기능과 옵션에 대해 설명하겠습니다.

초기 모듈

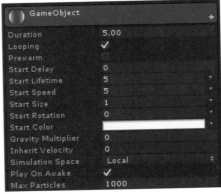

▲ **그림 8.3** 초기 모듈(Initial Module)

이 모듈은 항상 존재하며, 삭제하거나 비활성화할 수 없습니다. + 키를 눌러 모듈을 숨기거나 볼 수 있습니다.

▼ **표 8.1** 초기 모듈 속성과 기능

속성	기능
Duration	파티클 시스템이 파티클을 방사하는 시간
Looping	파티클 시스템이 반복하는지 여부
Prewarm	반복 시스템(looping system)만이 Prewarm될 수 있으며, 이는 마치 파티클을 한 회 동안 이미 방사한 것처럼 파티클을 초기에 방사합니다.
Start Delay	파티클을 방사하기 전에 파티클 시스템이 기다리는 시간을 초 단위로 나타냅니다(prewarm은 사용할 수 없습니다).
Start Lifetime	파티클의 수명을 초 단위로 표시
Start Speed	방사될 때 파티클의 속도
Start Size	방사될 때 파티클의 크기
Start Rotation	방사될 때 파티클의 회전
Start Color	방사될 때 파티클의 색상
Gravity Multiplier	파티클의 수명 기간동안 영향을 줄 중력의 크기
Inherit Velocity	(움직이는) 객체로부터 파티클은 같은 크기(Velocity)를 가지고 시작할지에 대한 인자

(이어짐)

속성	기능
Simulation Space	파티클 시스템을 로컬 공간이나 월드 공간에서 시뮬레이트합니다(객체의 움직임에 영향을 받아야 하는 (혜성의 꼬리 같은) 파티클의 경우 World로 설정합니다).
Play On Awake	이 속성이 켜지면, 파티클 시스템은 생성되면 자동으로 시작됩니다.
Max Particles	파티클 시스템이 방사할 최대 파티클의 개수

방사 모듈

▲ **그림 8.4** 방사 모듈(Emission Module)

방사되는 파티클의 속도를 제어하고 특정 시점에 대형 그룹의 파티클을 퍼트릴 수 있게 해줍니다(Particle System 기간 동안).

▼ **표 8.2** 방사 모듈 속성과 기능

속성	기능
Rate	시간의 경과(초 단위)에 따라 방사되는 파티클의 양이나 거리(미터 당)
Bursts	파티클 시스템 기간 동안 발생되는 파티클에 용출(burst)을 추가합니다.
└ Time and Number of Particles	특정 양의 파티클이 방사되어야 하는 시간(기간 내 초 단위)을 명시합니다. 용출(bursts)의 횟수를 조정하려면 +와 − 버튼을 사용합니다.

형태 모듈

▲ **그림 8.5** 형태 모듈(Shape Module)

방사기의 모양을 구, 반구, 원뿔, 박스, 메시 등의 정의된 표면을 따라 초기의 힘을 노멀이나 임의 방향으로 적용할 수 있습니다.

▼ **표 8.3** 형태 모듈 속성과 기능

속성	기능
Sphere	
└ Radius	구의 반경(Scene View의 핸들(handles)에 의해서도 조절이 가능)
└ Emit from Shell	구의 외피에서 방사. 이 속성을 끄면, 파티클이 구의 볼륨에서 방사됩니다.
└ Random Direction	파티클의 방사가 무작위 방향인지 구의 표면 노멀(normal)을 따르는 방향인지 여부
Hemisphere	
└ Radius	반 구의 반경(Scene View의 핸들(handles)에 의해서도 조절이 가능)
└ Emit from Shell	반구의 외피에서 방사. 만일 이 속성이 꺼지면, 파티클은 반구의 볼륨에서 방사됩니다.
└ Random Direction	파티클의 방사가 무작위 방향인지 아니면 반구의 표면 노멀(normal)을 따르는 방향인지 여부
Cone	
└ Angle	원뿔의 각도. 각도가 0이면, 파티클은 한 방향으로만 방사됩니다(Scene View의 핸들(handles)에 의해서도 조절이 가능).
└ Radius	캡을 쓴 원뿔(capeed cone)일 경우 이 값이 0보다 크며, 이것을 사용하면 방사가 한 점에서 디스크 모양으로 됩니다(Scene View의 핸들(handles)에 의해서도 조절이 가능).
Box	
└ Box X	X축에서의 박스 크기(Scene View의 핸들(handles)에 의해서도 조절이 가능)
└ Box Y	Y축에서의 박스 크기(Scene View의 핸들(handles)에 의해서도 조절이 가능)
└ Box Z	Z축에서의 박스 크기(Scene View의 핸들(handles)에 의해서도 조절이 가능)
└ Random Direction	파티클의 방사가 무작위 방향인지 아니면 박스의 Z축을 따르는 방향인지 여부
Mesh	
└ Type	파티클은 꼭지점, 가장자리 혹은 삼각형 중 하나에서 방출됩니다.
└ Mesh	방사 형태로 사용해야 할 메시를 선택합니다.
└ Random Direction	파티클의 방사가 무작위 방향인지 아니면 메시의 표면을 따르는 방향인지 여부

수명기간 동안 속도 모듈

▲ 수명기간 동안 속도 모듈(Velocity Over Lifetime Module)

수명기간 동안 파티클의 속도가 가속을 받아 변화될 수 있습니다.

▼ 표 8.4 수명기간 동안 속도 모듈 속성과 기능

속성	기능
XYZ	움직임을 제어하는 데 곡선에 대한 상수 값이나 곡선 사이의 무작위 값을 사용합니다.
Space	로컬/월드 공간 설정

수명기간 동안 속도 모듈의 제한

▲ **그림 8.7** 수명기간 동안 속도 모듈의 제한(Limit Velocity Over Lifetime Module)

수명기간 동안 파티클의 속도가 얼마나 줄어들지 조정합니다.

▼ 표 8.5 수명기간 동안 속도 모듈의 제한 속성과 기능

속성	기능
Separate Axis	축을 분리하여 설정할 것인지
└ Speed	속도 제한(X, Y, Z별로 설정이 가능)
Dampen	초과 속도가 얼마나 줄어들게 되는지 제어하는 값(예를 들어, 0.5 값은 초과 속도를 50% 약화시킵니다)

수명기간 동안 힘 모듈

▲ **그림 8.8** 수명기간 동안 힘 모듈(Force Over Lifetime Module)

▼ **표 8.6** 수명기간 동안 힘 모듈 속성과 기능

속성	기능
XYZ	파티클에 적용되는 힘을 제어하기 위하여 곡선에 대한 상수 값이나 곡선 사이의 무작위 값을 사용합니다.
Randomize	파티클에 적용되는 힘을 모든 프레임에서 무작위화합니다.

수명기간 동안 색상 모듈

▲ **그림 8.9** 수명기간 동안 색상 모듈(Color Over Lifetime Module)

▼ **표 8.7** 수명기간 동안 색상 모듈 속성과 기능

속성	기능
Color	수명기간 동안 각 파티클의 색상을 제어합니다.

속도에 의한 색상 모듈

▲ **그림 8.10** 속도에 의한 색상 모듈(Color By Speed Module)

속도에 기반하여 파티클 색상을 애니메이트합니다. 정의된 범위 내에서 속도를 색상으로 재맵핑합니다.

▼ 표 8.8 속도에 의한 색상 모듈 속성과 기능

속성	기능
Color	속도의 재맵핑을 위해 사용되는 색상
Speed Range	속도의 범위를 정의하기 위한 최소 및 최대 값으로 속도를 색상으로 재맵핑하는 데 사용됩니다.

수명기간 동안 크기 모듈

▲ 그림 8.11 수명기간 동안 크기 모듈(Size Over Lifetime Module)

▼ 표 8.9 수명기간 동안 크기 모듈 속성과 기능

속성	기능
Size	수명기간 동안 각 파티클의 크기를 제어

속도에 의한 크기 모듈

▲ 그림 8.12 속도에 의한 크기 모듈(Size By Speed Module)

▼ 표 8.10 속도에 의한 크기 모듈 속성과 기능

속성	기능
Size	속도의 재맵핑을 위해 사용되는 크기
Speed Range	속도 범위를 정의하기 위한 최소 및 최대 값

수명기간 동안의 회전 모듈

▲ **그림 8.13** 수명기간 동안의 회전 모듈(Rotation Over Lifetime Module)

▼ **표 8.11** 수명기간 동안의 회전 모듈 속성과 기능

속성	기능
Angular Velocity	수명 기간 동안의 파티클의 회전 속도를 제어합니다.

속도에 의한 회전 모듈

▲ **그림 8.14** 속도에 의한 회전 모듈(Rotation By Speed Module)

▼ **표 8.12** 속도에 의한 회전 모듈 속성과 기능

속성	기능
Angular Velocity	파티클의 속도를 재맵핑하기 위해 사용되는 회전 속도
Speed Range	속도 범위를 정의하기 위한 최소 및 최대 값

외부 힘 모듈

▲ **그림 8.15** 외부 힘 모듈(External Forces)

이 속성은 시스템에 의해 방출되는 파티클에 바람 영역Wind Zone의 효과를 변경합니다.

충돌 모듈

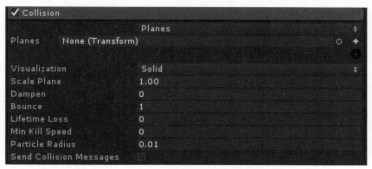

▲ **그림 8.16** 충돌 모듈(Collision Forces)

파티클에 대한 충돌을 설정합니다. 간단한 충돌의 감지에는 매우 유용합니다. 평면은 씬scene 내 기존의 트랜스폼(transform)을 참조하거나 이 목적을 위해 새로운 빈 게임오브젝트GameObject를 생성하여 설정합니다.

▼ **표 8.13** 충돌 모듈 속성과 기능

속성	기능
World/ Planes popup	World와 Planes 모드를 선택합니다.
Planes	트랜스폼에 대한 참조를 할당하여 정의합니다. 씬(Scene) 내 모든 트랜스폼이 가능하며 애니메이트될 수 있습니다. 여러 평면도 사용 가능합니다(Y축은 평면의 노멀로 사용됩니다).
Visualization	오직 해당 평면의 시각화를 위해서만 사용됩니다.
└ Solid	씬에서 평면을 렌더링하고 이는 평면에서 정확한 위치를 찾는 데 유용합니다.
└ Grid	기즈모(Gizmo)로서 렌더링되고 월드에서 위치와 방향을 신속하게 나타내는 데 유용합니다.
Scale Plane	시각화 평면의 크기를 변경합니다.
Dampen	파티클이 충돌할 때 그 속도에 대해 이 속성만큼의 비율을 유지하게 됩니다. 1이 아닌 이상 파티클은 충돌 후 느려지게 됩니다.
Bounce	충돌 후 표면으로부터 튕겨져 나오는 파티클 파편의 속도

(이어짐)

속성	기능
Lifetime Loss	각 충돌에서 Start Lifetime 손실의 비율. 수명이 0이 되면 파티클이 죽습니다. 예를 들어, 파티클이 첫 충돌에서 죽으면 이 속성을 1로 설정합니다.
Min Kill Speed	충돌 이후 파티클이 유영중 이 스피드 아래로 떨어지면 시스템으로부터 제거 됩니다.
Particle Radius	충돌 planes와의 클리핑 방지를 위해 사용되는 파티클의 대략적인 크기
Send Collision Messages	이 속성이 켜지면 파티클 충돌 시 OnParticleCollision 함수에 의해 스크립부터 발각됩니다.

하위 에미터 모듈

▲ **그림 8.17** 하위 에미터 모듈(Sub Emitter Module)

다음과 같은 파티클 상태(Birth, Death, Collision)에서 다른 파티클의 방사를 활성화합니다.

▼ **표 8.14** 하위 에미터 모듈 속성과 기능

속성	기능
Birth	파티클 시스템에서 각 파티클의 탄생 시 또 다른 파티클 시스템을 생겨나게 합니다.
Death	파티클 시스템에서 각 파티클의 죽음 시 또 다른 파티클 시스템을 생겨나게 합니다.
Collision	파티클 시스템에서 각 파티클의 충돌 시 또 다른 파티클 시스템을 생겨나게 합니다 (충돌은 Collision Module을 사용해 설정해야 합니다).

텍스처 시트 애니메이션 모듈

▲ **그림 8.18** 텍스처 시트 애니메이션 모듈(Texture Sheet Animation Module)

파티클의 수명기간 동안 UV 좌표를 움직입니다. 애니매이션 프레임은 그리드의 형태로 표시하거나 혹은 시트 내의 모든 열row이 별도의 애니매이션이 될 수 있습니다. 그 프레임은 곡선에 따라 움직이거나 두 곡선 사이의 무작위 프레임이 될 수 있습니다. 애니메이션의 속도는 **Cycles**에 의해 정의됩니다(렌더러 모듈의 재질에 사용된 텍스처의 애니메이션 설정입니다).

▼ **표 8.15** 텍스처 시트 애니메이션 모듈 속성과 기능

속성	기능
Tiles	스프라이트 텍스처의 타일 수를 정의합니다.
Animation	Whole Sheet 혹은 Single Row의 애니메이션 타입을 설정합니다.
└ Whole Sheet	UV 애니메이션 프레임을 전체 시트에 대해 적용합니다.
└ Single Row	UV 애니메이션을 텍스트 시트 한 열(Row)을 사용합니다.
└ Random Row	이 옵션이 체크되면, 첫 열(Row)은 무작위가 되고 체크되지 않으면 열의 인덱스를 명시합니다(첫 열은 0).
Frame over Time	수명기간동안 각 파티클의 UV 애니메이션 프레임을 명시한 열로 제어합니다.
Cycles	애니메이션 속도

렌더러 모듈

▲ **그림 8.19** 렌더러 모듈(Renderer Module)

▼ **표 8.16** 렌더러 모듈 속성과 기능

속성	기능
Render Mode	다음 중 파티클 렌더 모듈을 하나 선택합니다.
Billboard	파티클이 항상 카메라를 향하게 합니다.
└ Stretched Billboard	파티클은 다음 매개변수를 사용해 스트레치됩니다.
└ Camera Scale	파티클의 스트레칭을 결정할 때 카메라의 속도도 고려됩니다.
└ Speed Scale	속도에 비교해 파티클의 길이를 결정합니다.
Length Scale	넓이에 비교해 파티클의 길이를 결정합니다.
Horizontal Billboard	파티클이 Y축에 맞게 정렬하게 합니다.
Vertical Billboard	파티클이 카메라를 마주하면서 XZ면에 맞게 정렬하게 합니다.
Mesh	파티클이 quad대신에 메시를 사용해 렌더링합니다.
Mesh	파티클을 렌더링 할 때 사용되는 메시의 참조
Material	빌보드나 메시 파티클에 의해 사용되는 재질(Material)입니다.
Sort Mode	파티클의 그리는 순서는 거리, 가장 최연소 우선, 최장연 우선으로 정렬될 수 있습니다.
Sorting Fudge	숫자가 적을수록 다른 파티클의 앞에서 렌더링됩니다.
Cast Shadows	파티클이 그림자를 생성할지
Receive Shadows	파티클이 다른 오브젝트의 그림자를 받아서 생성할지
Max Particle Size	파티클을 얼마나 크게 그릴 것인가를 화면 높이를 기준으로 정의 (1이면 화면 높이만큼 0.5이면 화면의 반)합니다.

8.2 스모크 파티클 제어

제작한 스모크 파티클을 아처가 달리는 시점에 파티클을 방사하게 하고 아처가 멈추면 파티클 방사를 멈추고 자연스럽게 스모크가 잦아들게 한 후 파티클이 사라지면 자동으로 오브젝트를 비활성화되도록 제작해보겠습니다. ArcherControl 스크립트를 열고 다음과 같이 추가/수정합니다.

변수 추가: `public ParticleSystem mSmoke;`
함수 수정: `SetStatus()`

```
public void SetStatus(Status status, float param)
{
  switch(status)
  {
    case Status.Idle:
    // 파티클의 방사를 중지합니다.
    mSmoke.Stop();
    mAnimator.SetFloat("Speed", 0);
    mBackgrounds.FlowControl(0);
    mForegrounds.FlowControl(0);
    break;

    case Status.Run:
    // 파티클 오브젝트를 활성화합니다.
    mSmoke.gameObject.SetActive(true);
    mHpControl.Invisible();
    mBackgrounds.FlowControl(1);
    mForegrounds.FlowControl(1);
    mAnimator.SetFloat("Speed", param);
    break;

    case Status.Attack:
    수정 없음
    break;

    case Status.Dead:
    수정 없음
    break;
```

```
    case Status.Reborn:
    수정 없음
    break;
  }
}
```

Public으로 선언된 mSmoke 변수에 이미 제작된 스모크 파티클을 할당시키겠습니다. Archer 게임오브젝트를 선택하고 비어 있는 MSmoke 부분에 자식 오브젝트 Eff_Smoke를 드래그하여 할당시킵니다. 플레이(▶)하여 확인해봅니다. 아처가 Idle 상태일 때는 스모크 파티클의 Stop 함수를 실행합니다. 이렇게 되면 파티클의 생산이 중단되며 기 생산된 파티클도 수명을 다하면 자연스럽게 사라집니다. 화면에서 기 생산된 파티클 까지 바로 제거하고 싶다면 바로 다음 구문에 mSmoke.Clear() 구문을 추가하면 됩니다. 아처가 Run 상태가 되면 스모크를 활성화시킵니다. 제작된 스모크 파티클은 초기 모듈에서 **Play On Awake**가 체크되어 있기 때문에 Eff_Smoke 오브젝트가 활성화되면 자연스럽게 파티클을 방사를 시작합니다. 스크립트 폴더에 AutoDestructShuriken 스크립트를 만들고 예제 8.1과 같이 작성합니다.

▼ **예제 8.1** 생산이 끝난 파티클을 자동으로 비활성화시키기 위한 컴포넌트

```
using UnityEngine;
using System.Collections;

[RequireComponent(typeof(ParticleSystem))]
public class AutoDestructShuriken: MonoBehaviour
{
  public bool OnlyDeactivate;
  // 게임오브젝트가 활성화되면 함수가 호출됩니다.
  void OnEnable()
  {
    StartCoroutine("CheckIfAlive");
  }

  IEnumerator CheckIfAlive ()
  {
```

```
    while(true)
    {
        // 0.5초 간격으로 루프되는 코루틴
        yield return new WaitForSeconds(0.5f);
        // 파티클이 살아 있는지 체크
        if(!particleSystem.IsAlive(true))
        {
            // 파티클이 모두 사라지게 되면 조건에 따라 비활성화하거나 파괴합니다.
            if(OnlyDeactivate)
            {
                this.gameObject.SetActive(false);
            }
            else
                GameObject.Destroy(this.gameObject);
                break;
            }
        }
    }
}
```

작성된 스크립트를 Eff_Smoke에 끌어다 등록시킨 후 OnlyDeactivate를 체크합니다.

MonoBehaviour에서는 transform, audio, particleSystem처럼 자주 쓰이는 컴포넌트를 쉽게 참조할 수 있는 레퍼런스를 제공하고 있습니다. AutoDestructShuriken 스크립트는 코루틴을 활용해 0.5초마다 파티클 시스템의 particleSystem .IsAlive() 함수를 통해 활성화 여부를 감시하고 있는 것입니다.

[RequireComponent]를 사용하면 ParticleSystem 컴포넌트가 없을 경우에는 자동으로 추가해주고 제거하려고 하면 경고로 알려줍니다. 필요한 필수 컴포넌트를 지정하는 것으로 필수 컴포넌트가 제거되는 것을 방지할 수 있습니다.

8.3 피격 이펙트 제작

몬스터가 화살에 맞았을 경우의 피격 이펙트를 파티클 시스템을 이용해 제작해 보겠습니다. 스프라이트 이미지를 이용해 파티클 하나를 만들고 자연스럽게 사라지게 할 것입니다. 다음과 같이 준비합니다.

1. Material 폴더 아래에 Hit 매터리얼Material을 제작합니다.

2. 텍스처Texture 부분에 Sprite/Effect/Eff_Hit를 할당합니다.

3. Particles/Alpha Blended 셰이더Shader를 설정합니다.

4. Tint Color를 RGBA(161, 161, 161, 128)로 설정합니다.

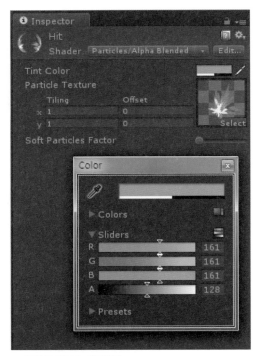

▲ **그림 8.20** Hit 매터리얼

이제 계층 뷰^{Hierachy View}에 Eff_Hit 게임오브젝트를 하나 만들고 Particle System 컴포넌트를 Add한 후에 Hit 매터리얼을 렌더러 모듈에 할당하겠습니다.

1. Ctrl+Shift+N으로 Eff_Hit 게임오브젝트를 제작합니다.

2. Ctrl+Shift+A(혹은 Add Component 클릭)를 눌러 ParticleSystem 컴포넌트를 추가합니다.

3. Renderer ➤ Material에 Hit 매터리얼^{Material}을 할당합니다.

4. AutoDestructShuriken를 할당합니다(Only Deactivate 체크 안 함).

5. 그림 8.21과 같이 파티클 옵션을 수정합니다.

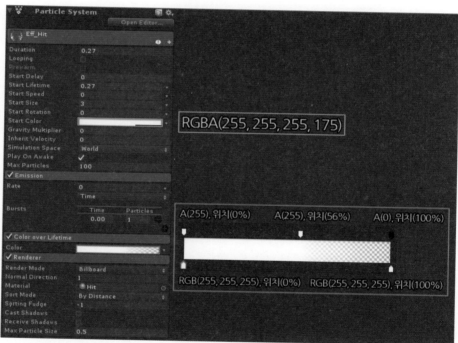

▲ **그림 8.21** Eff_Hit 파티클 옵션

나머지 옵션은 크게 중요하지 않습니다. Emission 부분만 주목하여 보면 Bursts 부분이 추가되어 있습니다. Rate는 0으로 시간이 지나도 파티클을 생산하지 않는다는 의미입니다. Bursts 부분에서 0초에 파티클 하나를 방사하겠다는 뜻입니다. Bursts는 물결의 웨이브를 생각하면 좀 더 쉽게 이해할 수 있습니다. 물결의 파장을 시간마다 한 덩어리씩 방사한다고 생각하면 됩니다. 이 파티클 시스템은 하나의 파티클을 방사하고 그 파티클은 Hit 매터리얼의 내용을 표현해줄 것입니다. 이 파티클은 0.27초간 생존했다가 서서히 투명해지면서 사라지게 될 것입니다. Eff_Hit에 자식을 게임오브젝트를 하나 만들고 이름을 Traits라고 하고 포지션을 (−0.1, −0.3, 0)으로 합니다. 다음과 같이 제작합니다.

1. Material 폴더에 TraitsRed 매터리얼을 생성합니다.

2. 텍스처^{Texture}에 Sprite/Effect/ Anim4_RoundedLines를 할당합니다.

3. 셰이더를 Particles/Additive로 설정합니다.

4. Tint Color를 RGBA(81, 0, 0, 128)로 설정합니다.

5. Traits 게임오브젝트에 ParticleSystem 컴포넌트를 추가합니다.

6. Traits 게임오브젝트에 AutoDestructShuriken 컴포넌트를 추가합니다(Only Deactivate 체크 안 함).

7. 파티클 시스템 옵션을 그림 8.22와 같이 수정합니다.

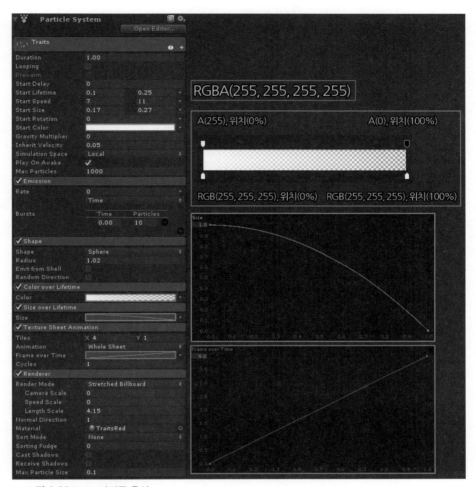

▲ **그림 8.22** Traits 파티클 옵션

씬 뷰Scene View의 **Particle Effect Preview Panel**에서 **Simulate** 버튼을 눌러 이펙트를 확인해 봅니다. 얇은 선 같은 파티클들이 뻗쳐 나가는 것을 볼 수 있습니다. Shape 모듈과 Renderer 모듈을 살펴보겠습니다. Shape의 **Sphere** 설정은 원형으로 방사하겠다는 뜻입니다. 파티클은 원형으로 방사되어 생존기간Lifetim동안 **Color**와 **Size**가 서서히 투명해지며 줄어듭니다. **Texture Sheet Animation** 옵션에 따라 TraitsRed 매터리얼의 텍스처는 4개의 타일로 분리되어 하나의 이미지씩 시퀀스시킬 것입니다. 마지막으로 **Render Mode**의 **Stretched Billboard** ➤

Length Scale 옵션으로 파티클을 길게 Stretch시킬 것입니다. 제작이 완료된 Eff_
Hit 오브젝트를 Resources 폴더에 던져 넣어 프리팹화합니다. 씬의 Eff_Hit는 비
활성화합니다. 이제 스크립트를 사용해 이펙트를 화면에 나타나도록 하겠습니다.
MonsterControl 스크립트를 열고 다음과 같이 추가/수정합니다.

함수 수정: Hit()

```
public void Hit(Vector3 hitPos)
{
  GameObject archer = GameObject.Find("Archer");
  ArcherControl archercontrol = archer.GetComponent<ArcherControl>();

  int damage;
  if(archercontrol.IsCritical)
  {
    damage = archercontrol.GetRandomDamage() * 2;
  }
  else{
    damage = archercontrol.GetRandomDamage();
  }
  mHp -= damage;
  mHpControl.Hit(damage);

  MakeEffect("Eff_Hit", hitPos + new Vector3(0.4f, 0.2f, 0), transform);
  HudText(damage, transform.position + new Vector3(0, .7f, 0),
      archercontrol.IsCritical);

  mAnimator.SetTrigger("Damage");

  if(mHp <= 0)
  {
    수정 없음
  }
    }
```

함수 추가: MakeEffect()
함수 설명: Resources폴더로부터 경로(path)에 있는 프리팹을 로드한 후 해당 포지션(pos)에
인스턴스화(Instantiate)시키고 _parent 게임오브젝트에 자식으로 추가합니다.

```
private void MakeEffect(string path, Vector3 pos, Transform _parent)
{
  GameObject prefab = Resources.Load(path) as GameObject;
```

```
  GameObject eff = Instantiate(prefab) as GameObject;
  eff.transform.position = pos;
  eff.transform.parent = _parent;
}
```

ArrowControl 스크립트를 추가/수정합니다.

```
void OnTriggerEnter(Collider other)
{
  // 몬스터 충돌체(Collider)와 충돌 시 충돌 정보가 전달됩니다.
  if(other.name == "monster")
  {
    mCollider.enabled = false;
    mMonster.Hit(transform.position);

    // 화살 오브젝트를 0.07초 후 파괴합니다.
    Destroy(gameObject, 0.07f);
  }
}
```

플레이(▶)를 눌러 확인합니다. 이제 이미 제작한 이펙트들을 임포트하여 적용해
보겠습니다.

8.4 유니티 애셋 임포트

유니티에서는 파티클 시스템을 이용해 다양한 타입의 이펙트를 만들고 다른
프로젝트에서도 사용할 수 있습니다. 만들어진 이펙트 프리팹들을 내보내기
Export할 수 있으며 어떤 프로젝트건 임포트Import하여 사용할 수 있습니다. 미
리 제작된 프리팹 애셋을 임포트해보겠습니다. DVD/Resources/Assets에서
BowLight.unitypackage 파일을 Assets 폴더로 던져 넣거나 더블 클릭합니다.
리소스 임포트 창이 뜨면 Import 버튼을 누릅니다(Import가 실패한다면 한글 폴더가 있
는 경로에 있을 가능성이 큽니다. 파일들을 한글 폴더가 없는 곳으로 옮기고 다시 시도합니다).

▲ 그림 8.23 Import package

임포트^{Import} 완료 후 Resources 폴더를 확인해보면 Eff_BowLight가 성공적으로
임포트된 것을 확인할 수 있습니다. Resources 폴더의 **Eff_BowLight**를 클릭해 봅
니다. Script 부분이 **Missing**되어 있다면 AutoDestructShuriken 스크립트를 할
당해줍니다. 아처가 활 시위를 당길 때 이펙트를 사용해 좀 더 임팩트 있게 표현
해보겠습니다. ArcherControl 스크립트를 열고 다음과 같이 추가/수정합니다.

함수 수정: ShootArrow()
```
private void ShootArrow()
{
  MakeEffect("Eff_BowLight", mAttackSpot.position + new Vector3(0.75f, 0,
    0), transform);
  GameObject arrow = Instantiate(mArrowPrefab, mAttackSpot.position,
    Quaternion.identity) as GameObject;
  arrow.SendMessage("Shoot", mGameManager.TargetMonster);
}
```

함수 추가: MakeEffect()
함수 설명: Resources 폴더로부터 경로(path)의 프리팹을 로드 후 원하는 위치(pos)에 인스턴스화
시킨 후 _parent 트랜스폼(Transform) 참조에 자식으로 추가합니다.

```
private GameObject MakeEffect(string path, Vector3 pos, Transform _parent)
{
  GameObject prefab = Resources.Load(path) as GameObject;
  GameObject eff = Instantiate(prefab) as GameObject;
  eff.transform.parent = _parent;
  eff.transform.position = pos;
  return eff;
}
```

플레이(▶)를 눌러 이펙트가 잘 나오는지 확인합니다. 애셋을 임포트하여 실제 로드하고 화면에 뿌리는 데 성공했습니다. 이제 나머지 샘플 애셋들을 임포트하여 남은 이펙트들을 모두 제작해보겠습니다.

> **팁**
>
> **애셋 내보내기(Export Package)**
> 프로젝트 뷰(Project View)의 애셋(Asset)을 선택한 후 오른쪽 마우스 클릭해 Export Package...를 선택하면 됩니다. Include dependencies를 체크하면 모든 종속된 애셋들을 다 포함하게 됩니다. 필요한 애셋만 선택합니다.

DVD/Resources/Assets 폴더의 Eff_BowLight를 제외한 나머지 애셋Asset들을 차례로 임포트합니다(Eff_Blood, Eff_CriticalFire, Eff_Hit_Archer). 임포트한 이펙트 애셋들과 하위 이펙트들의 스크립트 부분이 비워져 있다면 모두 AutoDestructShuriken 스크립트를 할당합니다. Eff_Blood는 AutoDestructShuriken과 LayerSort 스크립트가 있어야 합니다. 없다면 추가하고 **LayerSort**는 **Foreground**, 1로 설정합니다.

아처가 공격할 때 크리티컬 확률을 사용해 크리티컬일 경우 화살에 파티클 이펙트를 추가하고 아처가 데미지를 받았을 때, 즉 적의 공격에 히트hit됐을 때 이펙트를 생성해보겠습니다. ArcherControl 스크립트를 다음과 같이 수정합니다.

함수 수정: `ShootArrow()`
```
private void ShootArrow()
{
  MakeEffect("Eff_BowLight", mAttackSpot.position + new Vector3(0.75f, 0,
    0), transform);
```

```
  GameObject arrow = Instantiate(mArrowPrefab, mAttackSpot.position,
    Quaternion.identity) as GameObject;
  arrow.SendMessage("Shoot", mGameManager.TargetMonster);
  // 크리티컬 상태인지 확인합니다.
  isCritical();
  if(IsCritical)
  {
    // Eff_CriticalFire 프리팹을 로드 후 arrow의 자식으로 위치시킵니다.
    GameObject fire = MakeEffect("Eff_CriticalFire", mAttackSpot.position +
      new Vector3(0.75f, 0, 0), arrow.transform);
    // fire 프리팹은 비활성화 상태로 프리팹화되었으므로 활성화시켜줍니다.
    fire.SetActive(true);
  }
}
```

함수 수정: Hit()

```
public void Hit(ArrayList param)
{
  int damage = (int) param[0];
  mHp -= damage;
  HudText(damage, transform.position + new Vector3(0, 3.1f, 0));
  mHpControl.Hit(damage);
  MakeEffect("Eff_Hit_Archer", (Vector3)param[1], transform);

  if(mHp <= 0)
  {
    수정 없음
  }
}
```

FireControl 스크립트를 다음과 같이 수정합니다.

함수 수정: OnTriggerEnter()

```
void OnTriggerEnter(Collider other)
{
  if(other.name == "Archer")
  {
    int damage = mMonster.mAttack;
    // mArcher 게임오브젝트에 있는 모든 컴포넌트에 있는 함수 중 Hit 함수 호출
    ArrayList param = new ArrayList();

    param.Add(damage);
```

```
        param.Add(transform.position);

        mArcher.SendMessage("Hit", param);
        Destroy(gameObject, 0.07f);
    }
}
```

몬스터 또한, 피격 시 파티클 이펙트가 발생하게 해보겠습니다. 수정된 구문에 보면 FG_Depth0 게임오브젝트를 Find 함수를 통해 가져온 후 생성된 이펙트를 자식으로 추가하고 있습니다. FG_Depth0의 자식으로 추가하는 이유는 몬스터가 사망 후 뿌려지는 블러드Blood 이펙트가 배경이 움직일 경우 함께 이동되도록 하기 위해서입니다. MonsterControl 스크립트를 다음과 같이 수정합니다.

함수 수정: Hit()
```
public void Hit(Vector3 hitPos)
{
    수정 없음

    if(mHp <= 0)
    {
        mStatus = Status.Dead;
        mHp = 0;
        mCollider.enabled = false;
        mAnimator.SetTrigger("Die");
        mGameManager.SetEXP();
        mGameManager.ReAutoTarget();
        MakeEffect("Eff_Blood", transform.position + new Vector3(0, -1.5f, 0),
            GameObject.Find("FG_Depth0").transform);
        Destroy(gameObject, 1f);
    }
}
```

플레이(▶)를 눌러 이펙트가 잘 나오는지 확인합니다. 공격과 피격, 사망처리 등 여러 이펙트가 추가됨으로 인해서 게임이 더 풍성해졌습니다. 이제 마지막으로 사운드를 추가하여 게임 액션에 몰입감을 높여 보겠습니다.

8.5 사운드

DVD/Resources/Sound의 4개 음원 파일을 Assets 폴더에 Sound 폴더를 만
든 후 드래그해서 넣습니다. 음원들을 하나씩 클릭해 **3D Sound** 체크를 풀고 **Apply**
를 눌러줍니다. 3D 사운드로 설정하면 3D 게임에서 사운드에 구Sphere의 영역을
설정하여 중심으로부터 멀어지면 볼륨이 작아지도록 설정할 수 있습니다.

8.5.1 오디오 파일

유니티의 오디오는 네이티브Native 아니면 압축Compressed 형태입니다. 차이는 다
음과 같습니다.

- **압축**(Compressed) 에디터 안에서 압축compressed 옵션을 선택해 사운드들을 압
  축합니다. 오디오 데이터는 작을 것이나 재생 시 디코드decode하기 위해 CPU
  싸이클들이 소요될 것입니다. 최상의 음향을 원한다면 오디오를 WAV 혹은
  AIFF(PCM data 포함) 등의 무압축 포맷으로 가져와서 유니티가 인코딩하게 하
  면 됩니다. MAC/PC(스탠드얼론, 웹플레이어)만을 타깃으로 한다면 Ogg Vorbis
  파일 불러오기는 음향의 질에 영향을 끼치지 않을 것입니다. 하지만, 모바일
  플랫폼으로 변환하는 것은 MP3로 재인코딩re-encode할 수밖에 없고, 이 경우 약
  간의 음질 저하가 생깁니다. 모바일 플랫폼만을 타깃으로 하는 경우 MP3 불러
  오기도 마찬가지입니다.

- **네이티브**(Native) 짧은 사운드 이펙트라면 네이티브(WAV, AIFF) 오디오를 사용
  하는 게 좋을 수 있습니다. 오디오 데이터 용량은 더 클지 모르지만, 사운드 재
  생 시 디코딩decoding될 필요가 없습니다.

유니티에 불러들인 모든 오디오 파일은 오디오 클립Audio Clip이 됩니다. 오디오
클립은 오디오 소스Audio Sources와 오디오 리스너Audio Listener와 함께 작동합니다.
클립들은 단지 오디오 데이터라고 생각하면 됩니다. 게임에서 사용자의 클립을
오브젝트에 붙이면attach 그때부터 그것은 오디오 소스가 되고 볼륨Volume, 음높

이Pitch 등의 다양한 다른 속성들을 가지게 됩니다. 한 소스Source가 재생되는 동안, 오디오 리스너Audio Listener는 충분히 가까이 있는 모든 소스를 "듣기"할 수 있고 바로 사용자 스피커를 통해 그 소리를 듣게 됩니다. 사용자의 씬scene에는 단 한 개의 오디오 리스너만 존재할 수 있고, 이것은 일반적으로 메인 카메라Main Camera에 부착되어 있습니다.

8.5.2 지원 포맷

유니티는 표 8.17과 같은 다양한 오디오 포맷을 지원합니다.

▼ **표 8.17** 오디오 지원 포맷

포맷	Mac/PC로 압축	모바일로 압축
MPEG(1/2/3)	Ogg Vorbis	MP3
Ogg Vorbis	Ogg Vorbis	MP3
WAV	Ogg Vorbis	MP3
AIFF	Ogg Vorbis	MP3
MOD	–	–
IT	–	–
S3M	–	–
XM	–	–

8.5.3 오디오 클립

오디오 클립Audio Clips은 오디오 소스에 의해 사용되는 오디오 데이터입니다. 유니티는 모노, 스테레오 그리고 멀티(최대 8) 채널 오디오 애셋들을 지원합니다. 유니티는 다음의 오디오 파일 포맷들을 불러오기importing를 지원합니다. .aif, .wav, .mp3, .ogg와 트래커 모듈 애셋tracker module file formats인 .xm, .mod, .it, .s3m을 지원합니다. 트래커 모듈 애셋들의 경우 파형 미리보기waveform preview가

애셋 불러오기 인스펙터asset import inspector에서 렌더링되지 않는다는 것 외에는
유니티에 있는 모든 다른 오디오 애셋들과 같은 방식으로 작동합니다.

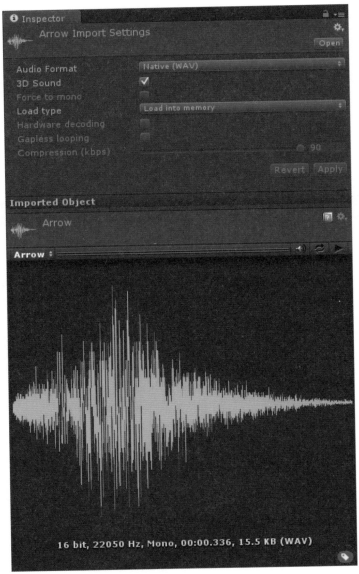

▲ **그림 8.24** 오디오 클립 인스펙터

▼ 표 8.18 오디오 클립 속성

속성	기능
Audio Format	실행 시 소리를 위해 사용될 특정 포맷
Native	파일 용량이 클수록 더 높은 퀄리티. 매우 짧은 음향 효과에 최적
Compressed	파일이 작을 수록 더 낮고 변동(variable)이 많은 퀄리티. 중간 길이의 사운드 이펙트나 음악에 최적
3D Sound	활성화되면, 소리가 3D 공간에서 재생됩니다. 모노와 스테레오 사운드 둘 다 3D로 재생될 수 있습니다.
Force to mono	활성화되면, 오디오 클릭은 하나의 채널 사운드로 다운믹스(down-mix)(여러 개가 더 적은 수로 믹스)될 것입니다.
Load Type	유니티가 실행시 오디오 애셋을 로드하는 방법
Decompress on load	로드할 때 사운드 압축을 풉니다(decompress). 즉석 비압축(decompressiong)으로 인한 성능의 오버헤드를 피하기 위해서 더 작은 압축 사운드들에 이것을 사용합니다. 로딩시 사운드 압축풀기는 그것을 메모리에 압축된 채로 놔두는 것보다 10x 정도 더 많은 메모리를 사용한다는 것을 주의해야 합니다. 그러므로 커다란 파일들에는 이것을 사용하지 마시길 바랍니다
Compressed in memory	사운드를 메모리에 압축된 채로 두었다가 재생 시 압축을 풉니다. 이것은 약간의 성능에 오버헤드가(특히 Ogg/Vorbis 압축 파일들에) 가해집니다.
Stream from disc	오디오 데이터를 디스크로부터 직접 스트림(stream). 이것은 메모리의 본래 사운드 크기의 약간을 사용합니다. 사용자의 음악 또는 매우 긴 트랙을 위해서 사용하시기 바랍니다. 하드웨어에 따라서 일반적으로 이것을 1개에서 2개의 동시간(simultaneous) 스트림 정도로 적은 수로 유지하는 것이 좋습니다.
Compression	압축(compress)된 클립에 적용되는 압축의 양. 파일 크기에 대한 통계는 슬라이더 아래에 나타납니다. 슬라이더는 사용자의 파일 크기/배포의 요구사항에 적합한 작은 크기면서도 재생이 충분히 "괜찮은" 곳에 그 슬라이더를 가져다 놓는 것이 좋습니다.
Hardware Decoding	(오직 iOS에서만) iOS 장치 위에서 압축된 오디오에 사용 가능. CPU 소모적 비압축 (intensive decompression)을 완화시키기 위해서 애플의 하드웨어 디코더를 사용합니다.
Gapless looping	(오직 안드로이드와 iOS에서만) Loop(반복 재생)를 지속시키기 위해 완벽히 루핑(looping)되는 (압축되지 않은 PCM 포맷에서의) 오디오 소스 파일을 압축할 때 이것을 사용합니다. 스탠다드 MPEG 인코더는 룹 포인트 주변에 작은 "클릭"이나 "팝"으로 재생되는 조용한 무음이 있는데, 유니티는 사용자를 위해 이것을 매끄럽게 처리합니다.

8.5.4 오디오 애셋 불러오기

유니티는 압축compressed 또는 네이티브native 오디오를 모두 지원합니다. MP3/Ogg Vorbis를 제외하고는 어떤 파일 타입이던 처음에는 네이티브로 불러오게 됩니다. 압축된 오디오 파일은 게임이 실행되고 있는 동안 CPU에 의해 압축이 풀려야 하기는 하나, 파일 크기에서는 더 작습니다. 스트림stream이 체크되면 오디오는 즉시 압축이 풀리지만, 그렇지 않을 경우 로딩할 때만 완전히 압축이 풀립니다. 네이티브 PCM 포맷(WAV, AIFF)은 CPU에 부담을 증가시키는 것 없이 더 높은 완성도를 가지는 장점이 있으나 훨씬 더 큰 파일을 생성한다는 단점이 있습니다. 모듈 파일들(.mod, .it, .s3m, .xm)은 굉장히 적은 사용 공간을 사용하면서도 매우 높은 퀄리티를 제공합니다.

일반적인 규칙에 따라서 압축된 오디오(또는 모듈)는 배경 음악이나 대화같은 긴 파일들에 가장 좋고 무압축된 것들은 짧은 사운드 이펙트에 더 좋습니다. 압축 Compression 슬라이더로 압축의 양amount을 사운드 퀄리티의 차이가 눈에 띄기 바로 전 정도로 조절합니다.

8.5.5 3D 오디오 사용

오디오 클립이 3D 사운드로 표시mark되면 그것은 게임 환경 3D 공간에서의 위치를 시뮬레이션하기 위해 재생될 것입니다. 3D 사운드는 스피커를 따라서 볼륨volume과 패닝panning(왼쪽과 오른쪽 스피커의 음량 조절)을 약하거나 강하게 조절하는 것에 의해 소리의 거리와 위치를 에뮬레이션하게 됩니다. 모노와 멀티 채널 사운드 둘 다 3D에 위치시킬 수 있습니다. 멀티 채널 오디오를 위해서 스피커 공간에서 분리된 개별 채널을 펼치고 나누기 위해서 오디오 소스Audio Source의 **스프레드** 옵션을 사용할 수 있습니다. 유니티는 3D 공간에서 오디오 행동을 제어하고 미세 조정하기 위한 다양한 옵션들을 제공합니다.

8.5.6 플랫폼별 상세 정보

iOS

모바일 플랫폼에서 압축된 오디오는 더 적은 CPU 소모적 압축풀기intensive decompression를 위해 MP3로 인코드됩니다.

성능상의 이유로 오디오 클립은 애플 하드웨어 코덱을 사용해서 재생될 수 있습니다. 이것을 활성화하기 위해서는 오디오 불러오기Audio Importer에서 '하드웨어 디코딩Hardware Decoding' 체크박스를 클릭합니다. 배경에서 실행 중인 iPod 오디오를 포함해 한 번에 오직 한 개의 하드웨어 오디오 스트림만이 비압축 가능합니다.

하드웨어 디코더를 사용 가능하지 않다면 압축풀기는 소프트웨어 디코더에게로 돌아갈 것입니다(아이폰 3GS나 더 새로운 애플의 소프트웨어에서 디코더가 유니티의(FMOD) 디코더보다 더 우선적으로 사용됩니다).

Android

모바일 플랫폼에서 압축된 오디오는 더욱 적은 CPU 소모적 압축풀기를 위해서 MP3로 인코드됩니다.

Script 폴더에 AutoSound 스크립트를 예제 8.2와 같이 작성합니다.

▼ **예제 8.2** 오디오가 플레이 완료되면 자동으로 파괴하기 위한 스크립트

```
using UnityEngine;
using System.Collections;

[RequireComponent(typeof(AudioSource))]
public class AutoSound: MonoBehaviour {
  public bool OnlyDeactivate;
  IEnumerator Start()
  {
    while(true)
```

```
        {
            // 0.5초 간격으로 오디오가 플레이 중인지 확인합니다.
            yield return new WaitForSeconds(0.5f);
            if(!audio.isPlaying)
            {
                // 오디오가 플레이 중이 아니라면 조건에 따라 비활성화하거나 파괴합니다.
                if(OnlyDeactivate)
                    gameObject.SetActive(false);
                else
                    Destroy(gameObject);
            }
        }
    }
}
```

Start 함수는 코루틴이 자동으로 호출됩니다. 어떤 게임오브젝트가 씬에 로드되어 활성화된 후 컴포넌트가 기능을 구현하기에 앞서 Delay 시간을 주는 등 유용하게 사용할 수 있습니다. 씬에 Sound_Arrow 게임오브젝트를 만들고 AutoSound 스크립트를 추가합니다. AudioSource 컴포넌트가 자동으로 추가됩니다. AudioClip 부분에 Sound/Arrow 오디오를 할당합니다. **Play On Awake**가 체크되어 있는 상태로 둡니다. Sound_Arrow를 Resources 폴더로 드래그하여 프리팹화한 후 씬에서 삭제합니다. 이제 Resources 폴더에 있는 Sound_Arrow 프리팹을 복제하여 Audio Clip만 교체해주고 각각 적절한 시기에 스크립트로 로드하면 됩니다. 다음과 같이 프리팹을 만듭니다.

1. Sound_Arrow 프리팹을 Ctrl+D 키로 복제합니다.

2. 이름을 Sound_Critical로 수정합니다.

3. Audio Source 컴포넌트의 Audio Clip을 Sound/Critical로 변경합니다.

같은 방식으로 Sound_Fireball, Sound_Hit를 제작합니다(철자에 유의합니다). ArcherControl 스크립트를 다음과 같이 수정하여 원하는 시기에 사운드가 생성되도록 해보겠습니다.

변경 함수: ShootArrow()

```
private void ShootArrow()
{
  MakeEffect("Eff_BowLight", mAttackSpot.position + new Vector3(0.75f, 0,
    0), transform);
  GameObject arrow = Instantiate(mArrowPrefab, mAttackSpot.position,
    Quaternion.identity) as GameObject;
  arrow.SendMessage("Shoot", mGameManager.TargetMonster);
  isCritical();
  if(IsCritical)
  {
    GameObject fire = MakeEffect("Eff_CriticalFire", mAttackSpot.position +
      new Vector3(0.75f, 0, 0), arrow.transform);
    fire.SetActive(true);
    MakeEffect("Sound_Critical", Vector3.zero, transform);
  }
  else{
    MakeEffect("Sound_Arrow", Vector3.zero, transform);
  }
}
```

변경 함수: Hit()

```
public void Hit(ArrayList param)
{
  int damage = (int) param[0];
  mHp -= damage;
  HudText(damage, transform.position + new Vector3(0, 3.1f, 0));
  mHpControl.Hit(damage);

  MakeEffect("Eff_Hit_Archer", (Vector3)param[1], transform);
  MakeEffect("Sound_Hit", Vector3.zero, transform);

  if(mHp <= 0)
  {
    수정 없음
  }
}
```

MonsterControl 스크립트를 다음과 같이 수정합니다.

변경 함수: Hit()

```csharp
public void Hit(Vector3 hitPos)
{
  GameObject archer = GameObject.Find("Archer");
  ArcherControl archercontrol = archer.GetComponent<ArcherControl>();

  int damage;
  if(archercontrol.IsCritical)
  {
    damage = archercontrol.GetRandomDamage() * 2;
  }
  else{
    damage = archercontrol.GetRandomDamage();
  }
  mHp -= damage;
  mHpControl.Hit(damage);

  MakeEffect("Eff_Hit", hitPos + new Vector3(0.4f, 0.2f, 0), transform);
  MakeEffect("Sound_Hit", Vector3.zero, transform);

  HudText(damage, transform.position + new Vector3(0, .7f, 0),
    archercontrol.IsCritical);

  mAnimator.SetTrigger("Damage");

  if(mHp <= 0)
  {
    수정 없음
  }
}
```

변경 함수: ShootFire()

```csharp
private void ShootFire()
{
  GameObject fire = Instantiate(mFirePrefab, mFireShootSpot.position,
    Quaternion.identity) as GameObject;
  fire.SendMessage("Shoot", this);
  MakeEffect("Sound_Fireball", Vector3.zero, transform);
}
```

9장

배포

게임을 만들다 보면 유니티 에디터^{Editor}를 벗어나 실제 서비스되는 플랫폼에서 어떻게 보일지 궁금합니다. 이 장에서는 유니티가 제공하는 다양한 플랫폼으로 빌드하는 방법에 대해 알아보겠습니다. 모든 내용을 다 볼 필요는 없습니다. 자신이 빌드할 부분을 유심히 보고 나머지 부분도 필요할 경우 참고하면 충분합니다.

9.1 퍼블리싱 빌드

인터페이스 메뉴의 File ▸ Build Settings...를 선택하면 빌드 설정창(Build Settings)이 나타납니다.

▲ **그림 9.1** 빌드 설정

최초에 빌드 설정창을 열면 Scenes In Build 부분이 비어 있습니다. 이 리스트가 비었을 때 게임을 빌드하면, 현재 열려 있는 씬Scene이 빌드됩니다. 씬들을 리스트로 추가하는 방법은 간단합니다. 첫 번째 방법은 Add Current 버튼을 클릭해 현재 씬을 추가하는 방법입니다. 두 번째 방법은 프로젝트 뷰Project Vie에서 씬 파일들을 드래그해서 리스트로 등록시킬 수 있습니다.

각 장면은 인덱스 값을 가지는데, 0번 인덱스 값을 가진 첫 번째 리스트가 빌드했을 때 처음으로 로드load되는 씬입니다. 그렇기 때문에 첫 번째 리스트에는 반드시 게임이 시작되는 가장 첫 번째 씬이 등록되어야 합니다(예를 들어 로딩 화면, 로고 화면 등 게임의 시작 부분). 리스트에서 순서가 잘못되었어도 드래그로 간단하게 순서를 바꿀 수 있습니다. 잘못 삽입된 리스트는 Delete 키로 삭제 가능합니다.

빌드를 퍼블리싱할 준비가 되었다면 플랫폼Platform을 선택하는 일이 남았습니다. 플랫폼 리스트에서 원하는 플랫폼을 클릭해 선택하고 Switch Platform 버튼을 눌러 플랫폼을 전환합니다. 유니티가 각 플랫폼에 적합하게 애셋들을 다시 설정하고 임포트합니다.

9.1.1 Platform Dependent Compilation

빌드 도중 에러가 날 경우가 있는데 대부분 각 플랫폼 간 호환되지 않는 기능을 사용한 부분에 대한 에러일 경우가 많습니다. 유니티는 특정 플랫폼에서 사용하는 코드에 대해 예외 처리가 가능합니다.

```
using UnityEngine;
using System.Collections;

public class PlatformDefines: MonoBehaviour {
  void Start () {

    #if UNITY_EDITOR
      Debug.Log("Unity Editor");
    #endif

    #if UNITY_IPHONE
      Debug.Log("Iphone");
    #endif

    #if UNITY_STANDALONE_OSX
      Debug.Log("Stand Alone OSX");
    #endif

    #if UNITY_STANDALONE_WIN
      Debug.Log("Stand Alone Windows");
    #endif
  }
}
```

마지막으로 **Build** 버튼을 눌러 적당한 경로에 저장합니다(Assets 폴더 안에는 빌드할 수 없습니다). 웹 플레이어나 PC 플랫폼의 경우 보통 바로 빌드될 수 있지만 다른 플랫폼들은 플랫폼별 설정이 필요합니다. 플랫폼별로 자세히 알아보겠습니다.

9.2 데스크탑 플랫폼 빌드

Build Settings 창에서 **PlayerSettings...** 버튼을 누르거나 메뉴바에서 **Edit ▶ ProjectSettings ▶ Player**를 선택합니다. PC, 맥, 리눅스 등 데스크탑 운영체제에서 사용이 가능하도록 빌드합니다. 상단 부분은 플랫폼 공동 설정 부분으로 기능은 표 9.1과 같습니다.

▼ **표 9.1** 플랫폼 공동 설정 부분

설정	기능
Company Name	회사 이름. 환경 설정 파일의 위치를 정하기 위해 사용됩니다.
Product Name	게임 실행 시 메뉴바에 나타나는 이름입니다.
Default Icon	플랫폼에서 사용될 프로그램 기본 아이콘(플랫폼별로 설정 가능)
Default Cursor	프로그램 실행 시 기본으로 사용하는 커서를 지정
Cursor Hotspot	커서가 작동할 위치를 지정합니다.

▲ **그림 9.2** PC, Mac & Linux Standalone 플랫폼 설정

▼ **표 9.2** PC, Mac & Linux Standalone 플랫폼 설정 옵션

속성	기능
Target Platform	플랫폼을 윈도우, 맥, 리눅스 중 하나로 설정합니다.
Architecture	프로그램이 32비트인지 64비트인지 선택합니다.
Development Build	빌드 시 디버그 심볼을 포함하고 프로파일러(Profiler)를 사용 가능하게 해줍니다.

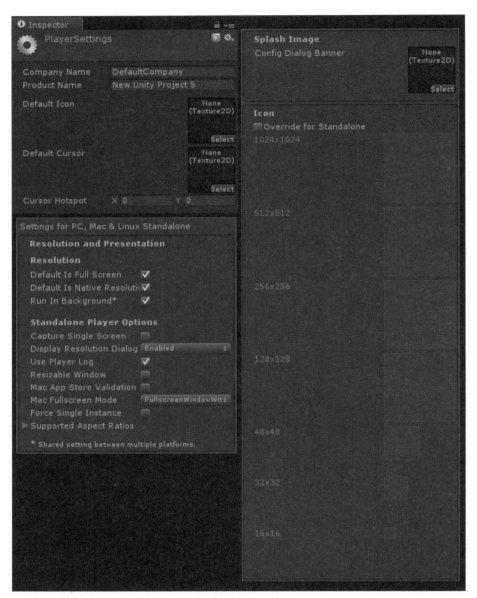

▲ **그림 9.3** PC, Mac & Linux Standalone 설정(PlayerSettings)

▼ 표 9.3 독립 실행(Standalone) 설정

분류	속성	기능
Resolution	Default Is Full Screen	기본적으로 게임 실행 시 전체화면으로 실행됨
	Default Is Native Resolution	플레이어가 기본적으로 사용할 화면 높이
	Run In Background*	포커스를 잃어도 게임이 계속 실행됩니다.
Standalone Player Options	Capture Single Screen	체크 시 다중 모니터 설정에서 전체화면 모드가 두 번째 모니터를 어둡게 하지 않습니다
	Display Resolution Dialog	게임 실행시 해상도 대화상자 생성 여부
	Use Player Log	디버그 정보와 함께 로그 파일을 기록합니다.
	Resizable Window	플레이어 윈도우를 리사이즈(Resize)할 수 있는지 여부
	Mac App Store Validation	맥 앱스토어 연동 기능을 활성화
	Mac Fullscreen Mode	• Capture Display: 현재 디스플레이를 점유해 콘텐츠를 보여줍니다. • FullScreenWindow: 최대 크기로 확대해 보여줍니다. • FullScreenWindowWithMenuBarAndDock: 최대 크로 확대하되 상단과 하단 메뉴는 보이게 설정합니다.
	Force Single Instance	싱글 인스턴스로 제한합니다. 실행 시 같은 플레이어 인스터스가 이미 실행 중이라면 경고 메시지와 함께 취소됩니다.
	Supported Aspect Ratios	프로그램이 지원하는 해상도 비율을 지정합니다.
Splash Image	Config Dialog Banner	프로젝트 실행 시 생성된 해상도 선택 윈도우에서 보여질 이미지
Icon	Override for Standalone	독립 실행 게임을 위한 커스텀 아이콘의 사용을 원하면 체크. 다른 크기의 아이콘들이 아래 정사각형들을 채워야 합니다.

9.3 웹 플랫폼 빌드

웹 플랫폼 빌드(Web-Player)는 하나의 독립 실행기가 아닌 웹 브라우저에서 배포할 수 있는 빌드입니다. 페이스북 등에서 게임을 서비스할 때 웹 플랫폼 빌드를 사용할 수 있습니다.

▲ **그림 9.4** Web-Player 플랫폼 설정

▼ **표 9.4** PC, Mac & Linux Standalone 플랫폼 설정 옵션

속성	기능
Streamed	첫 번째 씬이 로딩될 경우 바로 실행되는 스트리밍 기능을 활성화합니다.
Offline Deployment	오프라인에서도 웹 플랫폼 결과물을 확인할 수 있도록 자바스크립트 파일이 제공됩니다.

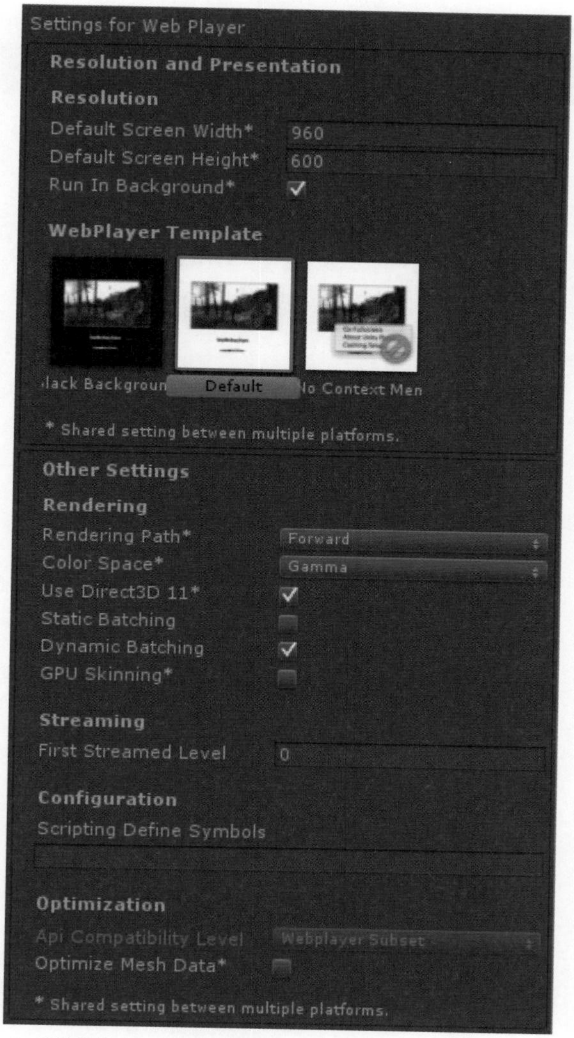

Settings for Web Player

Resolution and Presentation

Resolution

Default Screen Width*   960

Default Screen Height*   600

Run In Background*   ✓

WebPlayer Template

Black Backgroun   Default   No Context Men

* Shared setting between multiple platforms.

Other Settings

Rendering

Rendering Path*   Forward

Color Space*   Gamma

Use Direct3D 11*   ✓

Static Batching   ☐

Dynamic Batching   ✓

GPU Skinning*   ☐

Streaming

First Streamed Level   0

Configuration

Scripting Define Symbols

Optimization

Api Compatibility Level   Webplayer Subset

Optimize Mesh Data*   ☐

* Shared setting between multiple platforms.

▲ **그림 9.5** Web-Player 설정

▼ **표 9.5** Web–Player 설정 설정

분류	속성	기능
Resolution	Default Screen Width	플레이어가 생성되는 화면 넓이
	Default Screen Height	플레이어가 생성되는 화면 높이
	Run in background	플레이어가 포커스를 잃었을 때 게임 실행을 멈추고 싶지 않다면 체크합니다.
WebPlayer Template	Default	웹 페이지 탬플릿을 선택합니다.
Rendering	Rendering Path	독립 실행(Standalone)과 웹플레이어(Web–player)에서 공유되는 속성입니다. • Vertex Lit: 정점 단위로 계산, 품질이 낮고 그림자 지원 안 함 • Forward: 픽셀 단위로 계산, 빛이 많을수록 계산량 증가, 가장 일반적인 방식 • Deferred Lighting: 빛과 그림자 최대 지원(어느 정도의 하드웨어 지원 필요) 실시간 빛에 최적합
	GPU Skinning	커스텀 셰이더 필요 없이 자동으로 수행, 다이렉트X 11, OpenGL ES 3.0과 Xbox 360에서 동작. 다른 플랫폼에서는 CPU 스키닝 사용
Streaming	First Streamed Level	스트리밍 기능을 설정한 경우 첫 번째로 보여질 씬의 인덱스를 지정합니다.
Configuration	Scripting Define Symbols	지정된 빌드 타깃 그룹에 대한 스크립트 편집을 위해 사용자 지정 기호를 설정합니다.
Optimization	Api Compatibility Level	항상 비활성화되어 있습니다. 웹 플랫폼으로 빌드할 경우 언제나 WebPlayer용으로 제작된 닷넷 라이브러리를 사용해야 합니다.
	Optimize Mesh Data	기본으로 버텍스 캐시 최적화(Vertex Cache Optimiztion)를 수행하므로, GPU에서 캐시 히트율을 높일 수 있게 배치를 바꿉니다.

9.4 안드로이드 플랫폼 빌드

안드로이드 애플리케이션의 빌드 과정은 다음과 같은 두 단계로 이루어집니다.

1. 모든 필요한 라이브러리들과 직렬화된 애셋들과 함께 애플리케이션 패키지 (.apk 파일)가 생성됩니다.

2. 애플리케이션 패키지는 실제 디바이스에 배치^{deploy}됩니다.

Build settings 창에서 Build 버튼을 누르면, 첫 번째 단계가 이루어집니다. Build and Run을 누르면 두 단계 모두가 수행됩니다. Ctrl+B 키를 사용하면, 자동 빌드와 실행 프로세스가 호출되고, 최근의 사용된 폴더가 빌드 타깃으로 간주됩니다.

안드로이드 프로젝트를 빌드하는 첫 번째 시행에서, 유니티는 안드로이드 애플리케이션을 빌드하고 인스톨하는 데 필요한 안드로이드 SDK를 위치시킬 것을 요청합니다. 이 설정들을 나중에 메뉴의 Edit > Preferences...에서 변경할 수 있습니다.

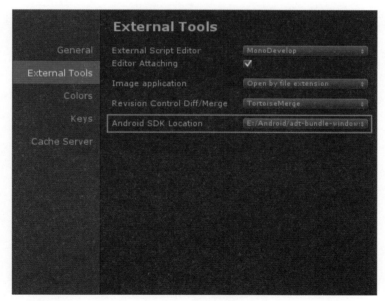

▲ 그림 9.6 Preferences

9.4.1 안드로이드 SDK 설치

먼저 안드로이드 SDK가 동작하기 위해서는 JDK가 설치되어 있어야 합니다. 설치되지 않은 경우 다음의 경로를 통해 JDK를 다운로드해 설치합니다.

http://www.oracle.com/technetwork/java/javase/downloads/index.html

▲ **그림 9.7** JDK 다운로드 링크

Java SE Development Kit 8u11		
You must accept the Oracle Binary Code License Agreement for Java SE to download this software.		
◯ Accept License Agreement ⦿ Decline License Agreement		
Product / File Description	**File Size**	**Download**
Linux x86	133.58 MB	⬇ jdk-8u11-linux-i586.rpm
Linux x86	152.55 MB	⬇ jdk-8u11-linux-i586.tar.gz
Linux x64	133.89 MB	⬇ jdk-8u11-linux-x64.rpm
Linux x64	151.65 MB	⬇ jdk-8u11-linux-x64.tar.gz
Mac OS X x64	207.82 MB	⬇ jdk-8u11-macosx-x64.dmg
Solaris SPARC 64-bit (SVR4 package)	135.66 MB	⬇ jdk-8u11-solaris-sparcv9.tar.Z
Solaris SPARC 64-bit	96.14 MB	⬇ jdk-8u11-solaris-sparcv9.tar.gz
Solaris x64 (SVR4 package)	135.7 MB	⬇ jdk-8u11-solaris-x64.tar.Z
Solaris x64	93.18 MB	⬇ jdk-8u11-solaris-x64.tar.gz
Windows x86	151.81 MB	⬇ jdk-8u11-windows-i586.exe
Windows x64	155.29 MB	⬇ jdk-8u11-windows-x64.exe

▲ **그림 9.8** 32비트와 64비트 다운로드 링크

JDK와 SDK가 모두 설치된 후 빌드 시 에러가 발생될 경우가 있는데, 64비트 JDK가 설치된 경우라면 32비트로 재설치했을 때 해결되는 경우가 있습니다.

JDK 설치가 완료되었다면 안드로이드 SDK를 설치하기 위해 다음 경로에서 다운로드해 설치를 진행합니다.

http://developer.android.com/sdk/index.html

▲ **그림 9.9** 안드로이드 SDK 다운로드

파란색 Download Eclipse ADT 버튼을 눌러 SDK를 다운로드합니다. 다운이 완료되면 압축을 풉니다. eclipse와 sdk 폴더가 있는데 지정한 폴더로 이동시킵니다 (해당 경로에 그대로 두어도 됩니다).

유니티로 돌아가서 메뉴의 Edit ▸ Preferences...에서 External Tools ▸ Android SDK Location에서 방금 다운로드해 이동시킨 sdk 폴더로 경로를 지정합니다. 사용하고 있는 안드로이드 폰의 USB 드라이버가 깔려 있지 않다면 해당 제조사의 홈페이지에서 드라이버를 먼저 설치해야 합니다. 또한, 안드로이드 폰의 디바이스 관리 메뉴(폰마다 다른 메뉴에 존재합니다)에서 **알 수 없는 출처** 부분에 체크가 되어 있어야만 유니티 빌드가 가능합니다. 요약하면 다음과 같습니다.

1. JDK 설치하기

2. Android SDK 다운로드해 설치하기

3. 유니티에서 sdk 폴더 지정하기

4. 사용 중인 스마트 디바이스의 USB Driver 설치하기

5. 스마트 폰 관리의 **알 수 없는 출처** 부분 체크하기 이 내용 중 하나라도 빠지면 빌드가 실패합니다. 하나씩 꼼꼼하게 체크하면서 진행합니다.

9.4.2 안드로이드 빌드 설정

모든 설치가 끝났다면 빌드 설정 부분을 살펴보겠습니다. 메뉴의 **Edit ›** **Project Settings › Player**를 선택하거나 **Ctrl+Shift+B** 키로 빌드 설정창을 연 후 **PlayerSettings...** 버튼을 눌러도 됩니다. **Platform**에서 **Android**를 선택합니다.

▲ **그림 9.10** 안드로이드 플랫폼 설정

▼ **표 9.6** 안드로이드 플랫폼 설정 옵션

속성	기능
Texture Compression	텍스처 애셋 중 Automatic Compressed가 설정된 텍스처들은 하나의 텍스처 압축 방식으로 오버라이드할 수 있습니다.
Google Android Project	결과물이 apk 대신 이클립스용 프로젝트 폴더가 제작됩니다. 이는 이클리스에서 불러들여 사용할 수 있습니다.

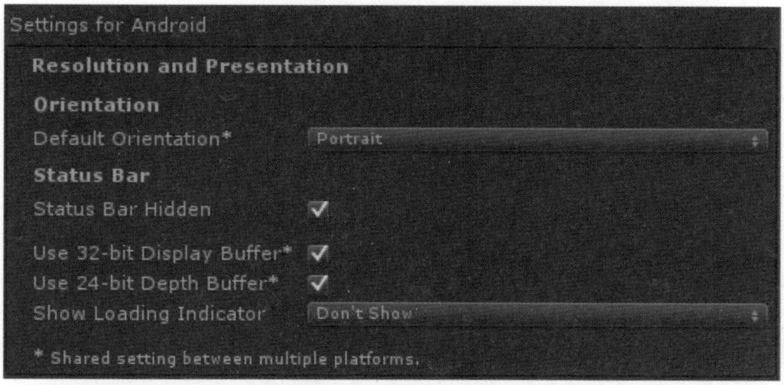

▲ **그림 9.11** 안드로이드 빌드 설정(Resolution and Presentation)

▼ **표 9.7** 안드로이드 빌드 설정 옵션

분류	속성	기능
Orientation	Default Orientation	• iOS와 안드로이드 장치에서 공유하는 설정입니다. • Portrait: 세로 모드, 홈 버튼이 아래쪽에 위치합니다. • Portrait Upside Down: 뒤집어진 세로 모드, 홈 버튼이 상단에 위치합니다. • Landscape Right: 가로 모드, 홈 버튼이 좌측에 위치합니다. • Landscape Left: 가로 모드, 홈 버튼이 우측에 위치합니다.
Status Bar	Status Bar Hidden	상태 바를 숨깁니다.
	Use 32-bit Display Buffer*	32bit 생상 값(기본값 16bit)을 지원하기 위한 디스플레이 버퍼를 생성해야 하는지를 정합니다. 퍼포먼스에 영향을 줄 수 있으므로 색상 밴딩이 있을 때만 사용하십시오.
	Use 24-bit Depth Buffer*	24비트 뎁스 버퍼를 사용할지 여부
	Show Loading Indicator	로딩 시 로딩 아이콘을 띄웁니다.

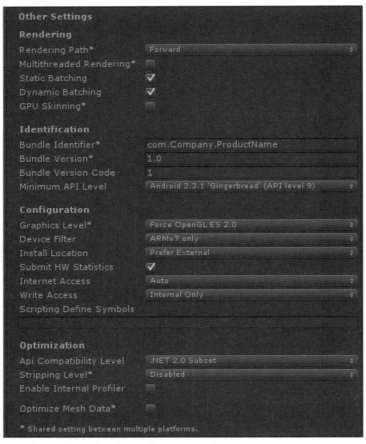

▲ **그림 9.12** 안드로이드 빌드 설정(Other Settings)

▼ **표 9.7** 안드로이드 빌드 설정 옵션

분류	속성	기능
Rendering	Rendering Path*	• Vertex Lit: 정점 단위로 계산, 품질이 낮고 그림자 지원 안 함 • Forward: 픽셀 단위로 계산, 빛이 많을수록 계산량 증가, 가장 일반적인 방식 • Deferred Lighting: 빛과 그림자 최대 지원(어느 정도의 하드웨어 지원 필요) 실시간 빛에 최적합

(이어짐)

분류	속성	기능
	Multithreaded Rendering*	• 대부분의 렌더링과 드라이버 오버헤드는 멀티코어 시스템의 다른 CPU 코어에서 작동 • 사용자가 특별히 설정할 필요 없이 알아서 작동 • 현재 PC/ Mac/ Xbox 360에서만 가능하며 웹 플레이어에서는 아직 적용 안 됨
	Static Batching	빌드시 Static batching 사용을 원할 시 체크(기본으로 활성화되어 있음). Unity Pro에서만 지원
	Dynamic Batching	빌드시 Dynamic Batching 사용을 원할 시 체크(기본적으로 활성화되어 있음).
	GPU Skinning*	커스텀 셰이더 필요 없이 자동으로 수행, 다이렉트X 11, OpenGL ES 3.0과 Xbox 360에서 동작. 다른 플랫폼에서는 CPU 스키닝 사용.
Identification	Bundle Identifier*	사용자의 애플 개발자 네트워크 계정에서 사용자 공급 인증에 사용되는 문자열(이것은 iOS와 안드로이드에서 공유됩니다)
	Bundle Version*	번들의 버전을 정합니다.
	Bundle Version Code	내부 버전 넘버. 최종 유저는 볼 수 없으며 숫자가 높을수록 최신 버전입니다.
	Minimum API Level	프로그램이 동작할 수 있는 최소 레벨의 안드로이드 SDK 레벨을 지정합니다.
Configuration	Graphics Level*	OpenGL ES 라이브러리의 버전을 선택합니다. 디바이스에 따라 설정이 다른 결과를 보일 수 있습니다. 타깃 디바이스에 대한 조사와 테스트를 거친 후 설정합니다.
	Device Filter	빌드 대상이 되는 안드로이드 기종을 지정합니다.
	Install Location	프로그램을 설치할 위치를 지정합니다. 내장과 SD카드 모두 가능하며 보통 Automatic으로 설정합니다.
	Submit HW Statistics	이 옵션이 체크되면 앱이 실행될 때 통계 정보를 유니티에 전송합니다. 이 정보는 http://stats.unity3d.com에서 확인할 수 있습니다.
	Internet Access	인터넷 사용 여부를 체크합니다. 네트워크 게임의 경우 Require로 체크해줍니다.
	Write Access	지정 경로를 외부로 설정한 경우 프로그램에 SD 카드에 쓰기 권한을 설정합니다.
	Scripting Define Symbols	지정된 빌드 타깃 그룹에 대한 스크립트 편집을 위해 사용자 지정 기호를 설정합니다.

(이어짐)

분류	속성	기능
Optimization	Api Compatibility Level	활성화된 .NET API profile을 지정합니다.
	Stripping Level*	빌드된 플레이어 크기를 줄이기 위해 스크립팅 기능들을 제거하는 옵션(iOS와 안드로이드가 공유하는 설정)
		Disabled: 사용 안 함
		Strip Assemblies: 어셈블리에서 참조되지 않는 불필요한 부분 제거
		Strip ByteCode: Strip Assemblies 과정을 수행하고 어셈블리 코드도 추가로 제거
		Use micro mscorlib: 위의 두 과정을 모두 수행하고 시스템 기본 라이브러리를 micro 버전으로 대체합니다.
	Enable Internal Profiler	안드로이드 로그 시스템인 로그캣으로부터 로그 메시지를 받아 콘솔 창에 뿌리게 설정합니다.
	Optimize Mesh Data*	기본으로 버텍스 캐시 최적화(Vertex Cache Optimiztion)를 수행하므로, GPU에서 캐시 히트율을 높일 수 있게 배치를 바꿉니다.

다른 부분은 Default 상태로 두어도 테스트하는 데 별 지장이 없지만 **Bundle Identifier**가 지정되지 않으면 빌드가 불가능합니다.

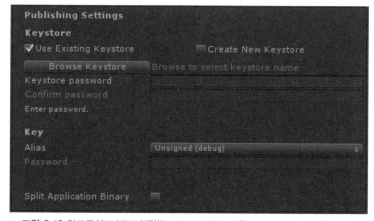

▲ **그림 9.13** 안드로이드 빌드 설정(Publishing Settings)

분류	속성	기능
Keystore	Using Existing Keystore/ Create New Keystore	새로운 Keystore를 사용하기 위해 사용합니다. 그렇지 않으면 기존의 Keystore를 사용합니다.
	Browse Keystore	기본 Keystore를 선택하게 해줍니다.
	Keystore password	Keystore를 위한 암호
Key	Alias	서명에 사용할 키입력
	Password	키를 생성할 때 설정한 암호 입력
	Split Application Binary	최종 제작된 앱의 크기가 50메가가 넘어가는 경우 구글 플레이 마켓에는 이를 별도로 분리해 올려야 합니다. 체크하면 공용 리소스와 첫 번째 씬을 묶어 등록을 위한 초기 apk 파일과 나머지 씬 정보를 분리해 obb 파일 형식으로 저장해줍니다.

테스트만을 위한 경우에는 당장은 작성하지 않아도 됩니다. 모든 설정이 완료되었으면 테스트 기기를 컴퓨터에 연결하고 Build Settings 창에서 Build 버튼을 눌러 빌드하면 됩니다.

팁

빌드 시 에러가 나는 경우

여러 가지 경우가 있지만 다음과 같은 케이스들을 살펴보고 수정하면 도움이 됩니다.

1. JDK가 설치되어 있는가, 설치되었다면 32비트와 64비트를 번갈아 설치해본다.

2. Error building Player:Exception:android(invocation failed) 에러가 표시될 경우는 안드로이드 sdk 폴더의 build-tools/android-4.4W 폴더 안의 파일들을 sdk 폴더의 platform-tools 폴더 안에 덮어 씌워 준 후 유니티에서 경로 설정을 다시 해줍니다.

3. 테스트 기기의 USB 드라이버가 컴퓨터에 설치되어 있는가?

4. 테스트 기기의 '알 수 없는 출처'(Allow mock locations) 부분이 체크되어 있는가?

5. sdk가 한글 경로에 설치되어 있지 않은가?

6. Bundle Identifier를 작성했는가?

이러한 해결책을 참고할 수 있습니다.

9.5 IOS 플랫폼 빌드

iPhone/iPad 애플리케이션의 빌드 과정은 다음 두 단계로 이루어집니다.

1. XCode 프로젝트가 모든 필요한 라이브러리들, 프리컴파일precompile된 .NET 코드, 직렬화된 애셋들과 함께 생성됩니다.

2. XCode 프로젝트는 실제 디바이스 위에 빌드되고 배치됩니다.

Build settings 창에서 Build 버튼을 누르면, 첫 번째 단계가 수립됩니다. Build and Run을 누르면 두 스텝 모두를 수행합니다. 유저가 프로젝트 저장 대화창에서 이미 존재하는 폴더를 선택하면, 경고 메시지가 표시됩니다. 이 경우 선택할 수 있는 두 개의 XCode 프로젝트 생성 모드들이 있습니다.

- replace 타깃 폴더로부터의 모든 파일들이 제거되고 새로운 콘텐츠들contents 이 생성됩니다
- append "Data", "Libraries"와 프로젝트 루트 폴더는 청소되고, 새롭게 생성된 콘텐츠들로 채워집니다.

Ctrl+B로, 자동 빌드와 실행 프로세스가 호출되고, 최근의 사용된 폴더가 빌드 타깃으로 간주됩니다. 이 경우 append 모드가 디폴트로 간주됩니다.

9.5.1 애플 개발자 계정 생성

사용자가 유니티 iOS 게임을 실제 디바이스에서 사용하기 전에 사용자는 사용자의 애플 개발자 계정이 승인 받고 설정될 필요가 있습니다(또한, 맥이 필요합니다). 계정이 생성되면 사용자의 팀을 정하는 것, 사용자의 기기를 추가하는 것 그리고 사용자의 표준 프로필 설정을 해야 합니다. 이 모든 셋업은 애플의 개발자 웹사이트를 통해서 실행됩니다. 이 과정은 매우 복잡합니다. 특히 맥을 사용해본 적이 없는 사용자라면 더욱 그러합니다. 지금부터 기본적인 가이드 라인

을 알려드리겠지만 가장 좋은 것은 Apple's iPhone Developer portal(https://
developer.apple.com/devcenter/ios/index.action)로부터 지시사항을 하나씩 차례대
로 따르는 것입니다.

사용자의 iOS 게임을 출시하기 전에 필요한 절차들입니다.

1. iPhone/iPad 개발을 위한 개발자 등록을 합니다.

   애플 웹사이트(http://developer.apple.com/iphone/program/)를 통해 가능합니다.

2. 운영체제를 업그레이드하고 아이튠즈^{iTunes}를 설치합니다.

   이것은 iPhone SDK를 쓰기 위한 필요사항이며 SDK를 사용하기 위한 최신
   의 OS 버전과 SDK 버전을 체크해줍니다.

3. iPhone SDK을 다운로드합니다.

   iPhone dev center에 가서 로그인합니다. 최신 iPhone SDK를 다운로드해
   설치합니다. 베타 버전의 SDK는 다운로드할 필요가 없습니다. 최신 버전만
   을 받습니다. iPhone SDK를 다운로드하고 설치하면 XCode도 설치됩니다.

4. XCode를 설정합니다.

   XCode를 실행한 후 Apple Developer Program에 가입한 계정으로 로
   그인하면 모든 설정이 자동으로 설정됩니다. 가입을 하지 않았다면 Join a
   Program으로 가입이 가능합니다. 배포할 때 기본적으로 번들 구분자^{Bundle}
   ^{Identifier}는 작성해줘야 기본적인 빌드가 가능합니다. 유니티에서 iOS 빌드옵
   션 중에 작성했던 번들 구분자를 똑같이 작성해야 합니다. 관련 내용은 '9.5.2
   iOS 빌드 설정'에서 다룹니다.

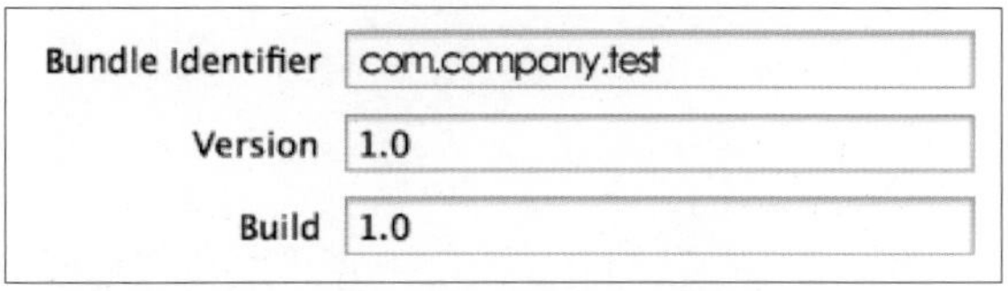

Bundle Identifier	com.company.test
Version	1.0
Build	1.0

▲ **그림 9.14** XCode에서 번들 구분자(Bundle Identifier) 설정

5. 앱을 설치하고 실행합니다.

XCode가 실행된 상태에서 개발 가능한 디바이스를 맥에 연결합니다. Project Navigator ❯ destination Scheme에서 등록된 아이폰을 선택합니다. XCode의 Run 버튼을 누르면 디바이스에 앱을 설치 후 실행시킬 수 있습니다.

9.5.2 iOS 빌드 설정

모두 설치되었다면 빌드 설정 부분을 살펴보겠습니다. 메뉴의 Edit ❯ Project Settings ❯ Player를 선택하거나 Ctrl+Shift+B로 빌드 설정창을 연 후 PlayerSettings... 버튼을 눌러도 됩니다. Platform에서 iOS를 선택합니다. 안드로이드 설정과 겹치지 않는 부분을 위주로 설명하겠습니다.

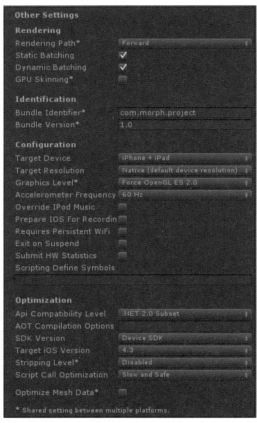

▲ **그림 9.15** iOS 플랫폼 설정(Other Settings)

▼ 표 9.9 iOS 플랫폼 설정 옵션

분류	속성	기능
Configuration	Target Device	목표로 할 디바이스를 정합니다.
	Target Resulution	목표 해상도를 설정합니다.
	Accelerometer Frequency	가속도 센서의 체크 주기. 사용하지 않을 경우 Disabled로 설정하여 불필요한 작업을 줄입니다.
	Override IPod Music	멀티 태스팅이 가능한 iOS 버전에서 프로그램이 일시 정지되어 백그라운드에 있을 시 종료되어야 하는지를 지정합니다.
	Requires Persistent Wifi	프로그램이 와이파이가 필요한지 지정합니다. 프로그램이 실행되는 동안 iOS가 와이파이 접속을 유지합니다.
	Exit on Suspend	홈 버튼을 눌러 프로그램이 백그라운드로 전활될 때 상태를 유지할지, 종료할지 결정합니다. 체크되면 종료됩니다.
Optimization	AOT Compilation Options	추가적인 AOT 컴파일러 옵션
	SDK Version	Xcode에서의 빌드를 위한 iPhone OS SDK 버전을 지정합니다.
	Target iOS Version	완성된 프로그램이 실행될 가장 낮은 iOS 버전을 지정합니다.
	Script Call Optimization	실행시 속도 증가를 위한 익셉션 핸들링을 선택적으로 비활성화 • Slow and Safe: 장치에서 성능에 영향을 줄 수 있는 풀 익셉션 핸들링을 함 • Fast but no Exceptions: 장치에서 익셉션을 처리하지 않지만 게임이 빨라짐

모든 설정이 완료되었으면 테스트 기기를 컴퓨터에 연결하고 빌드 설정창에서 Build 버튼을 눌러 빌드하면 Xcode 프로젝트가 실행됩니다. Xcode에서 플레이 버튼을 눌러 빌드를 시작할 수 있습니다.

9.6 정리

9장에서는 플랫폼별로 배포하는 방법에 대해 알아봤습니다. 유니티는 여러 플랫폼에 배포할 수 있다는 큰 이점이 있지만 플랫폼별 특징을 알아야만 배포가 가능합니다. 또한, 플랫폼에 대한 이해 없이 빌드를 하게 되면 잘못된 옵션 하나로 큰 성능 저하를 가져올 수도 있습니다.

사용하고자 하는 타깃 플랫폼을 명확히 하고 플랫폼에 대한 선행 지식을 쌓고 테스트를 반복하시기 바랍니다. '부록. 유니티 개발자가 꼭 알아야 할 게임 제작 이론과 중요 컴포넌트'에서는 게임을 다루기 위한 기본 개념들에 대해 다룹니다. 지금까지 예제를 다루며 가볍게 다뤘던 부분에 대한 설명도 합니다.

모든 내용을 처음부터 다 아는 것은 쉽지 않습니다. 먼저 유니티에 익숙해지고 유니티를 가지고 여러 가지를 실험해보는 것도 좋을 것입니다. 그 이후에 하나씩 부록 페이지를 통해 알아가기 바랍니다.

부록

유니티 개발자가 꼭 알아야 할 게임 제작 이론과 중요 컴포넌트

A.1 좌표계

좌표계Coordinate System는 n차원 공간의 각 지점을 표현하는 방법입니다. n은 차원 수를 의미하는데, 여기서 n은 2라고 가정하고 설명하겠습니다. 즉, 2차원 좌표계에 대해서만 알아봅니다.

수학 시간에 좌표계를 배웠다면 그림 A.1과 같은 2차원 좌표계가 익숙할 것입니다.

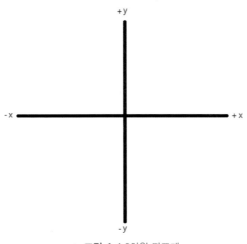

▲ **그림 A.1** 2차원 좌표계

가로 x축, 세로 y축 그리고 이러한 가로축과 세로축이 교차하는 지점을 원점 (0, 0)으로 표기합니다. 즉, 어떠한 점을 표현할 때 (x, y)로 이루어진 순서쌍을 이용해 표현합니다. x, y의 값이 무엇인지에 따라 좌표계에서 점의 위치가 결정됩니다. 이때 x, y 값들은 양수, 음수를 가질 수 있고 x축의 경우 양수는 오른쪽으로 향하고 음수는 왼쪽으로 향합니다. y축의 경우는 양수의 경우 위쪽, 음수의 경우 아래쪽을 향합니다. 이것이 우리가 수학 시간에 배웠던 2차원 좌표계 모습입니다.

이제 (5, 3)이라는 순서쌍이 좌표계에서 어디에 있는지 확인해보겠습니다.

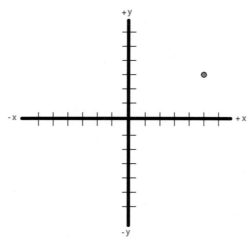

▲ **그림 A.2** (5, 3)을 좌표계에 표시한 모습

양의 x 값 5, 양의 y 값 3에 위치한 점을 좌표계에 표시했습니다. 좌표계를 이용해 원하는 위치를 표현할 수 있습니다. 이때 중요한 점은 기준점이 어디에 있느냐 하는 것입니다. (5, 3)이라는 값은 x축과 y축이 교차하는 지점 (0, 0)을 기준으로 양의 x 값 5, 양의 y 값 3을 의미합니다.

지금까지 알아본 좌표계는 우리가 수학 시간에 배운 좌표계의 정의입니다. 이제 모니터 좌표계를 알아보겠습니다. 우리가 사용하고 있는 모니터는 2차원만 표현이 가능합니다.

▲ **그림 A.3** 가상의 모니터

가상의 모니터를 준비했습니다. 모니터는 화면에 픽셀을 출력해 우리가 볼 수 있게 해줍니다. 이때 모니터의 좌표계라는 것이 존재하는데 이 좌표계를 이용해서 이미지를 표현합니다. 그렇다면 모니터 좌표계의 원점은 어디일까요?

이전에 수학 좌표계에서는 화면의 가운데가 원점 (0, 0)이었습니다. 모니터 좌표계는 어떨까요? 보통 모니터 좌표계는 모니터의 왼쪽 상단을 원점 (0, 0)으로 표현합니다.

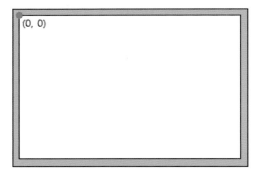

▲ **그림 A.4** 모니터 좌표계의 원점은 왼쪽 상단에 있습니다

그렇다면 앞서 수학 좌표계에서 표현되었던 (5, 3)이라는 지점은 모니터 좌표계에서 보면 어디에 나타날까요?

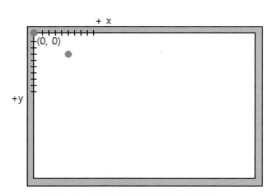

▲ **그림 A.5** 모니터 좌표계에서 (5, 3)의 위치

모니터 좌표계에서는 (5, 3)의 위치가 수학 좌표계에서의 위치와 다릅니다. 그 이유는 y축의 양의 방향이 위쪽이 아니라 아래쪽으로 향하기 때문입니다. 즉 y의 값이 증가할수록 화면 아래로 내려갑니다. 이처럼 2차원 좌표계를 표현하는데 수학 좌표계와 모니터 좌표계처럼 차이점이 존재합니다. 이러한 차이점을 잘 숙지하기 바랍니다.

A.2 로컬 좌표계

앞서 좌표계에서 한 지점을 표현할 때 하나의 순서쌍 (x, y)로 표현했습니다. 이때 x, y 값들은 모두 원점 (0, 0)을 기준으로 양/음의 값이었습니다. 예를 들어 (5, 3)이라는 좌표 값을 다시 생각해보겠습니다. (5, 3)은 원점 (0, 0)을 기준으로 x축 양의 5, y축 양의 3이었습니다. 이렇게 표현된 순서쌍들을 로컬 좌표계에서의 지점들이라고 말할 수 있습니다. 그렇다면 로컬 좌표계라는 것은 어떤 것일까요?

예를 들어 여자 캐릭터가 하나 있다고 가정하겠습니다.

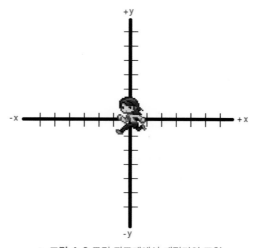

▲ 그림 A.6 로컬 좌표계에서 캐릭터의 표현

캐릭터의 중심이 되는 부분이 2차원 좌표계(수학 좌표계)에서 원점에 위치한다고 생각해보겠습니다. 게임에 모자를 쓸 수 있는 기능이 추가되어 모자를 추가해야 합니다. 그렇다면 모자를 씌우기 위해 모자의 위치를 어떻게 표현해야 할까요?

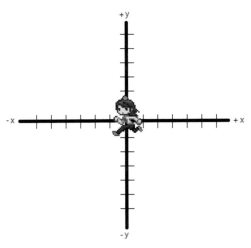

▲ **그림 A.7** 로컬 좌표계에서 캐릭터의 모자 위치를 표현

그림의 빨간색 점의 위치가 모자의 위치가 될 것인데 어림잡아 (0, 1.5) 정도가 되어 보입니다. 이때 (0, 1.5)는 y축 양의 방향으로 1.5라는 뜻입니다. 현재 모자의 위치 값은 (0, 1.5)이고 로컬 좌표계의 원점 (0, 0)을 기준으로 표현되어 있습니다. 또 다른 예로 캐릭터의 왼쪽 손의 위치는 어떻게 될까? 어림잡아 (1, 0) 정도 되어 보입니다. 여기서 중요한 점은 캐릭터의 위치는 원점 그 자체입니다. 질문을 던져보겠습니다. "여자 캐릭터는 어디에 위치할까요?"

A.3 월드 좌표계

여자 캐릭터의 중심을 원점 (0, 0)으로 두고 모자의 위치나 왼쪽 손의 위치를 표현했습니다. 그렇다면 여자 캐릭터가 한 명이 아니라 여러 명일 경우에 각각의 여자 캐릭터의 위치를 어떻게 표현해야 할까요?

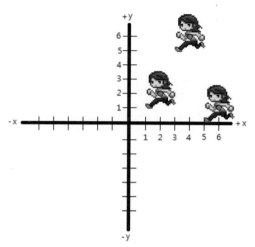

▲ **그림 A.8** 월드 좌표계에서 캐릭터 3명의 위치 표현

월드 좌표계에 3명의 캐릭터가 위치하고 있으며 이 캐릭터들의 위치는 각각 (2, 2), (4, 6), (6, 1)로 표현됩니다. 캐릭터는 캐릭터 스스로 로컬 좌표계를 가지고 있는데 (4, 6)에 위치한 캐릭터에 로컬 좌표계를 표현해보면 그림 A.9와 같습니다.

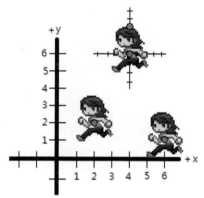

▲ **그림 A.9** (4, 6)에 위치한 캐릭터의 로컬 좌표계를 표현: 빨간색은 원점이고 초록색 점은 모자의 위치

(2, 2), (4, 6), (6, 1)은 우리가 캐릭터의 위치를 표현하기 위해서 사용한 정점이고 이전 로컬 좌표계에서 모자의 위치는 로컬 좌표계에서 (0, 1.5)에 있었습니다. 현재 초록색으로 표현된 점이 로컬 좌표계에서의 모자 위치입니다. (0, 1.5)라는 값은 로컬 좌표계의 값이고 월드 좌표계에서 모자의 위치는 각각 캐릭터의 위치에 따라 다릅니다. 예를 들어 (4, 6)에 있는 캐릭터의 모자 위치는 다음과 같이 계산할 수 있습니다.

> 월드 좌표계에서 모자의 위치 = 월드 좌표계에서의 캐릭터의 위치 + 로컬 좌표
> 계에서의 모자의 위치

즉, (4, 7.5) = (4+0, 6+1.5)가 되며 월드 좌표계에서 모자의 위치는 (4, 7.5)가 됩니다. 로컬 좌표계에서 위치 값을 표현해서 좋은 점은 월드 좌표계에서 캐릭터의 위치가 변경되어도 로컬 좌표계에서 표현된 지점의 위치를 언제나 쉽게 구할 수 있다는 점입니다.

가령 캐릭터의 왼쪽 손에 어떤 아이템을 부착시킨다고 생각해보겠습니다. 그렇다면 캐릭터의 원점(로컬 좌표계의 원점)에서 왼쪽 손의 위치 값을 얻고 실제 월드상에서 검의 위치 값을 설정할 때는 앞서 살펴본 수식을 이용해 위치를 얻을 수 있습니다.

여기서 한 가지 명심해야 할 점은 로컬 좌표계, 월드 좌표계의 구분은 사실 의미가 없고 "두 개의 좌표계 사이에 어떠한 관계가 있는가"가 중요합니다. 예를 들어 캐릭터의 위치를 표현한 월드 좌표계가 있고 이 안에 존재하는 캐릭터의 로컬 좌표계에 존재하는 아이템의 로컬 좌표계와 같이 계속해서 재귀적으로 가질 수 있습니다.

A.4 유니티에서 부모 좌표계와 자식 좌표계의 표현

로컬 좌표계, 월드 좌표계를 배우면서 "두 개의 좌표계 사이에 어떠한 관계가 있는가"가 중요하다고 했습니다. 이것은 부모-자식 간의 관계로 표현 가능한데 유니티에서는 자식으로 삼을 게임오브젝트를 부모 게임오브젝트의 자식으로 등록하는 것으로 구현 가능합니다.

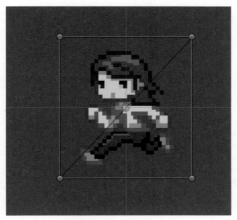

▲ **그림 A.10** 여자 캐릭터 배치

여자 캐릭터를 배치하고 월드에서 위치는 **(0, 0, 0)**으로 설정하겠습니다.

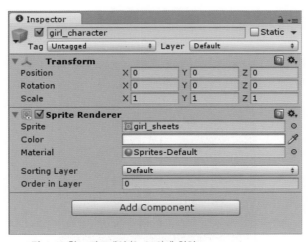

▲ **그림 A.11** 월드 좌표계의 (0, 0, 0)에 위치

이제 캐릭터가 칼을 들고 있게 할 것인데 이때 칼은 캐릭터의 자식으로 만듭니다.

▲ **그림 A.12** 칼(sword)은 여자 캐릭터의 자식으로 되어 있습니다

칼도 게임오브젝트이기 때문에 위치 값을 갖는데 현재는 여자 캐릭터와 마찬가 지로 (0, 0, 0)으로 되어 있습니다.

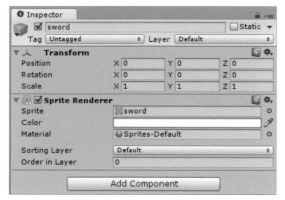

▲ **그림 A.13** 칼의 위치도 여자 캐릭터와 마찬가지로 (0, 0, 0)에 위치

이제 화면을 보면 여자 캐릭터와 칼의 이미지가 겹쳐 있습니다.

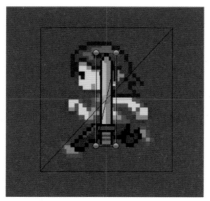

▲ **그림 A.14** 여자 캐릭터와 칼의 이미지가 겹쳐 있습니다

현재 여자 캐릭터가 부모, 칼은 자식으로 되어 있습니다. 이때 여자 캐릭터의 위치가 변경되면 칼은 자식으로 표현되었기 때문에 여자 캐릭터를 따라가게 된다. 이제 칼의 위치를 변경해보겠습니다.

▲ 그림 A.15 칼의 위치를 변경한 모습

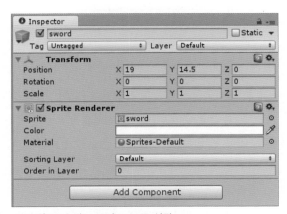

▲ 그림 A.16 x는 19, y는 14.5로 설정

여기서 중요한 점은 칼의 x, y의 값은 여자 캐릭터의 로컬 좌표계에서의 값입니다. 이제 여자 캐릭터를 여러 개 복사해서 다양한 위치에 배치해도 올바르게 캐릭터와 칼을 표시할 수 있습니다.

▲ **그림 A.17** 여자 캐릭터 4명을 배치한 모습

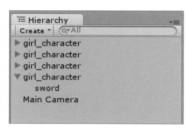

▲ **그림 A.18** 여자 캐릭터들의 계층 구조

A.5 벡터, VECTOR3

유니티에서 게임오브젝트를 생성하면 기본적으로 Transform 컴포넌트가 항상 존재합니다. Transform 안에는 위치, 회전, 크기의 정보를 가지고 있는데 이것을 이용해 게임 월드에 오브젝트를 배치하고 회전하고 크기를 조절할 수 있습니다. 이때 스크립트 내부에서 가장 많이 사용되는 것이 바로 Vector2, Vector3 입니다.

좌표계의 이해에서 배웠듯이 좌표계에서 어떠한 지점을 표시하기 위해 순서쌍을 이용했었습니다. (x, y)와 같은 순서쌍 말입니다. 이러한 순서쌍을 유니티 스크립트 내부에서는 Vector3를 이용합니다.

```
using System;
using UnityEngine.Internal;
namespace UnityEngine
{
  public struct Vector3
  {
    public const float kEpsilon = 1E-05f;
    public float z;
    public float y;
    public float x;
    // 생략 ...
  }
}
```

유니티를 이용해 프로그램을 제작하다보면 이 벡터를 굉장히 많이 사용하는데, 이 벡터를 어떠한 용도로 사용하고 몇 가지 수학적 도구를 이용해 얼마나 다양한 곳에 사용될 수 있는지 알아보겠습니다.

위치의 표현

Vector3는 3개의 요소(x, y, z)를 가지고 있는데 이 값을 이용해 주어진 좌표계에서 어떠한 지점을 표현할 수 있습니다.

방향의 표현

단순히 위치만 표현하는 것은 보통 정점, 포인트라고 부릅니다. 벡터가 정점, 포인트와 다른 점은 바로 방향을 표현할 수 있다는 점입니다. 물론 방향을 표현하기 위해서 사용하는 요소 값(x, y, z)의 개수는 동일합니다. 다만 그 숫자 값의 의미를 방향으로서 이해하는 것입니다.

예를 들어 (5, 5)라는 정점이 있다고 생각해보겠습니다.

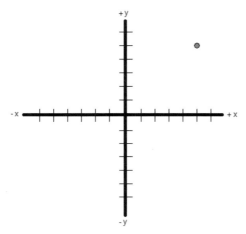

▲ **그림 A.19** (5, 5)에 위치한 정점

위치로서의 벡터가 아니라 방향으로서 벡터는 무슨 의미일까요?

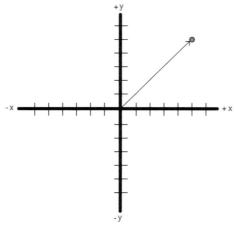

▲ **그림 A.20** (5, 5)로 표현된 방향 벡터

벡터의 값은 (5, 5)로써 같지만 방향이라고 생각하는 것입니다. 그리고 그 방향의 의미는 원점으로부터 (5, 5)로 향하는 벡터라고 이해하면 됩니다.

벡터의 연산

수학에서 벡터를 정의하고 그에 따른 연산들(합, 차, 곱, 나눗셈, 내적, 외적)이 존재하는데 이러한 함수들은 Vector3 내부에 static 함수들로 구성되어 있습니다.

```
public static Vector3 Cross (Vector3 lhs, Vector3 rhs)
{
  return new Vector3 (lhs.y * rhs.z - lhs.z * rhs.y, lhs.z * rhs.x - lhs.x
    * rhs.z, lhs.x * rhs.y - lhs.y * rhs.x);
}

public static float Dot (Vector3 lhs, Vector3 rhs)
{
  return lhs.x * rhs.x + lhs.y * rhs.y + lhs.z * rhs.z;
}
```

생략...

이 외에도 많은 함수들이 Vector3 함수 내부에 존재하는데 벡터의 기본적인 연산과 정의만 알면 함수들을 사용하는 데 지장이 없을 것입니다.

벡터의 길이

벡터의 길이를 구하기 위해 Vector3에서 제공하는 함수 2가지가 있는데, Distance는 위치 A, 위치 B 사이의 거리를 구하고 Magnitude는 매개변수로 넘겨진 a 벡터의 길이 자체를 구합니다.

```
public static float Distance (Vector3 a, Vector3 b)
{
  Vector3 vector = new Vector3 (a.x - b.x, a.y - b.y, a.z - b.z);
  return Mathf.Sqrt (vector.x * vector.x + vector.y * vector.y + vector.z
    * vector.z);
}

public static float Magnitude (Vector3 a)
{
  return Mathf.Sqrt (a.x * a.x + a.y * a.y + a.z * a.z);
}
```

예를 들어 위치 A, B가 존재할 때 두 점 사이의 거리는 얼마일까요?

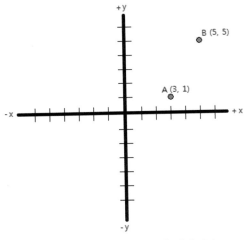

▲ **그림 A.21** 위치 A, B가 있을 때의 거리

```
Vector3 a = new Vector3(3,1,0);
Vector3 b = new Vector3(5,5,0);

Debug.Log("거리: " + Vector3.Distance(a, b));
```

두 점 사이의 거리는 약 4.47이 나옵니다. 이 거리 함수는 매우 자주 사용하는데, 예를 들어 적과의 거리를 구할 때 사용됩니다.

벡터의 왼쪽? 오른쪽?

게임에서 벡터를 이용할 때 자주 사용하는 것 중에 하나가 벡터의 방향에 어떠한 오브젝트가 왼쪽에 있는지 오른쪽에 있는지 검사하는 것입니다.

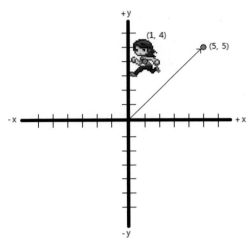

▲ **그림 A.22** 방향 벡터(5, 5)가 있고 캐릭터가 (1, 4)에 위치

그림 A.22를 보면 캐릭터가 한 눈에 벡터의 왼쪽에 있다고 이야기할 수 있습니다. 하지만, 컴퓨터는 이것을 알아내기 위해 계산해야 합니다. 벡터의 연산 중에 내적DotProduct이라는 연산이 있는데 이것을 이용하면 방향 벡터 방향에 오브젝트가 앞쪽에 있는지 뒤쪽에 있는지 알아낼 수 있습니다.

```
float dotValue = Vector3.Dot(A, B);
```

A와 B가 각각 노말 벡터일 때 dotValue의 결과는 양수 혹은 음수를 얻습니다.

 노말 벡터는 벡터의 길이가 1인 벡터다. 수학적으로 더 자세한 사항은 참고 문헌을 참조하기 바랍니다.

내적의 결과 값이 양수인 경우는 A와 B 사이의 각도가 예각인 경우고 내적의 결과 값이 음수인 경우는 A와 B 사이의 각도가 둔각인 경우입니다. 둔각인 경우 다른 한 벡터가 기준이 되는 벡터의 뒤쪽에 있다고 생각하면 됩니다.

▲ **그림 A.23** 내적의 결과 값의 부호를 이용해 예각인지 둔각인지 판별

그렇다면 앞서 예에서 주어진 방향 벡터의 왼쪽에 있는지 뒤쪽에 있는지 어떻게 알 수 있을까요? 방향 벡터 (5, 5)에 수직하는 또 다른 방향 벡터 N을 얻은 후 N 벡터와 오브젝트의 방향 벡터 내적 값을 구해서 부호를 체크하면 됩니다.

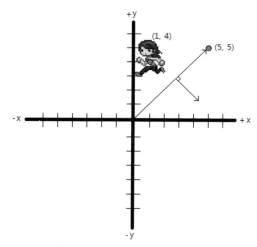

▲ **그림 A.24** (5, 5) 벡터에 직교하는 N을 구함

(5, 5) 벡터에 직교하는 N을 구한 후 N과 (1, 4) 벡터의 내적 값을 구하면 음수가 나왔을 때가 둔각이므로, 이때 오브젝트는 (5, 5) 방향 벡터의 왼쪽에 있다고 할 수 있습니다. 마지막으로 직교하는 벡터는 어떻게 구할까? (5, 5) 방향 벡터와 (0, 0, 1) 벡터와 외적^{CrossProduct}을 구하면 직교하는 벡터를 얻습니다. 이때 왼손 좌표계일 때와 오른손 좌표계일 때 구하는 순서가 다릅니다. 유니티는 왼손 좌표계이므로 (0, 0, 1)과 외적을 구했고 오른손 좌표계라면 (0, 0, -1)과 외적을 구해야 합니다.

지금까지 벡터가 무엇이고 어떤 활용도를 가지고 있는지 그리고 간단하게 사용법을 알아봤습니다. 컴퓨터 프로그래밍은 수학이 매우 중요합니다. 특히 컴퓨터 그래픽스 프로그래밍에서 서는 벡터, 행렬에 대한 학문인 선형대수학에 대한 공부가 필수다. 전문적으로 게임 프로그래밍을 한다면 선형대수학을 공부해두길 바랍니다.

A.6 게임오브젝트와 컴포넌트

오브젝트^{Object}는 한국말로 물체, 물건이라고 말할 수 있는데 게임오브젝트라 함은 게임에서 사용되는 모든 물체들을 뜻합니다.

자동차를 예를 들어 게임오브젝트^{Gameobject}와 컴포넌트^{Component}를 이해해보겠습니다. 자동차는 내부적으로 엔진, 바퀴, 창문, 라이트 등 여러 개의 부품으로 이루어져 있지만, 이를 통틀어서 그냥 자동차라고 부른다. 이때 자동차 자체를 게임오브젝트라고 말할 수 있습니다.

자동차는 시동을 걸기 위해 엔진이 있어야 하고 이러한 엔진은 자동차와는 완전히 별개의 부품입니다. 이러한 부품을 컴포넌트로 표현 가능합니다.

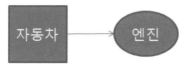

▲ 그림 A.25 자동차와 엔진의 관계

그림 A.25를 보면 자동차라는 게임오브젝트가 엔진이라는 부품을 가지는 관계로 이해할 수 있습니다. 즉, 게임오브젝트는 하나 이상의 컴포넌트를 가질 수 있습니다.

게임오브젝트는 컴포넌트보다 더 큰 개념인데 유니티를 사용하면서 어떤 것은 게임오브젝트로 표현하고 어떤 것은 컴포넌트로 표현해야 할지 고민이 될 때가 있을 것입니다. 이때 핵심은 게임오브젝트는 2D, 3D 월드상의 Transform을 반드시 하나는 가지고 있다는 점입니다.

예를 들어 빈 오브젝트를 유니티에서 생성하고 나면 그림 A.26과 같이 Transform이 반드시 하나 존재한다는 것을 확인할 수 있습니다.

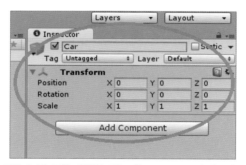

▲ 그림 A.26 모든 게임오브젝트에는 Transform이 반드시 존재

빈 오브젝트를 생성하고 이름은 Car로 바꾸었다. 빈 오브젝트를 생성했지만 그림 A.26과 같이 Transform이라는 컴포넌트를 가지고 있다는 것을 확인할 수 있습니다.[1]

---

1   참고로 Transform 컴포넌트는 삭제할 수 없습니다.

어떤 물체가 월드상의 위치를 가지고 있다면 게임오브젝트로 표현하고 내부적으로 필요한 컴포넌트들을 구현하는 것이 좋습니다. 앞서 자동차의 엔진의 경우 월드상의 위치를 가지고 있는 경우라면 게임오브젝트로 표현하고 엔진의 구동 방식을 컴포넌트로 가진 후 이러한 엔진 게임오브젝트를 자동차 게임오브젝트에서 관리하는 것이 좋은 방법입니다. 그란투리스모와 같은 고수준의 자동차 게임이 아닌 경우는 단순히 자동차 게임오브젝트에 엔진이라는 컴포넌트를 추가해 프로그램을 디자인해도 별 문제는 없습니다.

핵심은 게임오브젝트는 Transform이라는 컴포넌트를 반드시 하나 가지고 있어야 하고 그로 인해 월드상에서 위치를 가지게 되어 있다는 점입니다. 어떤 기능이 이러한 Transform을 필요로 하지 않는다면 컴포넌트로 작성하는 것이 좋습니다. 그렇지 않다면 게임오브젝트로 만들고 그 안에 기능별로 컴포넌트로 구성하면 됩니다.

A.7 재질

재질Material이라는 용어는 3D 컴퓨터 그래픽스, 게임에서 자주 사용되는 용어인데 화면에 나타나는 오브젝트의 표면에 입혀질 디테일을 뜻합니다. 예를 들어 그림 A.27과 같이 캐릭터 하나를 표현한다고 생각해보겠습니다.

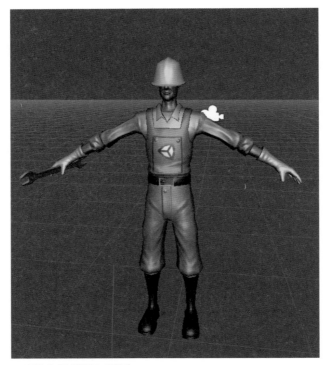

▲ **그림 A.27** 작업복 캐릭터

그림 A.27을 보면 캐릭터가 작업복을 입고 있습니다. 이 캐릭터는 폴리곤과 텍스처로 이루어져 있는데 폴리곤은 캐릭터의 형태를 표현하고 텍스처는 평면들의 디테일을 표현하는 데 사용됩니다.

▲ **그림 A.28** 텍스처 2장을 사용하는 Bumped Specular 셰이더

현재 작업복을 입은 캐릭터에서는 2개의 텍스처가 사용되고 있음을 확인할 수 있습니다. 캐릭터가 아무런 텍스처를 사용하지 않으면 캐릭터는 밋밋하게 보여질 것입니다.

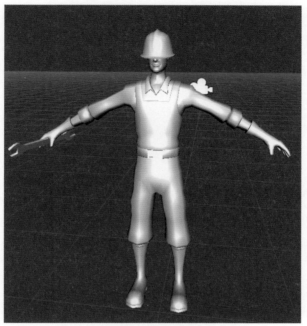

▲ **그림 A.29** 재질이 없는 상태의 캐릭터

A.8 셰이더

재질편에서 재질이 무엇이고 텍스처가 어떻게 사용되는지 배웠습니다. 그림 A.30을 살펴보면 Shader 항목이 보일 것입니다.

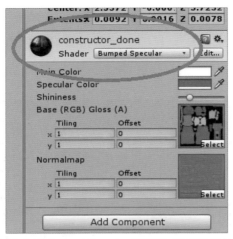

▲ **그림 A.30** Bumped Specular 셰이더를 사용하고 있습니다

재질편에서 재질이 모델의 표면 디테일을 의미한다면 셰이더는 이러한 표면 디테일이 어떤 방식으로 표현될 것인지를 정의한다고 생각하면 됩니다. 유니티에서는 기본적으로 제공하는 셰이더들이 있는데 그 리스트는 그림 A.31과 같습니다.

▲ **그림 A.31** 유니티에서 기본적으로 제공하는 셰이더 리스트

현재 캐릭터는 Bumped Specular 셰이더를 사용했는데 이것을 Diffuse로 바꾸어 보겠습니다. Diffuse 셰이더를 사용한 캐릭터는 그림 A.32와 같이 매우 투박하게 보입니다.

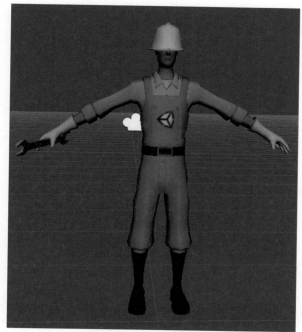

▲ **그림 A.32** Diffuse 셰이더를 사용하면 캐릭터가 매우 투박하게 보입니다

셰이더 내부적인 코드를 살펴보면 동작 방식을 알 수 있습니다. Shader 오른편에 있는 **Edit** 버튼을 누르면 셰이더 코드를 볼 수 있는데 유니티에서 기본적으로 제공하는 셰이더 코드는 볼 수 없다. 이것은 유니티 사이트에서 다운로드해야 합니다.

https://unity3d.com/unity/download/archive에서 Built-in Shader 코드를 다운로드하면 셰이더 코드를 모두 볼 수 있습니다.

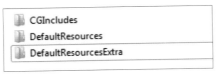

▲ **그림 A.33** zip 파일의 폴더 구조

DefaultResourcesExtra를 내부를 살펴보면 Normal-Diffuse.shader라는 파일이 있는데 이것을 메모장으로 열어서 내용을 살펴보겠습니다.

```
Shader "Diffuse" {
  Properties {
    _Color ("Main Color", Color) = (1,1,1,1)
    _MainTex ("Base (RGB)", 2D) = "white" {}
  }
  SubShader {
    Tags { "RenderType"="Opaque" }
    LOD 200

  CGPROGRAM
  #pragma surface surf Lambert

  sampler2D _MainTex;
  fixed4 _Color;

  struct Input {
    float2 uv_MainTex;
  };

  void surf (Input IN, inout SurfaceOutput o) {
    fixed4 c = tex2D(_MainTex, IN.uv_MainTex) * _Color;
    o.Albedo = c.rgb;
    o.Alpha = c.a;
  }
  ENDCG
  }

Fallback "VertexLit"
}
```

셰이더의 이름은 Diffuse이고 내부적으로 유니티에서 셰이더를 구현하기 위한 방법들이 있는데, 자세한 내용은 이 책의 설명 범위를 넘어갑니다. 유니티에서 셰이더를 작성하는 자세한 내용은 『유니티 Shader와 Effect 제작』(에이콘 출판사, 2014)를 참고하기 바랍니다.

A.9 애니메이터 뷰, 메카님 애니메이션

유니티에서는 애니메이션을 위한 매우 강력한 도구인 메카님Mecanim을 제공합니다. 메카님은 유한 상태 기계FSM를 기반으로 동작하는데, 이것을 이용하면 3D 캐릭터 애니메이션을 매우 쉽게 구현할 수 있습니다. 유니티에서 제공하는 기본 애셋과 메카님을 이용해 애니메이션을 구현하는 방법을 알아보겠습니다.

우선 애셋스토어를 띄운 후 Raw Mocap data for Mecanim을 다운로드하겠습니다.

▲ 그림 A.34 Raw Mocap data for Mecanim으로 검색해서 다운로드

그림 A.35와 같이 현재 장면에 DefaultAvatar, Plane, Directional Light를 추가합니다.

▲ **그림 A.35** DefaultAvatar

화면을 보면 DefaultAvatar를 볼 수 있습니다.

▲ **그림 A.36** T 포즈를 취하고 있는 캐릭터

DefaultAvatar를 선택하고 컴포넌트를 살펴보겠습니다.

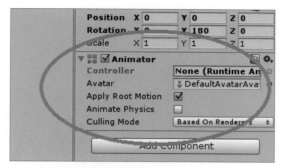

▲ 그림 A.37 Animator 컴포넌트의 Controller

Animator 컴포넌트를 볼 수 있습니다. 현재 Controller는 None으로 설정되어 있는데 새로운 Controller를 만들어서 설정하겠습니다.

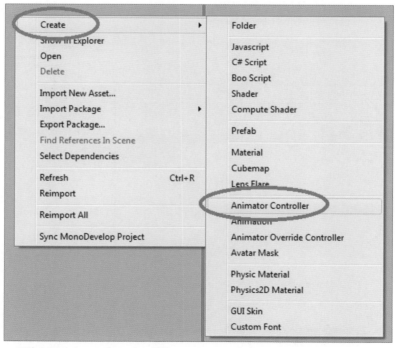

▲ 그림 A.38 Animator Controller 생성

그림 A.39와 같이 애셋 폴더에서 마우스 오른쪽 버튼을 눌러 Create >
Animator Controller를 선택해 Animator Controller를 추가하겠습니다. 이름은
SampleAnimation으로 하겠습니다.

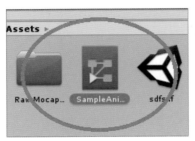

▲ **그림 A.39** 생성한 애니메이터의 이름을 SampleAnimation으로 변경

Animator Controller를 추가한 후에 DefaultAvatar의 Controller를 방금 만든
SampleAnimation으로 설정하겠습니다.

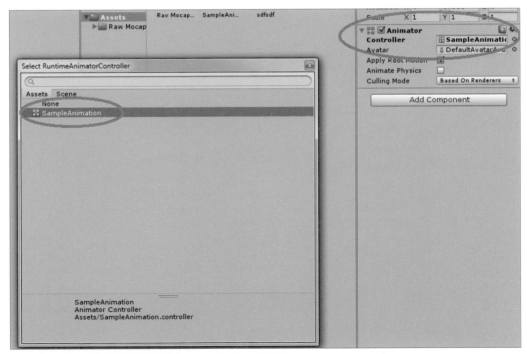

▲ **그림 A.40** 애니메이터에 방금 만든 SampleAnimation으로 설정

이제 메뉴에서 Windows > Animator를 선택해 애니메이션 뷰를 화면에 띄웁니다.

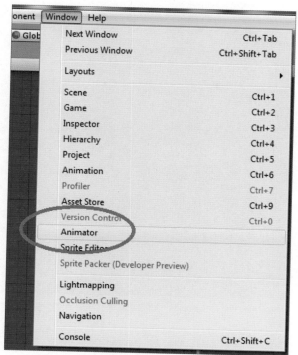

▲ **그림 A.41** 애니메이터 뷰를 띄우기

애니메이터 뷰를 화면에 띄우면 화면에는 Any State 노드 하나만 존재하고 빈 상태임을 확인할 수 있습니다.

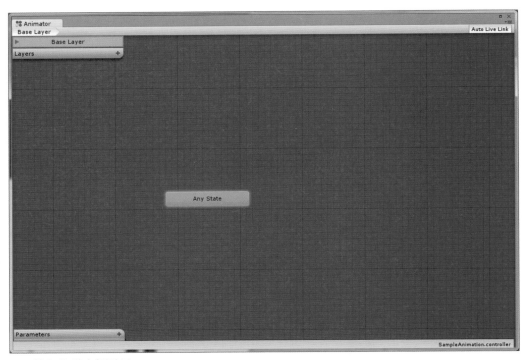

▲ 그림 A.42 애니메이터 뷰

이제 캐릭터의 Idle 애니메이션을 위해 마우스 오른쪽 버튼을 눌러 Create State
> Empty를 선택해 새로운 상태를 하나 추가합니다.

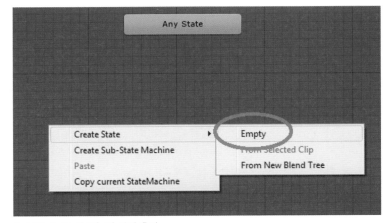

▲ 그림 A.43 새로운 빈 상태 추가

이전에도 설명했지만 메카님은 유한 상태 기계를 기반으로 동작하며 어떠한 애니메이션을 재생하고 있을 때 이것이 하나의 상태로 표현됩니다. 새로운 상태를 추가한 후 상태의 이름을 Idle로 변경합니다.

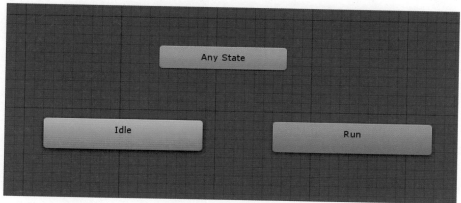

▲ **그림 A.44** 새로운 상태 Idle, Run 추가

상태의 이름을 변경한 후 새로운 상태를 하나 더 추가합니다. 그리고 이름은 Run으로 하겠습니다. 지금까지 상태 2개(Idle, Run)을 추가했는데 특이한 점은 Idle의 경우 주황색으로 표현되어 있고 Run은 회색으로 표현되어 있다는 점입니다. 주황색으로 표현된 상태의 의미는 애니메이터가 실행되면 기본적으로 Idle 상태를 시작으로 애니메이터가 동작한다는 의미입니다.

지금까지 필요한 상태를 추가했고 프로그램을 실행해보면 애니메이터가 올바르게 동작하는 것을 그림 A.45를 통해 확인할 수 있습니다.

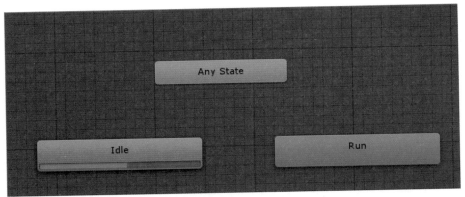

▲ **그림 A.45** Idle이 동작하고 있는것을 확인할 수 있습니다

Idle 상태의 아래를 살펴보면 시간이 지남에 따라 파란색 게이지가 증가하는 것을 확인할 수 있습니다. 이 의미는 애니메이션이 시간에 따라 제대로 동작하고 있다는 의미입니다. 애니메이터는 동작하지만 실제로 캐릭터를 보면 애니메이션을 하고 있지 않습니다. Idle 상태에서 어떤 애니메이션을 재생시켜야 하는지 설정하지 않았기 때문입니다. Idle 상태를 선택한 후 인스펙터를 살펴보면 Motion이 None으로 설정된 것을 확인할 수 있습니다.

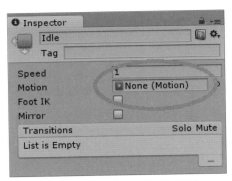

▲ **그림 A.46** Idle의 Motion이 비어 있습니다

이제 Idle 상태일 때 Idle 애니메이션을 재생시켜보겠습니다.

▲ **그림 A.47** Idle_Ready를 선택해서 Idle의 Motion으로 설정합니다

Idle 상태일 때 Idle_Ready를 재생시키도록 설정했습니다. 이제 프로그램을 다시 실행해보면 캐릭터가 Idle_Ready를 재생하고 있습니다.

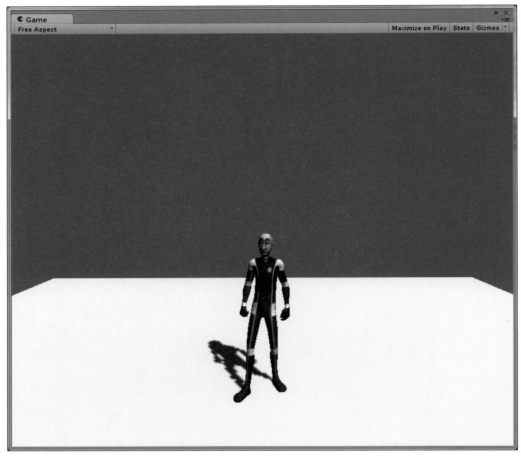

▲ **그림 A.48** Idle의 애니메이션이 올바르게 재생되고 있습니다

다음으로 할 일은 Run 상태에 있을 때는 Run 애니메이션을 재생시키는 것입니다. Run 상태를 선택하고 Motion을 RunForward_NtrlFaceFwd로 설정합니다. 이제 캐릭터가 Idle 상태에 있다가 어떠한 조건이 만족되었을 때 Run 상태로 상태가 전이되게 만들어야 합니다.

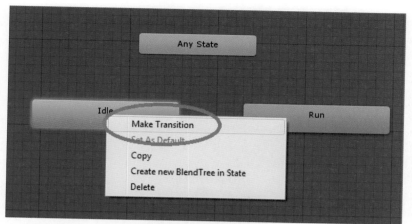

▲ **그림 A.49** Make Transition을 선택해 전이를 추가합니다

Idle상태에서 마우스 오른쪽 버튼을 눌러 **Make Transition**을 선택합니다. 그리고 Run 상태를 선택해 목적지로 설정합니다.

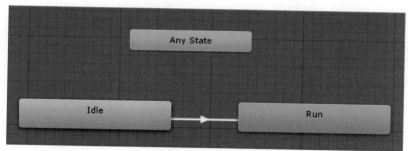

▲ **그림 A.50** Idle에서 Run으로 전이됩니다

이제 Idle과 Run 상태 사이에 연결선이 생겼습니다. 이제 연결선에 필요한 조건을 위해 매개변수를 추가해줘야 하는데 애니메이터 뷰의 왼쪽 하단에 있는 + 기호를 선택한 후 **Bool**을 선택해 **Boolean** 값 하나를 추가합니다.

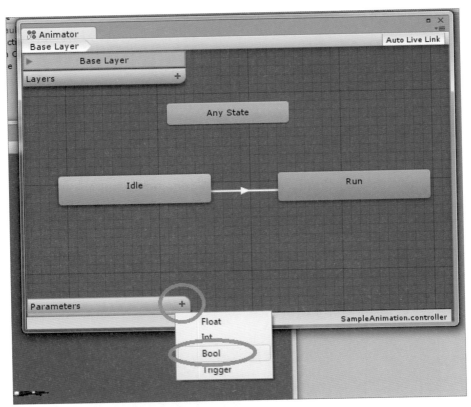

▲ **그림 A.51** Bool를 선택해 매개변수 추가

새로 추가된 매개변수의 이름은 run으로 설정하겠습니다. 이제 연결선을 선택해 보면 인스펙터에서 새로 추가한 조건을 사용할 수 있습니다.

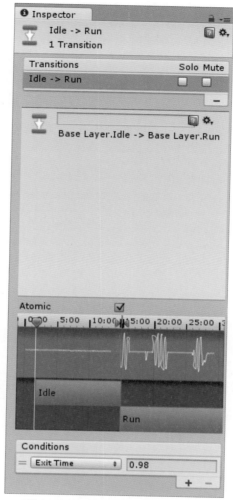

▲ **그림 A.52** 전이 조건 확인 가능

인스펙터의 하단을 보면 조건을 추가, 삭제 가능한데 Exit Time은 필요 없으므로 삭제합니다. 그리고 + 기호를 눌러 run을 이용한 조건을 추가합니다.

▲ **그림 A.53** Conditions을 선택해 전이 조건 설정

현재 조건은 run의 값이 true일 때 전이가 발생한다는 의미입니다. 즉 Idle 상태에 있다가 run이라는 값이 true가 되면 Run 상태로 전이가 됩니다.

▲ **그림 A.54** AvatarController 스크립트 추가

이제 DefaultAvatar에 AvatarController 스크립트를 생성해 플레이어가 화살표 위 키를 누르면 애니메이터의 매개변수 값 run을 true로 설정하게 해보겠습니다.

```
using UnityEngine;
using System.Collections;

public class AvatarController: MonoBehaviour
{
  Animator mAnimator;
  // Use this for initialization
  void Start ()
  {
    mAnimator = gameObject.GetComponent<Animator>();
  }

  // Update is called once per frame
```

```
  void Update ()
  {
    if ( Input.GetKeyDown(KeyCode.UpArrow) )
    {
      mAnimator.SetBool("run", true);
    }
  }
}
```

mAnimator는 Start 함수에서 현재 게임오브젝트의 컴포넌트인 Animator로 설정합니다. 그리고 Update 함수에서 지속적으로 플레이어가 화살표 위 키를 눌렀는지 검사한 후 키가 눌러졌을 때 SetBool 함수를 통해서 run 값을 true로 설정합니다.

이제 프로그램을 실행시키면 처음에 Idle 상태로 있다가 화살표 위 키를 누르고 나면 run 값이 true로 바뀌고 Idle에서 Run 상태로 바뀌면서 캐릭터가 달리기 모션을 재생하는 것을 확인할 수 있습니다. 지금까지 메카님의 가장 간단한 사용법을 알아봤습니다.

A.10 스프라이트 시트

스프라이트 시트Sprite Sheet는 여러 스프라이트 이미지들을 하나의 비트맵 이미지로 만들어 놓은 것을 말합니다. 예를 들어 4개의 프레임으로 이루어진 여자 캐릭터의 달리기 모션을 보겠습니다.

▲ 그림 A.55 이미지 1

▲ 그림 A.56 이미지 2

▲ 그림 A.57 이미지 3

▲ 그림 A.58 이미지 4

각각 따로 저장된 이미지 1~4까지 준비되어 있습니다. 이것을 유니티에 불러와서 그대로 사용해도 되지만 이후 렌더링에서 퍼포먼스 저하가 있을 수 있기 때문에 이러한 이미지들을 하나의 이미지에 저장해 놓고 사용하는 방법이 사용됩니다.

▲ 그림 A.59 여러 이미지들을 하나의 이미지로 만든 모습

이렇게 여러 개의 이미지들을 하나로 묶어 놓은 것을 스프라이트 시트 혹은 아틀라스^{Atlas}라고 합니다.

A.11 스프라이트 팩커

스프라이트 팩커Sprite packer는 스프라이트 시트 혹은 아틀라스를 만드는 도구를 뜻합니다. 앞서 살펴본 예에서 여자 캐릭터 이미지 4개를 이용해 하나의 파일로 묶음 처리한 것을 스프라이트 시트라 한다고 배웠습니다. 이제 이러한 스프라이트 시트를 어떻게 만드는지 배워보겠습니다.

여러 개의 이미지를 하나의 파일로 묶는 작업은 수작업으로 처리가 가능합니다. 예를 들어 포토샵에서 여러 이미지들을 하나의 커다란 이미지에 배치만 하면 됩니다. 하지만, 이러한 이미지들은 겹치지 않아야 합니다.

▲ **그림 A.60** 사각형 영역 중 일부가 겹침

예를 들어 그림 A.60은 서로 겹치지 않지만 파란색으로 칠해진 영역은 겹쳐져 있습니다. 이렇게 되면 내부적으로 이미지 하나를 그릴 때 겹쳐진 부분의 영역이 서로 공유되기 때문에 다른 캐릭터의 이미지 일부분을 사용하게 됩니다. 캐릭터를 최소한의 영역으로 감싸는 사각형의 내부에는 다른 어떠한 스프라이트 이미지가 있어서는 안 됩니다. 즉, 스프라이트 이미지를 감싸는 사각형들은 서로 겹치면 안 됩니다.

▲ **그림 A.61** 사각형 영역이 겹치지 않게 배치한 모습

사각형들이 절대로 서로 침범하게 하지 않는 것이 중요한 원칙입니다. 이제 이러한 스프라이트 시트를 어떻게 만드는지 알아보겠습니다. 수작업으로 만들어내는 경우 디자이너가 개별적으로 그린 그림들을 하나의 이미지에 묶기 위해 많은 시간이 필요한데, 이러한 수작업을 자동화해주는 도구가 있습니다. 최근 들어 가장 많이 쓰이는 도구가 텍스처 팩커TexturePacker입니다.[2]

텍스처 팩커 사이트에 들어가서 프로그램을 다운로드하고 설치하겠습니다.

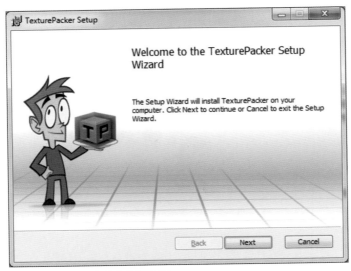

▲ **그림 A.62** 텍스처 팩커의 설치 모습

---

2   텍스처 팩커를 다운로드하려면 https://www.codeandweb.com/texturepacker를 참고하기 바랍니다.

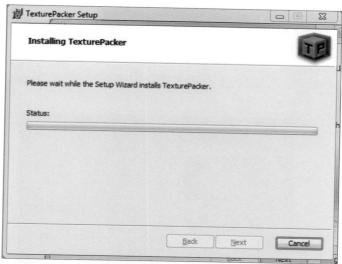

▲ 그림 A.63 설치를 진행하고 기다리면 설치가 완료됨

설치가 모두 끝나면 이제 프로그램을 실행합니다.

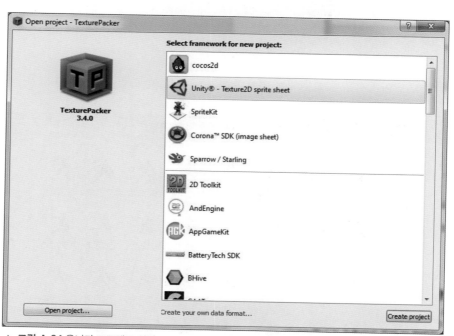

▲ 그림 A.64 유니티 프로젝트 선택

유니티 프로젝트를 위해 Texture2D Sprite Sheet를 선택하고 오른쪽 하단의 Create

Project를 선택합니다.

▲ **그림 A.65** 텍스처 팩커를 처음 실행한 모습

이제 묶을 이미지들을 선택해서 프로그램에 드래그 앤 드랍하겠습니다.

▲ **그림 A.66** 부록 DVD에서 제공하는 이미지들을 모두 불러와서 추가

탐색기에서 모든 파일들을 선택해서 텍스처 팩커에 드래그 앤 드랍하면 그림 A.67과 같이 하나의 이미지로 묶인 것을 확인할 수 있습니다.

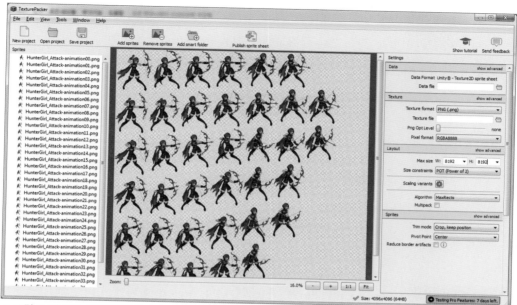

▲ **그림 A.67** 여러 이미지들이 하나의 스프라이트 시트로 합침

텍스처 팩커 프로그램을 이용하면 매우 쉽게 스프라이트 시트를 얻을 수 있습니다. 텍스처 팩커는 공짜가 아니기 때문에 게임 개발에 사용하려면 정품을 주고 구입해서 사용해야 합니다.

A.12 메카님에서 레이어 사용

메카님에서 제공하는 애니메이션 레이어Animation Layer 기능을 이용하면 애니메이션의 원하는 부분만 애니메이션시킬 수 있습니다. 예를 들어 FPS 게임에서 캐릭터가 전장을 뛰어다닐 때 하체의 방향과는 상관없이 상체를 이리 저리 움직일 수 있으며 서 있거나, 뛰어다닐 때 상관없이 총을 쏠 수 있습니다. 이러한 상 하체가 분리된 애니메이션을 구현할 때 애니메이션 레이어 기능이 유용하게 사용될 수 있습니다.

애니메이션 레이어의 간단한 사용법을 익히기 위해 걸어 다니면서 손을 흔드는 애니메이션을 어떻게 만드는지 배워보겠습니다. 우선 애셋스토어에서 Raw Mocap data for Mecanim을 다운로드한 후 DefaultAvatar를 씬에 추가하겠습니다. DefaultAvatar를 살펴보면 Animator에 Animator Controller가 설정되어 있지 않습니다.

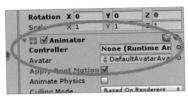

▲ **그림 A.68** Controller가 비어 있음

캐릭터를 위해 Animator Controller를 만들겠습니다. Assets 폴더에서 마우스 오른쪽 버튼을 선택한 후 Animator Controller를 선택합니다.

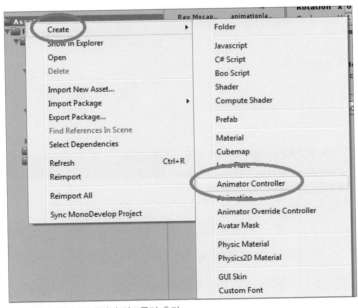

▲ **그림 A.69** 애니메이터 컨트롤러 추가

만들어진 Animator Controller의 이름은 animationlayer로 설정하겠습니다. 이제 이 animationlayer를 Animator의 Controller로 설정하고 애니메이션 뷰를 화면에 띄웁니다.

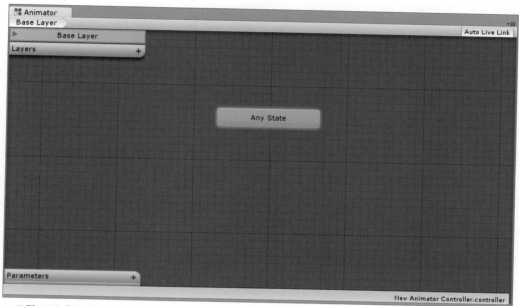

▲ **그림 A.70** 현재 애니메이터 뷰에는 빈 상태만 존재

현재 애니메이션 뷰에는 아무것도 없습니다. 이제 걷기를 위해 상태를 하나 추가하겠습니다.

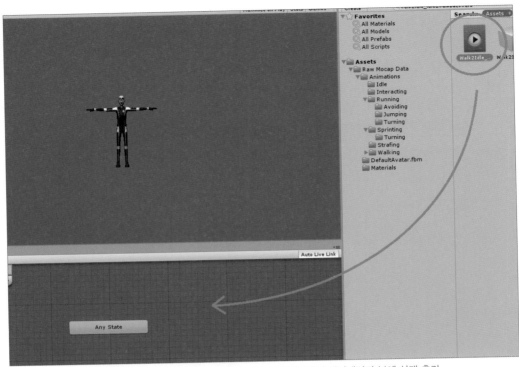

▲ **그림 A.71** Walk2Idle_Idle2Walkbackward를 선택해 드래그 앤 드롭해서 애니메이터 뷰에 상태 추가

Walk2Idle_Idle2Walkbackward를 검색한 후 선택해서 애니메이션 뷰로 드래그 앤 드롭하겠습니다. 그러면 상태에 Walk2Idle_Idle2Walkbackward 상태가 추가 됩니다.

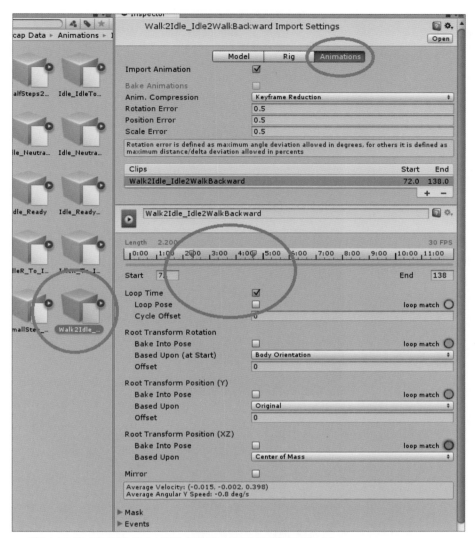

▲ **그림 A.72** 애니메이션을 루프 시키기 위해 애니메이션 구간을 설정합니다

fbx 파일을 선택한 후 Animation탭을 선택합니다. 그리고 아래쪽에 재생할 애니메이션의 구간을 선택하고 Loop Time을 체크해서 애니메이션이 루프가 되게 만들겠습니다.

이제 프로그램을 실행시키면 캐릭터가 걷기를 반복함을 알 수 있습니다.

▲ **그림 A.73** 정해진 구간을 반복하는 애니메이션 재생

프로그램을 실행하고 계속 지켜보면 캐릭터가 앞으로 계속 이동해 카메라의 범위에서 사라지는 것을 확인할 수 있는데 테스트 용도로는 화면에서 멈춰 있는 것이 더 편합니다. 화면에서 제자리 걸음을 하기 위해서 애니메이터를 선택한후 Apply Root Motion을 꺼주면 됩니다.

▲ **그림 A.74** Apply Root Motion 해제

프로그램을 실행하면 캐릭터가 제자리에서 걷는 것을 확인할 수 있습니다. 이제 손을 흔드는 동작을 위해 레이어를 추가하겠습니다.

애니메이션 뷰의 왼쪽 상단을 보면 Base Layer가 있고 그 아래쪽에 Layers 항목이 있습니다. 오른쪽에 + 아이콘이 있는데 이것을 클릭하면 레이어를 추가할 수 있습니다.

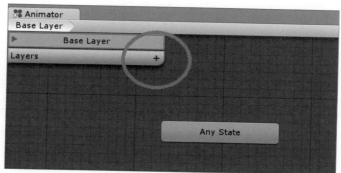

▲ 그림 A.75 + 기호를 클릭해 새로운 레이어 추가

+ 기호를 눌러 새로운 레이어를 추가하고 이름은 UpperBody로 하겠습니다.

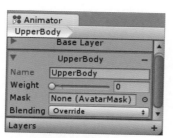

▲ 그림 A.76 새로운 레이어의 이름은 UpperBody로 설정

현재 레이어는 Base Layer와 UpperBody가 있습니다. 이것은 UpperBody가 Base Layer 애니메이션 위에 놓여 있는 애니메이션이라고 생각하면 된다. 현재 UpperBody를 살펴보면 가중치Weight 값이 있는데 이 값은 0~1의 범위를 가지고 있습니다. 0이라는 의미는 UpperBody의 애니메이션의 영향력이 0, 즉 아무런 영

향을 미치지 못한다는 것입니다. 현재 Base Layer가 걷기 동작이고 UpperBody가 손을 흔드는 애니메이션이라고 했을 때 가중치의 값이 0이라면 그 결과는 걷기 애니메이션 하나만 재생하는 것과 같습니다. 그렇다면 가중치의 값이 1이라면 어떻게 될까? UpperBody의 영향력이 1, 즉 100%이기 때문에 Base Layer의 애니메이션인 걷기는 재생되지 않고 화면에서 볼 수 있는 것은 손을 흔드는 애니메이션뿐입니다.

그렇다면 가중치의 값이 0.5라면 어떨까? 걷기의 50%, 손 흔들기의 50%가 섞여서 애니메이션 될 것입니다. 그렇게 우리가 원하는 것은 캐릭터의 하체가 걷기 애니메이션을 재생하고 상체의 일부분인 오른쪽 팔은 손을 흔들길 원합니다. 현재는 가중치의 값이 1이 되면 캐릭터의 모든 영역(상체, 하체, 팔 등)에 영향력을 행사하게 됩니다. 캐릭터의 오른쪽 팔만 UpperBody의 애니메이션을 적용하려면 어떻게 해야 할까요? 바로 Mask의 사용입니다.

애셋 폴더에서 마우스 오른쪽 버튼을 누른 후 Avatar Mask를 선택합니다.

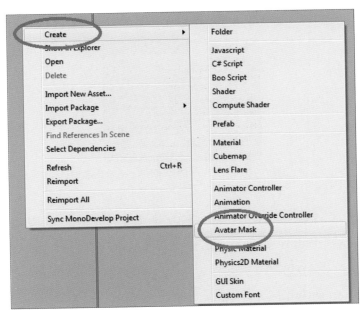

▲ **그림 A.77** Avatar Mask 추가

Avatar Mask를 선택한 후 이름은 UpperBody로 합니다. 이제 UpperBody를 선택하면 인스펙터에 그림 A.78과 같은 화면을 볼 수 있습니다.

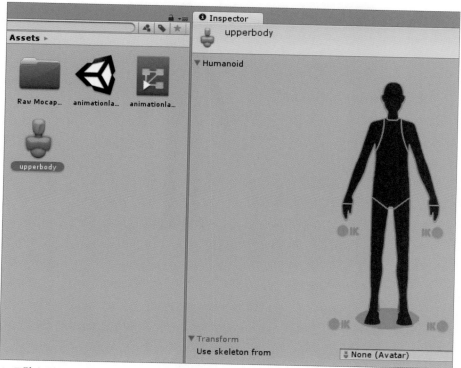

▲ **그림 A.78** Avatar Mask를 선택한 후의 인스펙터

기본적으로 모든 영역이 초록색으로 표시되어 있는데 우리는 오른쪽 팔만 애니메이션이 적용되길 바라기 때문에 그림 A.79와 같이 원하지 않는 부분은 클릭해서 빨간색으로 표시해주면 됩니다.

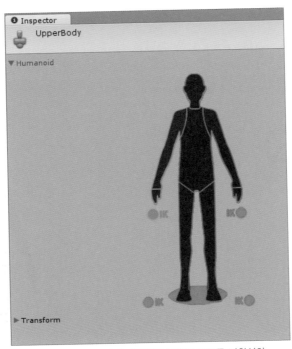

▲ **그림 A.79** 오른쪽 팔만 제외하고 나머지 모두를 비활성화

이제 애니메이션 뷰로 돌아와 UpperBody 레이어를 선택하고 Mask를 방금 전에 만든 UpperBody 마스크로 설정합니다. 그리고 손 흔들기 애니메이션을 위해 IdleGrab_FrontHigh를 검색해서 상태를 추가해줍니다.

IdleGrab_FrontHigh의 fbx를 선택해서 애니메이션은 그림 A.80과 같이 설정합니다.

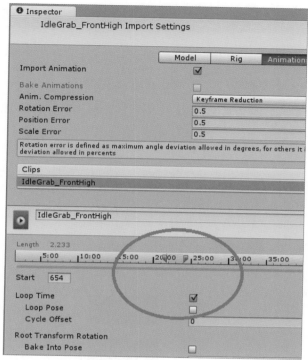

▲ 그림 A.80 애니메이션 구간 설정

마지막으로 UpperBody의 가중치 값을 1로 설정한 후 애니메이션시키면 캐릭터가 걷기, 손 흔들기 애니메이션을 동시에 재생하고 있음을 확인할 수 있습니다.

▲ 그림 A.81 캐릭터가 걸어가며 오른손으로 인사하고 있음

A.13 Start 함수, Update 함수

모노 스크립트를 작성할 때 기본적으로 제공하는 함수들이 있습니다. Update 함수는 게임 플레이를 업데이트할 때 지속적으로 호출되는 함수이고 Start 함수는 스크립트가 생성되고 사용될 때 Update 함수가 호출되기 전에 단 한번만 호출되는 함수입니다.

여러분도 알다시피 Update, Start 함수는 유니티 내부에서 자동으로 호출합니다. 그림으로 살펴보면 그림 A.82와 같습니다.

▲ **그림 A.82** Start, Update 함수의 호출 순서

유니티가 시작되고 프로그램이 종료될 때까지 반복해서 Update를 호출합니다. 이때 Start 함수는 단 한 번만 호출된다. 그렇기 때문에 보통 해당 스크립트 내부에서 초기화가 필요한 부분을 Start에 작성합니다. 유니티를 이용해 스크립트 코드를 작성하다보면 필요에 따라 코드를 Start가 아닌 Awake 함수에, Update가 아닌 FixedUpdate 함수에 작성해야 할 필요가 있는데 이럴 때는 이러한 함수 호출 순서를 명확히 인지하고 있어야 합니다. 유니티 메뉴얼을 참고하면 이러한 함수 호출의 순서를 나타내는 다이어그램이 있습니다.

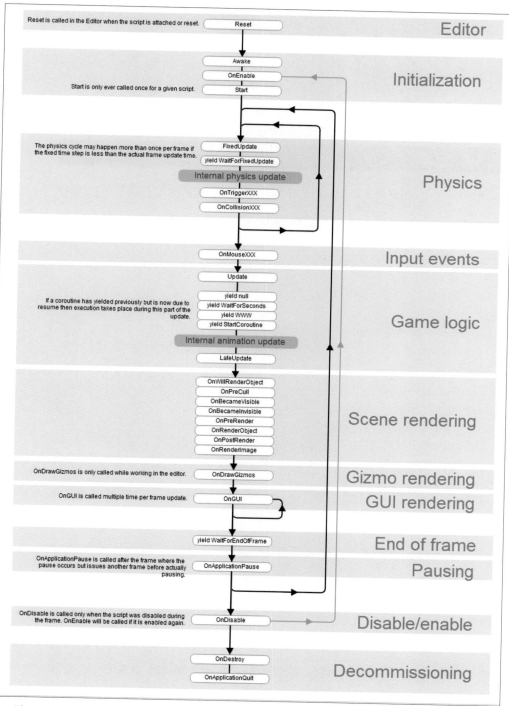

▲ **그림 A.83** 유니티의 내부 함수 호출 순서

유니티에서 제공하는 메뉴얼은 다음 링크를 참고하기 바랍니다.

http://docs.unity3d.com/Manual/ExecutionOrder.html

A.14 코루틴

코루틴^{Coroutine}을 이해하기 위해서 먼저 함수 호출이 어떻게 동작하는지 이해해야 합니다. 예를 들어 다음과 같은 함수 Fade가 있다고 합시다.

```
void Fade()
{
  for (float f = 1.0f; f >= -0.1f; f -= 0.1f)
  {
    Color c = renderer.material.color;
    c.a = f;
    renderer.material.color = c;
  }
}
```

이 함수는 오브젝트의 알파 값을 1로 시작해서 -0.1과 크거나 같을 때까지 반복하면서 알파 값을 감소시킵니다. 결과로 오브젝트는 불투명 상태에서 시작해 끝내 투명한 이미지로 서서히 변합니다. 코드의 동작 자체는 그렇게 돌아가지만 실제로 이 함수를 실행해보면 오브젝트가 서서히 변하는 모습은 보이지 않고 바로 투명한 상태로 보이게 됩니다. 그 이유는 이 함수 Fade는 호출이 되고 끝날 때까지 다른 코드를 실행하지 않기 때문입니다. 이러한 함수의 기본적인 동작 방식은 어느 함수나 모두 똑같이 동작합니다.

코루틴이 없었을 때는 위와 같은 동작을 하기 위해 내부적으로 변수 혹은 시간 값을 가지고 동작을 수행했습니다. 코드는 읽기도 힘들뿐더러 관리하기도 힘들

었습니다. 이제 코루틴을 이용하면 얼마나 간단하게 이와 같은 동작을 구현할
수 있는지 알아보겠습니다.

```
IEnumerator CoroutineFade()
{
  for (float f = 1.0f; f >= -0.1f; f -= 0.1f)
  {
    Color c = renderer.material.color;
    c.a = f;
    renderer.material.color = c;
    yield return null;
  }
}
```

Fade와 CoroutineFade의 차이점은 함수의 리턴형이 void에서 IEnumerator로 바
뀌었다는 점 그리고 for 구문의 마지막에 yield return null 구문이 추가되었다
는 점입니다.

이 함수를 실행시키는 방법도 Fade와는 다릅니다. Fade의 경우는 다음과 같습
니다.

```
void Start ()
{
  Fade ();
}
```

단순히 Fade를 호출하면 되었지만 CoroutineFade의 경우는 StartCoroutine 함
수를 이용해야 합니다.

```
void Start ()
{
  StartCoroutine(CoroutineFade());
}
```

이제 프로그램을 실행하면 오브젝트의 알파 값이 서서히 투명하게 변하는 것을 확인할 수 있습니다. 코루틴을 이용하면 이처럼 적은 코드로 원하는 결과물을 얻을 수 있고 관리하기도 쉬워집니다. 이외에도 활용법은 무궁무진합니다. 애셋 스토어에서 매우 잘팔리는 훌륭한 도구들을 살펴보면 거의 대부분 코루틴을 매우 잘 활용하고 있다는 것을 알 수 있습니다. 기본 컨셉은 매우 간단하니 이러한 소스들을 보면서 어떻게 활용할 수 있는지 살펴보겠습니다.

A.15 참고 문헌

- JAMES M. VAN VERTH, LARS M. BISHOP 지음, 김규열 옮김, 『게임 & 인터 랙티브 애플리케이션을 위한 수학』(지앤선, 2008)

- Eric Lengyel 지음, 류광 옮김, 『3D 게임 프로그래밍 & 컴퓨터 그래픽을 위한 수학』(정보문화사, 2004)

- Gilbert Strang 지음, 『Introduction to LINEAR ALGEBRA』 (WellesleyCambridgePress, 2009)

찾아보기

성공으로 이끄는 게임 개발 스토리 (절판)

Austin Grossman 지음 | 이강훈 옮김 | 8989975417 | 342페이지 | 2004-01-30 | 15,000원

흥미로운 Diablo, Black & White, MYTH의 제작 과정을 처음부터 끝까지 기술하고 있다. 이들 게임 개발 시 처음에 가졌던 비전과 목표는 무엇이었는지, 어떤 종류의 회사와 프로젝트 팀이 참여했는지, 중요하게 사용한 툴은 무엇인지, 개발 과정에서 일어났던 중요한 사건들은 어떤 것이 있는지 등을 소개하고, 다섯 가지 성공 요인을 나열하는데 이들은 프로젝트의 성공에 눈에 띄게 기여한 핵심 요인들이다.

최신 AI 기법을 적용한
인공지능 게임 프로그래밍 실전 가이드

Alex J. Champandard 지음 | 이강훈 옮김
8989975522 | 768페이지 | 2004-11-18 | 38,000원

이 책은 인공 신경망, 의사결정 트리, 유한상태 기계, 강화 학습 등 인공지능 분야의 여러 기술을 활용하여 캐릭터의 사실성과 지적 능력을 한 단계 높이는 동시에, 혁신적인 게임 디자인 및 프로그래밍 방법론을 제안한다. 특히 캐릭터 인공지능의 실험을 위해 상용게임인 Quake 2 환경을 사용하고, 오픈 소스 인공지능 엔진인 FEAR를 기반으로 한다는 점은 여타의 게임 인공지능 서적과 차별화되는 매력이다.

게임 제작 최전선
기획에서 개발, 출시까지 게임의 모든 것

Erik Bethke 지음 | 허영주 옮김
898997559X | 432페이지 | 2005-05-31 | 24,000원

많은 내용을 포괄하는 디자인 문서의 작성, 작업과 스케줄의 정확한 예측, 포괄적인 QA 계획 설정은 게임 개발 계획에서 놓치기 쉬운, 그러나 간과할 수 없는 매우 중요한 사항들이다. 게임회사를 경영하고 있는 저자는 이런 문제에 대한 가이드북을 제공한다.

게임회사 이야기
게임보다 더 재미있는, 게임 만드는 이야기 (절판)

이수인 지음 | 8989975832 | 272페이지 | 2005-11-22 | 9,800원

게임 개발, 운영, 직장인의 애환 등 이야기를 풀어가면서 일반인들도 충분히 공감할 만한 재기 발랄한 위트를 담아 게임을 즐기는 사람은 물론, 직장인들도 고개를 끄덕이면서 공감하며 읽을 수 있도록 엮은 에세이 형식의 만화다. 2002년 게임 잡지 '게이머즈'에 칼럼으로 연재하면서 화제가 되기 시작했으며 2004년에는 웹 블로그 사이트 '이글루스'에 연재되어 블로거들의 폭발적인 인기를 얻기도 했다.

DirectX 기초부터 캐릭터 애니메이션과 셰이더 프로그래밍까지
초보 개발자를 위한 DirectX 게임 데모 프로그래밍

마이클 플레노프 지음 | 안병규 옮김
9788960770621 | 320페이지 | 2008-10-23 | 28,000원

DirectX 게임 프로그래밍에서 비주얼 이펙트를 극대화하는 법과 그래픽을 최적화하는 법을 다루는 이 책은 최신 C++ 기술과 기법에 대한 실전적인 입문서다. DirectX의 기초, 2D 그래픽스, 3D 그래픽스, 프로그램 최적화, 골격 애니메이션, 정점 셰이더와 픽셀 셰이더 프로그래밍, 게임 엔진의 얼개에 이르기까지 다양한 주제를 다루고 있다.

The Art of Game Design
게임 디렉터, 기획자, 개발자가 꼭 읽어야 할 게임 디자인에 관한 모든 것

제시 셸 지음 | 전유택, 이형민 옮김
9788960771451 | 648페이지 | 2010-07-30 | 30,000원

세계 최고의 게임 디자이너로부터 배우는 고전 게임 디자인의 원론. 성공하는 게임을 위한 100가지 게임 디자인 기법. 별다른 사전 지식 없이도 게임 디자인의 원론을 통달할 수 있는 책. 『The Art of Game Design』은 보드 게임, 카드 게임, 스포츠 게임에서 사용되는 심리적 기본 법칙이 최고의 비디오게임을 만드는 데도 핵심이라는 것을 보여준다. 게임 디자이너가 되고 싶은 이들을 위한 필독서다.

Unity 3D Game Development by Example 한국어판
유니티 3D 게임 프로그래밍

라이언 헨슨 크레이튼 지음 | 조형재 옮김
9788960772090 | 448페이지 | 2011-06-30 | 30,000원

이 책은 모바일용 게임 엔진으로 각광 받고 있는 유니티 3의 입문서다. 상세한 설명과 예제 파일을 통해, 개발 경험과 전문 지식이 없는 초보자도 코딩을 이용해 실제로 게임을 만들 수 있도록 친절하게 안내한다. 총 4개의 게임을 만드는 과정에서 유니티 3의 핵심 개념과 기능을 소개하는 이 책으로 게임을 구성하는 기획과 프로그래밍과 아트 전반에 대한 이해를 넓힐 수 있다.

플래시 게임 마스터 액션스크립트 3.0을 활용한 인터랙티브 게임 개발

제프 펄튼, 스티브 펄튼 지음 | 유윤선 옮김
9788960772281 | 960페이지 | 2011-09-09 | 45,000원

플래시 게임 개발자와 액션스크립트 프로그래머 또는 기존 게임 개발자를 위한 완벽 가이드로서 책을 읽으며 따라 해보는 것만으로 모범 개발 기법을 익힐 수 있다. 게임 프레임워크를 완성하고 10가지 게임 프로젝트를 만들어봄으로써 액션스크립트 개발자가 할 수 있는 모든 플래시 기법을 익힐 수 있다. 또한 고급 액션스크립트 기법을 총동원해 플래시 게임 개발자가 겪을 수 있는 문제를 모두 해결해본다. 이 책에서는 아주 간단한 클릭 게임을 시작으로 단계적으로 게임 프레임워크를 완성하므로, 게임 개발을 해본 적이 없거나 프레임워크를 만들어본 적이 없더라도 책의 내용을 이해하는 데는 전혀 무리가 없다.

소셜 게임과 다중사용자 콘텐츠 제작을 위한 플래시 멀티플레이 게임 개발

죠비 마카르 지음 | 송용근 옮김
9788960772298 | 364페이지 | 2011-09-23 | 30,000원

최근 멀티플레이 게임의 요구는 급격히 증가해 왔고, 앞으로도 많은 발전을 보일 것이다. 하지만 멀티플레이 게임을 어떻게 만들 수 있는지에 대한 종합적인 설명은 거의 없었다. 이 책은 바로 이 지점을 직시한다. '멀티플레이 요소'에 대한 기본 질문부터 멀티플레이 게임을 만드는 과정에서 맞닥뜨리는 기술 내용(캐릭터의 순간이동, 지형 표현)에 이르기까지, 플래시로 만드는 멀티플레이 게임의 모든 것을 설명한다.

Flash Game Development by Example 한국어판
9가지 예제로 배우는 플래시 게임 개발

에마누엘레 페로나토 지음 | 조경빈 옮김
9788960772465 | 444페이지 | 2011-11-30 | 30,000원

지금까지 나온 플래시 게임 개발서 중 친절한 설명 과정이 단연 최고인 책이다. 대부분 개발 서적이 독자의 눈높이를 맞추는 시도한다고 표방해도 목적 달성에 실패하는 사례가 많은데, 이 책에서는 그야말로 진정한 초급 개발자, 심지어는 개발을 한 번도 해보지 않은 사람조차도 바로 게임 개발을 배울 수 있을 정도로 친절하고 쉬운 방법으로 접근한다. 특히 테트리스, 비주얼드, 지뢰 찾기 등 누구나 알 만한 유명 게임 9종을 선택해 개발 과정을 단계별로 상세히 소개함으로써, 따라 하기만 해도 누구나 손쉽게 플래시 게임 개발을 배울 수 있는 좋은 구성을 보여준다.

Unity 3 Blueprint 한국어판 4가지 실전 게임으로 배우는 유니티 프로그래밍

크레이그 스티븐슨, 사이먼 퀴그 지음 | 조형재 옮김
9788960772489 | 280페이지 | 2011-11-30 | 25,000원

초급에서 중급까지의 개발자를 위한 실전 예제 중심의 유니티 개발서다. 이 책에서 독자는 현재도 끊임 없이 재해석되고 있는 네 개의 고전 게임을 실제로 제작하게 된다. 이 과정에서 모든 게임에 폭넓게 응용될 수 있는 게임의 기본 메커닉들을 상세한 설명과 함께 구현하고, 구체적인 사례를 통해 유니티의 핵심 기능을 익히게 된다. 특히 게임 개발에 필요한 아트 애셋과 단계별 프로젝트 파일이 충실히 제공되기 때문에 독자는 스크립팅을 통한 게임 메커닉 구현과 유니티의 다양한 기능을 학습하는 데 주력할 수 있다.

Gamification & 소셜게임 모든 비즈니스를 게임화하라

존 라도프 지음 | 박기성 옮김
9788960772519 | 496페이지 | 2011-12-09 | 30,000원

창업 4년 만에 페이스북에서 2억 6천만 명의 월간 사용자와 20조 원에 육박하는 기업 가치를 자랑하는 소셜게임 개발사 징가(Zynga). 도대체 소셜게임에 어떤 매력이 있길래 그토록 사람들을 사로잡은 것일까? 그 비결을 파헤쳐본다. 소셜게임 개발에 관심 있는 독자들에게는 소셜게임 기획과 설계의 실무 지식을, 게임 이외 분야 독자들에게는 게임에 대한 깊은 이해와 아울러, 소셜게임의 강력한 마법을 자신의 비즈니스에 응용할 수 있는 힌트를 제공해준다.

XNA 4.0 Game Development by Example 한국어판
마이크로소프트 XNA 4.0 게임 프로그래밍

커트 재거스 지음 | 김동훈, 김유나 옮김
9788960772533 | 528페이지 | 2011-12-15 | 30,000원

XNA 4.0을 이용한 예제 중심의 게임 개발 가이드. XNA를 처음 접하는 독자도 쉽게 따라 하고 호기심을 느낄 수 있게 퍼즐 게임, 비행 슈팅 게임, 엑스박스 360 게임패드를 활용한 탱크 게임, 슈퍼마리오 스타일의 플랫폼 게임 등 다양한 장르의 게임을 튜토리얼 형태로 설명한다. 또한 완성된 예제 게임을 자신만의 스타일로 확장하도록 다양한 도전 과제와 배경 지식을 제공한다.

Away3D 3.6 Essentials 한국어판
강력한 플래시 3D엔진 어웨이3D 개발

매튜 캐스퍼슨 지음 | 플래시 오픈소스 그룹 파워플 옮김
9788960772601 | 440페이지 | 2012-01-02 | 30,000원

어웨이3D는 2007년에 시작된 플래시 기반의 실시간 3D 엔진이다. 개발 초기부터 오픈소스로 진행되어 큰 커뮤니티 기반을 확보하고 있으며 상업적인 목적에도 완전히 무료로 이용할 수 있다. 이 책은 광범위한 어웨이3D의 기능을 단계별로 친절한 설명과 예제를 통해 설명한다.

Unity 3 Game Development Hotshot 한국어판
기능별 집중 구현을 통한 유니티 게임 개발

제이트 위타야번딧 지음 | 조형재 옮김
9788960772588 | 400페이지 | 2012-01-02 | 30,000원

중급 이상의 개발자를 위한 프로젝트 중심의 유니티 개발서다. 이 책은 2D 스프라이트 게임, 메뉴 UI, 셰이더 작성, 캐릭터 컨트롤러, 애니메이션 제어, 인공 지능, 물리, 파티클 시스템, 저장과 불러오기 같은 실제 개발에서 반드시 접하게 되는 주제를 수준 높은 맞춤 프로젝트를 통해 다룬다. 스크립팅을 중심으로 특정 기능의 구체적인 구현 방법을 설명하고, 개발 전반에서 적용할 수 있는 유니티 핵심 기능의 활용 방안을 소개한다.

Cocos2d for iPhone 한국어판
아이폰 게임을 위한 코코스2d 프로그래밍

파블로 루이즈 지음 | 김주현 옮김
9788960772786 | 468페이지 | 2012-02-23 | 30,000원

현재 아이폰용 게임 개발에 가장 널리 사용하는 프레임워크인 코코스2d를 기초부터 차근차근 설명하는 책이다. 초보자를 위한 책인 만큼 읽기 쉬우며 예제를 중심으로 따라가는 구조이므로 끝까지 흥미를 잃지 않고 읽을 수 있다. 책에서 세 가지 예제 게임을 만들어가며 게임 제작의 여러 중요한 요소를 코코스2d로 구현하는 방법을 배운다.

Ogre 3D 한국어판
오픈소스 3D 게임엔진 오거3D 프로그래밍

펠릭스 커거 지음 | 주의종 옮김
9788960772830 | 344페이지 | 2012-03-07 | 30,000원

오픈소스 3D 게임엔진인 오거3D를 처음 공부하려는 사람을 위한 책으로, 간단한 예제를 통해 차근차근 지식을 쌓아갈 수 있도록 구성했다. 오거3D의 기본적인 설치와 시작 과정부터 셰이더나 파티클 시스템 같은 어려운 기술까지 폭넓은 주제를 다룬다. 또한 어려운 용어나 복잡한 내용은 최대한 배제하고 쉽게 설명함으로써 기본적인 프로그래밍만 이해하더라도 충분히 예제를 따라하고 쉽게 오거3D를 습득할 수 있다.

유니티 게임 개발의 정석 (절판)
인터페이스부터 엔진 기능 활용, 최적화, 배포까지 Unity3D의 모든 것

이득우 지음 | 9788960772908 | 512페이지 | 2012-04-10 | 40,000원

유니티 입문자를 위한 기본 사용법부터, 유니티를 이용해 게임을 개발하기 위한 다양한 기능을 이론과 함께 정리한 유니티 게임 전문 개발 서적이다. 지형, 렌더링, 셰이더, 물리 엔진, 2D 스프라이트, 애니메이션, 사운드, 파티클 효과와 같은 게임 개발에 필수적이고 기본적인 요소뿐만 아니라, 라이트매핑, 포스트 이펙트, 오클루전 컬링, 최적화, 배포 등과 같은 현업 실무에서도 참고할 수 있는 고급 기능을 다양한 예제와 함께 총망라한 유니티 게임 완벽 바이블이다.

Unity 3.x Game Development Essentials 한국어판
C#과 자바스크립트로 하는 유니티 3.x 게임 개발

월 골드스톤 지음 | 조형재 옮김 | 9788960772991 | 520페이지 | 2012-04-30 | 35,000원

다년간의 유니티 강의를 거쳐, 현재 유니티 테크놀로지에서 교육 관련 부분을 담당하고 있는 월 골드스톤의 경험과 지식이 담긴 초보자를 위한 유니티 입문서다. 세계 최초의 유니티 책으로 유명한 『Unity Game Development Essentials』의 개정판으로 3D의 기본 개념, 인터페이스와 스크립팅 입문, 유니티 핵심 기능과 스크립팅 활용을 통한 실제 게임 메카닉 구현, 최적화와 게임 빌드를 통한 배포까지의 내용을 실제 개발 예제를 통해 자세히 설명한다.

디지털 게임 교과서
아날로그 보드 게임에서 인공지능 게임까지 디지털 게임의 모든 것

디지털 게임 교과서 제작위원회 지음 | 최재원, 김상현 옮김 | 9788960773066 | 600페이지 | 2012-05-31 | 35,000원
일본의 게임 전문가 18인이 공동으로 집필한 책으로서, 게임의 과거와 현재를 분석하여 미래를 논하는 교과서이며, 게임 업계의 동향을 정리한 교양 입문서라고 할 수 있다. 게임의 장르, 역사, 산업구조, 기술의 흐름, 업계 인적 구조 등은 물론, 디지털 게임의 모태가 되는 아날로그 보드 게임, 대체 현실 게임, 소셜 게임, 시리어스 게임, e스포츠 게임 등 폭넓고 새로운 분야까지 충실하게 소개한다.

CryENGINE 3 Cookbook 한국어판
〈아이온〉을 만든 3D 게임엔진 크라이엔진 3

숀 트레이시, 댄 트레이시 지음 | 정재원 옮김
9788960773219 | 380페이지 | 2012-06-29 | 30,000원

〈아이온〉, 〈아키에이지〉, 〈크라이시스〉 게임에 사용되어 실사와 같은 환상적인 그래픽으로 유명한 3D 게임엔진 크라이엔진(CryEngine)을 다룬 최초의 입문서다. 레벨 제작에서 성능 최적화까지 크라이엔진의 다양한 기능을 레시피 형식으로 친절하게 설명한다. 크라이텍 사의 개발자가 저술한 이 책과 크라이엔진 무료 SDK로 차세대 게임 개발을 시작해보자.

iOS 5 게임 프로그래밍

제임스 서그루 지음 | 김홍중 옮김
9788960773400 | 220페이지 | 2012-09-19 | 22,000원

iOS 5용 게임을 디자인하고 프로그래밍하는 방법의 핵심을 추려 소개하는 책이다. 복잡한 개발 기법이나 규모가 큰 게임 엔진을 활용하는 대신 기초적인 게임 디자인 기법과 iOS 5가 기본으로 제공하는 GLKit만을 사용해서 머릿속에 있던 아이디어를 플레이가 가능한 게임으로 만들어 내는 전체적인 과정을 보여준다. iOS용 게임 개발을 처음 시작하려는 개발자라면 읽어 볼 가치가 있는 내용이다.

유니티 입문
3D 게임엔진 유니티 4 기초부터 차근차근

타카하시 케이지로 지음 | 최재원 옮김
9788960773721 | 372페이지 | 2012-12-10 | 35,000원

유니티 재팬 사의 에반젤리스트가 직접 저술한 이 책은 일본인 특유의 꼼꼼함과 친절함이 듬뿍 묻어있다. 유니티의 기본 기능이나 의외로 중요하지만 지나쳐버리기 쉬운 사소한 사항까지도 빠짐없이 기술되어 있고 각 장에서는 기본적인 기능이 반복적으로 설명되므로 끝까지 읽다 보면 자연스레 유니티의 필수적인 사용법을 완전히 자기 것으로 익히게 된다. 또한 자바스크립트를 활용한 게임 개발 과정을 이해하기 쉽게 설명하고 있어 프로그래밍 초보자라도 어렵지 않게 접근할 수 있을 것이다.

게임 기획자와 레벨 디자이너를 위한
언리얼 게임 엔진 UDK 3

리차드 무어 지음 | 문기영 옮김
9788960773769 | 264페이지 | 2012-12-24 | 25,000원

〈언리얼 토너먼트〉, 〈기어즈 오브 워〉, 〈리니지2〉의 공통점은? 바로 언리얼 엔진을 사용했다는 것이다. 언리얼 개발킷은 에픽(Epic) 사에서 만든 막강한 통합형 게임 개발 툴로서 이를 이용해 수많은 게임들이 만들어지고 있다. 하지만 방대한 기능이 들어있는 만큼 처음 개발킷을 접하면 어떤 방식으로 게임을 개발해야 하는지 망설여지게 마련이다. 이 책 『언리얼 게임 엔진 UDK 3』는 방 하나로 시작해서 복도를 만들고 구조물을 배치하며 그림자와 동적인 라이트, 안개, 수면 효과 등 최종적으로 하나의 근사한 게임 레벨을 어떻게 만드는지 배울 수 있다.

코로나 SDK 모바일 게임 프로그래밍

미셸 페르난데즈 지음 | 박봉석 옮김
9788960773776 | 440페이지 | 2012-12-28 | 35,000원

코로나(Corona)는 스크립트 언어인 루아(Lua)를 사용하는 SDK다. 코로나는 개발 기간을 상당히 많이 단축시켜주며, 무엇보다도 배우기가 매우 쉽다. 여기에 더해 강력한 물리 엔진을 제공한다. 책에서 제공하는 게임 예제들을 따라 해보고, 도전과제를 수행하며 질문에 답하다 보면, 이미 앱 개발자가 된 여러분을 발견하게 될 것이다. 이 책은 게임 제작에 관한 기초 지식부터 고급 지식까지 다루며, 네트워킹, 최적화, 테스트, 앱 내 구매, 그리고 최종적으로 배포하는 방법까지 자세하게 다루고 있다.

UDK 개발자를 위한
언리얼스크립트 게임 프로그래밍

레이첼 코돈 지음 | 이강훈 옮김
9788960773851 | 564페이지 | 2013-01-23 | 40,000원

언리얼스크립트 언어를 이용해서 언리얼 개발 키트(UDK)에 기초한 게임을 프로그래밍하는 방법을 소개한다. UDK는 언리얼 엔진의 무료 버전으로서 그 강력한 기능과 유연한 확장성으로 게임 개발자들에게 널리 알려져 있다. 언리얼스크립트의 기초와 활용법을 체계적으로 설명한 자료가 매우 귀한 현실에서, 이 책은 UDK로 게임을 만들고자 하는 개발자에게 어둠 속의 등불과 같은 지침서가 되어줄 것이다.

게임 엔진 아키텍처

게임 프로그래머가 꼭 알아야 할 게임 엔진 이론과 실무

제이슨 그레고리 지음 | 박상희 옮김
9788960774155 | 944페이지 | 2013-03-29 | 50,000원

오늘날 가장 복잡한 소프트웨어에 속하는 게임 엔진에 대한 전체적인 그림을 그릴 수 있는 책이다. 피상적인 지식이나 추상적인 이론보다 실제로 게임 개발에 참여하게 되면 맞닥뜨릴 현실적인 내용과 경험을 제공한다. 게임 프로그래머가 되고자 하는 학생이나 갓 입사한 새내기 프로그래머가 꼭 읽어야 할 게임 엔진에 관한 조감도이자 바이블이며, 게임 개발 경력이 있는 개발자도 게임 엔진에 대한 이해의 폭을 넓힐 수 있게 도와 준다.

컨스트럭트 게임 툴로 따라하는 게임 개발 입문

한 번도 게임을 만들어보지 않은 초보를 위한

데이븐 비글로우 지음 | 금기진 옮김
9788960774247 | 284페이지 | 2013-04-30 | 28,000원

DirectX를 기반으로 한 프로그래밍 코드를 대신 작성해 주는 윈도우용 무료 2D게임 개발 도구인 컨스트럭트는 코딩의 기본 요소인 변수, 함수, 포인터 등을 몰라도 게임을 구성하는 규칙만 정해주면 알아서 게임을 만들어준다. 한 번도 게임을 만들어보지 않은 초보자라도 책에서 설명하는 예제를 따라하다 보면 원하는 게임을 만드는 데 꼭 필요한 기술을 저절로 알 수 있다.

유니티로 만드는 게임 개발 총론

게임 개발 원리에서, 기획, 그래픽, 프로그래밍까지

페니 드 빌 지음 | 박기성 옮김 | 9788960774551 | 516페이지 | 2013-07-31 | 40,000원

유니티는 프로그래머뿐만 아니라 기획자와 그래픽 디자이너에게도 자신의 상상력을 실현시킬 수 있는 가능성을 제공함으로써 게임 개발의 새로운 장을 열고 있다. 게임 개발의 근본 원리부터 설명한 다음, 치밀하게 준비된 단계별 실습을 통해 게임 개발 원리를 유니티에서 직접 경험해 보게 해줌으로써, 강력한 게임 개발 도구로서 유니티에 자연스럽게 빠져들게 만드는 책이다. 2011년 유니티 본사에서 시상한 유니티 모바일 세대 위대한 교육상 수상자인 페니 드 빌 박사가 지은 회심의 역작이다.

(개정판) 유니티 4 게임 개발의 정석
유니티 사용 기초부터 실전 개발 노하우까지 Unity의 모든 것

이득우 지음 | 9788960774643 | 688페이지 | 2013-08-30 | 48,000원

유니티 분야 국내 최고 베스트셀러가 개정판으로 내용을 확장해 새롭게 돌아왔다. 유니티 입문자를 위한 기본적인 사용법과 유니티를 이용해 게임을 개발하기 위한 다양한 기능들을 이론과 함께 정리한 유니티 게임 전문 개발서. 특히 개정판에서 새로 실린 부록에서는 '확장 도구를 활용한 네트워크 게임 제작' 기법도 다룬다.

5가지 실전 게임으로 배우는
코코스2d-x 모바일 2D 게임 개발

로저 잉글버트 지음 | 박지유 옮김 | 9788960774810 | 2013-10-21 | 25,000원

안드로이드와 iOS에 동시 대응할 수 있는 코코스2d-x는 국내 모바일 2D 게임 개발에서 실질적인 표준 도구가 됐다. 이 책은 단계별로 5가지 실전적인 게임 예제를 따라 하면서, 최근 인기를 끌고 있는 모바일 2D 캐주얼 게임 개발의 핵심요소를 배울 수 있도록 구성되어 있다. 예제 게임들은 알기 쉬우면서도, 현재 트렌드에 부합되며, 꼭 필요한 핵심요소들을 군더더기 없이 보여준다. 외국에서 출간된 코코스2d-x 도서 중에서도 단연 가장 좋은 평가를 받고 있는 최신간 도서.

유니티와 iOS 모바일 게임 개발 프로젝트

제프 머레이 지음 | 조형재 옮김 | 9788960774858 | 2013-10-30 | 30,000원

유니티를 이용한 iOS 게임 개발과 앱스토어에 게임을 출시하기까지의 전 과정을 설명하는 책이다. 입문적 성격의 iOS 프로젝트를 거쳐, 중급 수준의 카트 레이싱 게임 프로젝트를 유니티로 제작한다. 이 과정에서 최적화와 디버깅을 중심으로 유니티 모바일 게임 개발에서 필요한 다양한 기법과 노하우를 소개한다. 또한 완성된 iOS 게임을 앱 스토어에 올리기 위해 거쳐야 하는 애플 개발자 프로그램 가입, 개발 증명서와 프로파일 발급, 앱 스토어 출시, 홍보까지의 전 과정을 단계별로 상세히 설명한다.

터치스크린 모바일 게임 디자인
아이디어 구상부터 스토리텔링, 마케팅까지

스콧 로저스 지음 | 권혜정 옮김 | 9788960775312 | 2014-02-28 | 35,000원

닌텐도 DS의 「그려라, 터치! 내가 만드는 세상」을 비롯해 여러 게임 프로젝트에 참여해온 저자는 다년간의 노하우를 통해 좋은 게임 아이디어를 구상하고 전개하는 방법, 터치 컨트롤을 매력적으로 활용하는 방법, 다양한 게임의 장르별 특징, 게임을 디자인할 때 빠지지 말아야 할 함정, 게임 제작 후의 마케팅 방법 등을 속속들이 알려준다. 맨몸으로 터치스크린 게임 디자인을 꿈꾸는 예비 기획자부터 이미 현업에 종사하고 있지만 매너리즘에 빠진 실무자까지 터치스크린 게임을 디자인하는 사람이라면 누구든 이 책에서 반짝이는 아이디어를 얻을 수 있을 것이다.

자바스크립트로 하는 유니티 게임 프로그래밍

볼로디미르 게라시모프, 드본 크라츨라 지음 | 동준상 옮김
9788960775336 | 2014-03-19 | 30,000원

자바스크립트를 이용해서 게임 세상을 창조하고, 다른 라이브러리의 객체를 프로젝트에 포함시키며, 기본 템플릿을 수정해서 나만의 개성 있는 장면을 연출하는 방법을 설명하는 책이다. 유니티 스크립트를 이용하면 캐릭터의 동작 구현, 게임 애니메이션, 게임 객체의 제어, 점수와 레벨, 통계 등 게임 데이터의 처리, 스스로 길을 찾고 공격과 방어를 하는 인공지능 적군의 생성 등의 복잡한 작업이 가능해진다. 이 책은 단 몇 줄의 스크립트를 통해 간단한 동작을 구현하는 것부터 시작해서, 차츰 난이도를 높여서 복잡한 장면을 연출하기 위한 꽤 긴 스크립트를 자연스럽게 익힐 수 있도록 구성했다.

손쉽고 간편한 게임 GUI 제작을 위한
유니티 NGUI 게임 개발

찰스 버나도프 지음 | 조형재 옮김 | 9788960775459 | 2014-04-21 | 25,000원

유니티의 대표적 미들웨어 NGUI의 사용법을 설명한 책이다. 기본 구조와 주요 위젯을 설명하고, NGUI로 게임의 메인 메뉴를 제작하는 방법을 차례로 살펴본다. 이 과정에서 게임에 자주 사용되는 다양한 UI 요소를 직접 제작하고, UI 애니메이션, 윈도우 드래그와 스크롤, 아이템 드래그앤드롭, C# 스크립트의 활용, 로컬라이제이션 같은 중급 이상의 내용을 상세하게 설명한다. 유니티에 대한 기본 지식을 갖춘 상태에서 NGUI로 게임 GUI를 제작하려는 개발자에게 추천할 만한 책이다.

3D 게임 최적화와 시각적 효과를 위한
유니티 Shader와 Effect 제작

케니 람머스 지음 | 옥찬호 옮김 | 9788960775480 | 2014-04-30 | 30,000원

이 책은 유니티 셰이더를 처음 접하는 개발자를 위한 유니티 셰이더와 이펙트 입문서다. 상세한 설명과 예제 파일을 통해, 셰이더의 품질을 향상시키고 작성 과정을 효율화할 수 있는 새로운 기술을 배운다. 이 책을 통해 독자가 원하는 새로운 이펙트를 생성하고 고성능을 위한 셰이더 최적화를 고민해 볼 수 있다.

Free2Play 게임산업을 뒤바꾼 비즈니스 모델
무료 게임으로 성공하는 비즈니스의 마술

윌 루튼 지음 | 이지선 옮김 | 9788960775596 | 2014-05-23 | 25,000원

이제 게임 산업의 대세는 '무료 게임(F2P, Free to Play)' 시대로 바뀌었다. 게임을 CD에 담아 박스 포장 형태로 '유료'로 판매하던 시대에서 누구나 다운로드해서 쉽게 실행할 수 있는 모델로 전환하면서 게임 시장은 급성장하고 성공 사례들 또한 속속 등장하고 있다. 게임의 '무료 실행 모델'에서 게임 개발자들이 성공하기 위한 요소들?게임의 스토리 개발, 마케팅, 매출 창출 방법, 사용자 행동 분석?에 대한 모든 비법이 이 책에 담겨 있다. 게임 시장에서 성공한 기업들의 사례를 바탕으로 또 다른 성공 사례를 만들기 위해 꼭 알아야 할 내용이다.

다양한 실전 프로젝트로 배우는
언리얼 UDK 게임 개발

존 도란 지음 | 문기영 옮김 | 9788960775633 | 2014-05-29 | 30,000원

이 책은 언리얼(Unreal) 게임 엔진 UDK를 이용해 다양한 프로젝트를 직접 만들어 봄으로써 UDK를 실제로 어떻게 사용해야 하는지 알려 준다. 인디 게임 분야에서 가장 인기 있는 게임 장르인 플랫포머 게임을 코드 한 줄 작성하지 않고 오직 키즈멧(Kismet)만 사용해 어떻게 처음부터 끝까지 만들어 낼 수 있는지, 플래시를 이용해 사용자 정의 UI를 만드는 방법, 중세 RPG게임을 위한 인벤토리 시스템 작성, 마지막으로 언리얼 스크립트를 이용해 UDK의 한계를 벗어나는 방법까지 다룬다. 특히 한국어판 특별부록으로 실은 [언리얼 엔진 4] 단원에서는 언리얼 4에서 강력한 기능으로 추가된 블루프린트 스크립트의 기본 사용법과 확장 가능성을 자세히 다룬다.

Cocos2d-x 3 모바일 게임 프로그래밍

인자건 지음 | 9788960775657 | 2014-05-30 | 30,000원

코코스2d-x 3.0 정식 버전으로는 국내에서 첫 출간되는 책이다. 코코스2d-x(Cocos2d-x)를 활용한 모바일 게임에 처음 입문하는 개발자는 물론, 모바일 게임에 관심이 많은 디자이너와 기획자도 함께 볼 수 있다. 이 책에서는 코코스2d-x에서 제공하는 기능을 상세하게 설명함으로써 체계적인 게임 개발의 기초를 다질 수 있다. 또 기억력을 테스트해보는 카드 게임, 점프맨이 등장하는 횡 스크롤 게임, 미니 플라이트 게임이라는 이름의 슈팅 게임 등 대표적인 3가지 실전 게임 프로젝트를 만들어보며 모바일 게임 개발에 대한 실전 감각을 익힐 수 있다.

C#으로 하는 유니티 게임 개발

테리 노턴 지음 | 이유찬 옮김 | 9788960775770 | 2014-06-30 | 30,000원

이 책은 프로그래밍에 대한 개념이 없는 사람들을 대상으로 한다. 기존의 프로그래밍 서적이 이해하기 어려운 용어와 문장으로 설명을 하기 때문에 처음 프로그래밍을 시작하는, 특히 게임을 만들어보고자 하는 사람들을 쉽게 질리게 한다. 그러나 이 책은 우리 주변에서 쉽게 볼 수 있는 간단한 예제를 사용해 프로그래밍의 기본 개념을 설명한다. 기존의 프로그래밍 서적에서 설명하는 방법과는 사뭇 달라서 처음에는 익숙하지 않을 수 있지만, 저자가 선별한 예제들을 맛깔스러운 설명과 함께 한 단계씩 따라가다 보면, 어느덧 C#의 기본 개념들을 익히게 될 것이다. 또한 이 책은 특정 게임을 개발하기 위한 기술보다는 하나의 게임이 완성되기까지 각 단계들이 어떻게 서로 연결되고 함께 동작하는지를 설명한다. 즉 게임을 구성하기 위한 큰 그림을 익히는 데 중점을 두고 있다. 마지막으로 게임을 제어하는 데 반드시 필요한 스테이트 머신(state machine)의 개념을 설명하고, 이 개념을 사용해 직접 게임을 제어하는 방법도 상세히 설명하고 있다. C#에 대해서도 그리고 유니티에 대해서도 전문 지식이 없는 초보 게임 개발자들에게는 더할 나위 없이 친절한 게임 입문서라고 할 수 있다.

언리얼 4 블루프린트 게임 개발
기초부터 실전까지 Unreal 4 차근차근 따라잡기

이득우, 유우원 지음 | 9788960775831 | 2014-07-21 | 40,000원

이 책은 파격적인 패키지로 화제가 된 언리얼(Unreal) 엔진 4를 파헤친 국내 최초의 전문 서적이다. 언리얼 초보 입문자를 위한 기본 사용법에서부터 게임 제작을 위해 필수적으로 알아야 하는 언리얼 엔진의 구조, 그리고 실전 프로젝트 제작과 모바일 빌드까지 광범위한 기능을 다룬다. 차세대 멀티미디어 콘텐츠 제작을 위해 언리얼 엔진에 입문하려는 사람이나 그동안 프로그래밍의 장벽에 막혀 게임 제작에 어려움을 겪은 사람들에게 강력히 추천한다.

게임 디자인 원리

데이브 캘러브리스 지음 | 장석현 옮김
9788960775947 | 2014-08-29 | 15,000원

이 책은 유니티(Unity) 4.3 이후 버전에 추가된 2D 특화 기능들에 대해 중점적으로 다룬다. 이미 유니티 엔진을 다루어 본 경험이 있는 독자들에게는 새로 추가된 2D 기능들에 대해 살펴볼 기회를, 그렇지 않은 독자들에게는 유니티 엔진을 이용하여 처음으로 2D 게임을 끝까지 만들어 볼 기회를 제공할 것이다. 애셋을 임포트하는 기본적인 내용부터 보스전의 구현 같은 심화 내용까지 고루 다룬다. 저자의 게임 개발 경험에서 우러나온 실전 팁도 놓치지 말자!

게임 기획자와 아티스트를 위한
언리얼 UDK 게임 디자인

토마스 무니, 마이클 프링케 지음 | 권혁이, 오은진 옮김 | 9788960775985 | 2014-08-29 | 40,000원

에픽 게임스의 언리얼 UDK를 활용해 100가지가 넘는 과정을 통하여 게임 기획자나 그래픽 아티스트 스스로 게임을 완성해 낼 수 있도록 도와주는 가이드북이다. 다운로드 가능한 예제를 통해 기초부터 응용까지 애셋과 애니메이션, 라이트, 머터리얼, 게임 컨트롤, 사용자 인터페이스, 이펙트, 상호작용 등을 꼼꼼히 다룸으로써 스스로 창의적인 게임을 만들 수 있다. 특히 한국어판 부록을 추가해, UDK 사용자에게 도움이 될 언리얼 엔진 4 내용을 설명했다.

게임 디자인 원리
반드시 알아야 하는 게임 디자인 비법 100가지

웬디 디스페인 편저 | 김정태, 오석희, 윤형섭, 한동숭, 한호성 옮김 | 9788960776005 | 2014-09-01 | 30,000원

게임 디자인에 꼭 필요한 기본 원리를 오랜 게임의 역사 속에서 축적된 경험들을 통해 하나하나의 원리들로 세분화하여 100가지로 집약해서 전달해주는 책이다. 특히 혁신적인 게임을 디자인하는 원리, 게임을 창작하는 원리, 게임 밸런싱 원리, 문제 해결 원리 등 4개 분야로 나눠 서술함으로써 게임 분야에 처음 입문하려는 초심자는 물론이고, 게임을 공부하는 학생뿐만 아니라, 게임 연구자, 게임 디자이너들과 게임 관련 업계 전문가들 모두에게 유용한 책이다.

실전 RPG 게임 제작을 완성하며 배우는
유니티 2D 모바일 게임 개발

김정열, 문기영 지음 | 9788960776227 | 2014-10-23 | 35,000원

이 책은 〈헬로히어로〉, 〈세븐나이츠〉 같은 실전 모바일 RPG 게임을 저자의 설명과 함께 하나씩 따라해보면서 제작하는 책이다. 유니티를 처음 사용하더라도 어떻게 다운로드하고 설치하는지 배울 수 있으며 2D 게임에 특화된 내용에 주력하지만 유니티로 게임을 제작하는 전반적인 과정을 모두 다룬다. 게임 제작에 필요한 데이터들은 장별로 나누어 있어 따라하기 쉬우며 누구나 따라하기만 하면 모바일 RPG 게임을 쉽게 제작할 수 있을 것이다. 게임을 제작해보고 싶은 분, 유니티를 이용해 2D 게임을 개발하고 싶은 분, 완성된 프로젝트를 제작하고 싶은 분들에게 큰 도움이 될 것이다.

에이콘출판의 기틀을 마련하신 故 정완재 선생님 (1935-2004)

실전 RPG 게임 제작을 완성하며 배우는

유니티 2D 모바일 게임 개발

인 쇄 ǀ 2014년 10월 15일
발 행 ǀ 2014년 10월 23일

지은이 ǀ 김정열, 문기영

펴낸이 ǀ 권 성 준
엮은이 ǀ 김 희 정
　　　　안 윤 경
표지 디자인 ǀ 그린애플
본문 디자인 ǀ 남 은 순
인 쇄 ǀ (주)갑우문화사
용 지 ǀ 다올페이퍼

에이콘출판주식회사
경기도 의왕시 계원대학로 38 (내손동 757-3) (437-836)
전화 02-2653-7600, 팩스 02-2653-0433
www.acornpub.co.kr / editor@acornpub.co.kr

Copyright ⓒ 에이콘출판주식회사, 2014, Printed in Korea.
ISBN 978-89-6077-622-7
ISBN 978-89-6077-144-4 (세트)
http://www.acornpub.co.kr/book/unity-2d-game

이 도서의 국립중앙도서관 출판시도서목록(CIP)은 서지정보유통지원시스템 홈페이지(http://seoji.nl.go.kr)와
국가자료공동목록시스템(http://www.nl.go.kr/kolisnet)에서 이용하실 수 있습니다.(CIP제어번호: CIP2014029282)

책값은 뒤표지에 있습니다.